Da idolatria do mercado
a uma economia
com rosto humano

Da idolatria do mercado a uma economia com rosto humano

Um ensaio de Teologia Moral Social

Renato Tarcísio de Moraes Rocha

Edições Loyola

Dados Internacionais de Catalogação na Publicação (CIP)
(Câmara Brasileira do Livro, SP, Brasil)

Rocha, Renato Tarcísio de Moraes
  Da idolatria do mercado a uma economia com rosto humano : um ensaio de teologia moral social / Renato Tarcísio de Moraes Rocha. -- São Paulo : Edições Loyola, 2024. -- (Por uma sociedade superando as dominações)

  Bibliografia.
  ISBN 978-65-5504-346-4

  1. Francisco, Papa, 1936- 2. Igreja - Doutrina social 3. Neoliberalismo 4. Teologia social I. Título. II. Série.

24-197723   CDD-261

Índices para catálogo sistemático:

1. Teologia social   261

Eliane de Freitas Leite - Bibliotecária - CRB 8/8415

Preparação: Maria Teresa Sampaio
Capa: Ronaldo Hideo Inoue
  O salto do ídolo do mercado.
  Composição a partir da montagem das
  imagens generativas de © Only Best PNG's
  (touro de ouro) e © doomu (pilha de barras
  de ouro). © Adobe Stock.
Diagramação: Telma Custódio

Edições Loyola Jesuítas
Rua 1822 nº 341 – Ipiranga
04216-000 São Paulo, SP
T 55 11 3385 8500/8501, 2063 4275
editorial@loyola.com.br
vendas@loyola.com.br
www.loyola.com.br

Todos os direitos reservados. Nenhuma parte desta obra pode ser reproduzida ou transmitida por qualquer forma e/ou quaisquer meios (eletrônico ou mecânico, incluindo fotocópia e gravação) ou arquivada em qualquer sistema ou banco de dados sem permissão escrita da Editora.

ISBN 978-65-5504-346-4

© EDIÇÕES LOYOLA, São Paulo, Brasil, 2024

108395

Sumário

Prefácio 9
Introdução 13
CAPÍTULO I
A crítica teológico-moral de Jung Mo Sung à idolatria do mercado 19
1. Breve biografia de Jung Mo Sung 21
2. Teologia, anomalia e ilusão transcendental 24
   2.1. A perspectiva da libertação e a origem hipotética
   da anomalia 25
   2.2. A crítica dos princípios epistemológicos da
   Teologia da Libertação 30
       a. A mediação socioanalítica em Gutiérrez e
       Clodovis Boff 30
       b. O problema da justaposição valorativa 34
       c. Marxismo: mediação ou "curto-circuito"
       teórico-prático? 39
   2.3. A crítica à ilusão transcendental 44
       a. Reino de Deus e reino da liberdade 46
       b. Consequências teórico-práticas da aproximação indébita 49
3. Teologia e economia: uma aproximação crítica 53
   3.1. A ilusão transcendental do neoliberalismo e a
   inversão ético-moral 55
   3.2. A transcendentalização do livre mercado 60
   3.3. Lógica sacrifical e insensibilidade social 64
4. Teologia e economia: uma aproximação propositiva 69
   4.1. O Reino de Deus como horizonte utópico 70
   4.2. Fé pascal e libertação 74

Capítulo II
A Teologia Moral e o pensamento socioeconômico do Papa Francisco 81

1. Duas fontes teórico-conceituais 88
1.1. A Teologia do Povo 88
- a. O povo como sujeito da história e da cultura 91
- b. A religiosidade popular 94
- c. O método teológico segundo a Teologia do Povo 96
  - Sobre a articulação teológico-sapiencial 97
  - Sobre a mediação analítica 101

1.2. A oposição polar de Romano Guardini 104
- a. A vida como experiência concreta 106
- b. Os opostos intraempíricos 107
- c. Os opostos transempíricos 113
- d. Os opostos transcendentais 115
- e. Relações seriais e sistêmicas 117

2. Teologia Moral e Moral Social em Francisco 119
2.1. Continuidade ou originalidade? 120
2.2. O retorno ao sujeito moral 122
- a. O discernimento das situações concretas 125
- b. A valorização da consciência e o discernimento pessoal 128

2.3. A Pastoralidade e a dimensão social da Teologia Moral 131
- a. O sentido responsorial da experiência cristã do social 133
- b. A misericórdia como princípio operativo da Moral Social 136

3. A Moral socioeconômica de Francisco 139
3.1. Contemplar: uma economia adoecida e homicida 141
3.2. Discernir: uma economia com rosto humano 148
- a. A tensão entre plenitude e limite 150
  - O tempo é superior ao espaço 151
  - A unidade prevalece sobre o conflito 154
- b. A tensão entre ideia e realidade 156
- c. A tensão entre globalização e localização 161

3.3. Propor: ecologia integral, política econômica e cultura do encontro 165
- a. A ecologia integral 166
- b. A política econômica 168
- c. A cultura do encontro 171

CAPÍTULO III
A opção pelos últimos como critério teológico-moral e hermenêutico
para o repensamento da prática econômica 175
   1. Papa Francisco e Jung Mo Sung: uma opção preferencial
   e um macrocontexto em comum 181
      1.1. De Medellín a Aparecida..184
         a. A Conferência de Medellín 184
         b. A Conferência de Puebla 190
         c. A Conferência de Santo Domingo 196
         d. A Conferência de Aparecida 202
      1.2. Papa Francisco: a Igreja pobre, para os pobres e dos pobres ... 209
         a. Antecedentes históricos imediatos...................................... 209
         b. Um novo alvorecer... 214
      1.3. Jung Mo Sung: dignidade dos pobres e indignação teológica.... 217
         a. Pela contextualização da Teologia.. 217
         b. O lugar dos pobres na reflexão teológica 220
   2. Do teológico ao econômico: por uma economia com
   rosto humano 225
      2.1. A reconciliação entre ética e economia.. 226
         a. Alguns traços da tradição filosófico-política grega 226
         b. A emancipação científica da economia................................. 231
         c. Uma questão epistemológica e teleológica.......................... 234
      2.2. A reconciliação entre política e economia 238
         a. Descrédito e resistência à iniciativa público-estatal 239
         b. A articulação política da prática econômica 243
         c. Uma *governance* global?.. 248
      2.3. Uma educação à sensibilidade socioeconômica
      atenta às virtudes...253
         a. Sobre as virtudes 254
         b. Sobre virtudes e educação moral 257
         c. Sobre virtudes e dimensão socioeducativa......................... 259
   3. A Economia Suspensa: um estudo de caso... 263
      3.1. Breve biografia do idealizador 264
      3.2. Definição e funcionamento 267
      3.3. Desdobramentos e perspectivas 271

Conclusão...275

Bibliografia 283

Prefácio

Para humanizar a economia: parece ser esta a chave-mestra e a síntese interpretativa do mais recente trabalho – *Da idolatria do mercado a uma economia com rosto humano* – do Pe. Renato Tarcísio de Moraes Rocha, salesiano, professor de Teologia Moral na Faculdade de Teologia da Universidade Pontifícia Salesiana de Roma. Passar da idolatria do mercado a uma economia com rosto humano significa ocupar-se de uma economia social que se propõe realizar uma interpretação da contemporaneidade, com o objetivo de educar para uma perspectiva ético-moral católica contraposta ao "utilitarismo" e ao "individualismo".

Elaborando um conceito de "social" que inclua a todos e cada um indistintamente na busca de objetivos "comuns", o autor se baseia em uma inovadora – e, por certos aspectos, também original – interpretação da economia, objetivando um processo de desenvolvimento que, superando a especulação abstrata dos princípios, resulte numa efetiva transformação da realidade. Dessa forma, despoja a tradicional cultura social dos católicos de uma sensibilidade prevalentemente filantrópica e promove, entre os ramos do catolicismo contemporâneo, uma leitura científica – enquanto interdisciplinar – do problema social. Para isso, apela não somente para o pensamento teológico-moral de Jung Mo Sung, crítico da idolatria do mercado e hábil em estabelecer uma relação particularmente original entre teologia e economia, como também para a teoria da oposição polar do filósofo Romano Guardini e a Teologia do Povo, cuja síntese se revela em evidente sintonia com o magistério social do Papa Francisco.

De fato, entre as páginas do volume, a análise sistemática do magistério socioeconômico de Bergoglio, em conformidade com as etapas constitutivas do método indutivo (contemplar, discernir e propor), é antecipada pela passagem epistemológica que permite à teologia projetar-se no campo da moral e, a esta última, abraçar a perspectiva socioeconômica. Neste sentido, respira-se o odor do bem comum – que provavelmente precisamos voltar a considerar não como sinônimo da soma dos interesses particulares, mas como condição real para garantir de modo uniforme os direitos de cada um – quando o autor individua na opção preferencial pelos últimos o critério teológico-moral e hermenêutico para o processo de repensamento da prática econômica, com evidente orientação conciliar. É o n. 26 da *Gaudium et Spes* – a Constituição Pastoral do Concílio Vaticano II (1962-1965), "Sobre a Igreja no mundo contemporâneo" – a inculcar que "Cada grupo deve ter em conta as necessidades e as aspirações legítimas dos outros grupos e mesmo o bem comum de toda a família humana. Simultaneamente, aumenta a consciência da eminente dignidade da pessoa humana, por ser superior a todas as coisas e os seus direitos e deveres serem universais e invioláveis. É necessário, portanto, tornar acessíveis ao homem todas as coisas de que necessita para levar uma vida verdadeiramente humana: alimento, vestuário, casa, direito de escolher livremente o estado de vida e de constituir família, direito à educação, ao trabalho, à boa fama, ao respeito, à conveniente informação, direito de agir segundo as normas da própria consciência, direito à proteção da sua vida e à justa liberdade mesmo em matéria religiosa".

Nessa direção, Moraes reivindica a afirmação de uma visão da economia regulada pela perspectiva ético-moral, de tal modo que, se se quiser uma sociedade efetivamente digna do homem, será necessário substituir o individualismo pelo consórcio humano. Dessas reflexões brota a necessidade de ampliar a perspectiva da economia, situando-a no mesmo nível dos demais ingredientes típicos da cotidianidade, como a atenção ao outro. Inserida numa perspectiva mais humana ao ser mais próxima do homem e liberta de razões tipicamente funcionais, a economia – e com ela a sistematização social que daí deriva – não pode prescindir do confronto com a moral. Consequência direta desse encaminhamento é a afirmação de um insólito conceito de reciprocidade. No *Relatório de síntese da Primeira Sessão da XVI Assembleia Geral Ordinária do Sínodo dos Bispos* pode-se ler: "À Igreja os pobres pedem amor. Por amor entende-se respeito, acolhimento e reconhecimento, sem os quais dar alimentos, dinheiro ou prestar serviços sociais representa uma forma de assistência certamente importante, mas que não se encarrega plenamente da dignidade da pessoa"[1]. Eis a razão pela qual resulta particularmente precioso para o tempo atual o percurso indicado por Moraes, a ser concretizado na escola de uma *economia com rosto humano*, ao passar do nível teológico ao econômico através das etapas da reconciliação entre ética e economia, entre política e economia e da promoção de uma educação à sensibilidade socioeconômica atenta às virtudes.

Neste sentido, enquanto a sociedade, sempre mais líquida, combate para a conquista das massas, Moraes busca humanizar a economia e, assim, recolocar o homem no

---

1. O referido Relatório da *XVI Assembleia Geral Ordinária do Sínodo dos Bispos* está disponível em: <https://www.synod.va/content/dam/synod/assembly/synthesis/portuguese/2023.10.28-POR-Synthesis-Report_IMP.pdf>, acesso em 19 fev. 2024. (N. da R.)

centro da sua cotidianidade, confiando-lhe o papel de intérprete e a função de responsável pelas próprias opções: como demonstra, nas páginas finais do livro, o estudo da *Economia Suspensa* do jovem economista italiano Giandonato Salvia.

À luz do percurso proposto, é plenamente compartilhável o que nos recorda o Papa Francisco na Carta Apostólica em forma de Motu Proprio *Ad theologiam promovendam*, publicada em 1º de novembro de 2023: "Trata-se do *'timbre' pastoral* que a teologia em seu conjunto, e não somente num seu âmbito peculiar, deve assumir: sem contrapor teologia e prática, a reflexão teológica é solicitada *a se desenvolver com um método indutivo*, que parte dos diversos contextos e das situações concretas em que vivem os povos, deixando-se interpelar seriamente pela realidade, para se tornar discernimento dos 'sinais dos tempos' no anúncio do acontecimento salvífico do Deus-*amor* que se comunicou em Jesus Cristo".

Estamos, portanto, diante de um texto que ajuda a refletir e entrever novas possibilidades a respeito de uma matéria tão delicada, mas rica *para humanizar a economia*.

Dom Alfonso Vincenzo Amarante, C.Ss.R.
Arcebispo titular de Sorres
Reitor da Pontifícia Universidade Lateranense

Introdução

A excessiva confiança na eficiência do livre mercado, anunciada e exercida profusamente a partir dos anos de 1970, provocou e provoca, mormente nos países pobres e em desenvolvimento, o cerceamento das oportunidades e liberdades individuais, a dependência externa (política, cultural e econômica) e a institucionalização das desigualdades sociais. A concorrência imperfeita, as condições assimétricas de participação nos mercados e os desequilíbrios macro e microeconômicos resultantes do processo de "financeirização" da economia denunciam continuamente a insuficiência da ideologia neoliberal e da teoria neoclássica na sua versão mais exacerbada.

A insustentabilidade teórica e prática da atual ordem econômica global é constantemente evidenciada pelos dados sociais, ambientais e econômicos apresentados, por exemplo, nos relatórios da ONU, OXFAM e IBGE. No âmbito estritamente econômico-financeiro, os impactos da crise de 2007-2008, prolongados no tempo, foram agravados pela Covid-19 e, no presente, continuam sendo pelos conflitos bélicos espalhados em diversas partes do mundo, especialmente no território ucraniano. Diante dos multíplices efeitos negativos causados pela absolutização do livre mercado e pela ausência de uma política verdadeiramente orientada ao bem comum, torna-se sempre imperiosa e indispensável a rediscussão ético-moral das práticas econômicas, inclusive do ponto de vista teológico.

Desde o início do seu pontificado, Papa Francisco tem criticado duramente a idolatria do dinheiro e do mercado, propondo, em contrapartida, uma economia com rosto e objetivos autenticamente humanos. Todavia, é pertinente indagar: qual é a articulação teológica entre a sua crítica e a sua proposta? De maneira ainda mais ampla: como a razão teológica (*intellectus fidei*) pode, num movimento de expansão epistemológica, corresponder e confrontar-se, apropriadamente, com a realidade econômica? Tendo em consideração o binômio fé e vida, como interpretar, à luz da verdade revelada (à luz da fé), a hodierna e desafiadora conjuntura econômica, política e social?

Alguns especialistas em política, economia e finanças atribuem uma certa ingenuidade a determinadas avaliações ético-morais, nomeadamente as de cunho teológico, por não atenderem à complexidade do universo econômico-financeiro. Assim sendo, essas avaliações redundariam, no máximo, em observações genéricas, bondosas e bem-intencionadas, mas pouco condizentes com a realidade. Levando em conta essa provável ingenuidade, convém perguntar a título de problematização inicial: é efetivamente possível a existência de uma economia com rosto humano? Melhor dizendo, é realmente concebível uma economia de mercado atenta, simultaneamente, à dignidade humana, à eficiência, à competitividade e à prosperidade, na qual o valor econômico desempenha um papel intermediário e abrangente, irredutível à absolutização do preço e do lucro?

A fim de oferecer algumas respostas (não exaustivas) aos questionamentos até o momento aventados e assumindo como parâmetro norteador a imprescindível passagem "da idolatria do mercado a uma economia com rosto humano" (proposta como tema central), o presente ensaio foi estruturado em três capítulos, os quais, numa visão integral, permitem perceber: 1) as razões ideológicas e teológicas subjacentes à idolatria do mercado; 2) a concepção teológico-moral e socioeconômica do Papa Francisco; 3) o impulso teológico-eclesial da opção preferencial pelos últimos (ou pelos pobres) a partir do Concílio Vaticano II e, por fim, 4) certas condições para a valorização dessa opção (enquanto critério hermenêutico[1]) na racionalidade e na prática econômica.

Especificamente, no *primeiro capítulo* objetiva-se caracterizar a chamada *idolatria do mercado*. Com vistas a esse intento, uma referência teórica significativa é a vasta produção acadêmica de Jung Mo Sung consagrada, notadamente, aos binômios *Teologia-Economia* e *idolatria-mercado*. A sua argumentação tem como ponto de partida a constatação de uma anomalia: a perda da ênfase dada pela Teologia da Libertação, com o avançar dos anos, aos assuntos econômicos. Na sua opinião, essa ocorrência indica um transviamento contrário à genuína preocupação praxiológica manifestada, desde o início, pela aludida corrente teológica.

Após a explicitação dessa anomalia e da imprecisão epistemológica a ela inerente, é possível compreender as duas aproximações entre Teologia e Economia pensadas por Sung: uma crítica e outra propositiva. Na primeira, ele ressalta a natureza ideológico-transcendental do neoliberalismo e as suas consequências para a economia de livre mercado. Na segunda, o teólogo propõe, em chave

---

1. De acordo com Clodovis Boff, "a 'razão hermenêutica' se desdobra principalmente (mas não exclusivamente) no reino das 'ciências humanas'. Procura desvendar o sentido ou intenção que está por trás de toda ação humana. É um saber pelas causas finais e formais (sentidos e valores) [...]. Para a hermenêutica, toda verdade se dá num contexto histórico e toda leitura de sentido é releitura em base à própria situação histórica. Aqui a função da razão é acolher o sentido que se desvela, a história funcionando como texto ou contexto" (BOFF, C., *Teoria do método teológico*, Petrópolis [RJ], Vozes, 1998, 86).

libertadora, uma releitura da díade *Teologia-Economia* à luz das grandezas teológicas do Reino de Deus e da fé pascal. No seu conjunto, essas reflexões introduzem e esclarecem pontos nucleares do Magistério Social do atual pontífice, estabelecendo com ele um diálogo profícuo.

O escopo específico no *segundo capítulo* é apresentar a percepção teológico-moral e socioeconômica do Papa Francisco. Como etapa propedêutica, são abordadas duas das principais fontes teórico-conceituais de Bergoglio, uma teológica e outra filosófica: a *Teologia do Povo* e a *Teoria da Oposição Polar*, de Romano Guardini. Da primeira, ele colhe o sentido profundo do *ser* do *povo de Deus* e, da segunda, uma concepção dialética alternativa.

No tocante à Teologia Moral, dois aspectos merecem destaque: a centralidade do sujeito moral e a pastoralidade como prática diretamente ligada à dimensão social. Quanto à exposição da Moral Socioeconômica do atual pontífice, vale a pena ressaltar o enquadramento metodológico adotado em consonância com o tradicional modo de teologizar latino-americano. Por essa razão, a abordagem é esquematizada em três etapas interconexas: a contemplativo-analítica, a discernitivo-avaliativa e a propositivo-operativa.

No *terceiro capítulo*, a opção preferencial pelos últimos é tratada, antes de mais nada, como categoria medular e harmonizante das ponderações teológico-morais e sociais de Francisco e de Jung Mo Sung. Se, no primeiro caso, essa opção manifesta-se numa Igreja pobre, para os pobres e dos pobres, no segundo, ela exprime-se na defesa da dignidade dos excluídos e num tipo de Teologia contextualizada.

Uma passagem importante nesse *último capítulo* é a do âmbito teológico ao econômico, quando a opção preferencial pelos últimos é estimada como critério hermenêutico para a reformulação teórica e prática da economia. Para tanto, são sugeridos três requisitos: a reconciliação entre ética e economia, a reaproximação entre política e economia e a promoção de uma educação à sensibilidade socioeconômica atenta ao papel qualificante das virtudes na formação do caráter.

Por último, a chamada *Economia Suspensa* – idealizada e desenvolvida pelo jovem italiano e economista Giandonato Salvia –, é descrita como um estudo de caso, ou melhor, como um exemplo de aplicação prática do que anteriormente foi discutido na esfera especulativo-conceitual. Sem dúvida, a inventividade de Salvia, concretizada no seu promitente projeto, coloca efetivamente os últimos no centro das preocupações econômicas mediante uma articulada rede de colaboração e reciprocidade.

Em linhas gerais, a estruturação do presente ensaio fundamenta-se na seguinte premissa: a *opção preferencial pelos últimos* representa um critério *teológico-moral* e *hermenêutico* capital para o repensamento e a humanização das relações econômicas contextualizadas no sistema de economia de mercado. *Teológico-moral* porque essa *opção* orienta a reflexão teológica do econômico e *hermenêutico* porque desafia as ciências econômicas a relerem as suas premissas teórico-práticas a partir de outro ângulo perspectivo.

CAPÍTULO I
A crítica teológico-moral de Jung Mo Sung à idolatria do mercado

Há alguns anos, o livro *Como anunciar Deus ao mundo da economia: o ordenamento da economia segundo os princípios cristãos* foi apresentado na Pontifícia Universidade Gregoriana. Logo no início do prefácio, o autor Romeo Ciminello expõe a ideia norteadora da obra: "a economia sem Deus é uma contradição *in terminis*, enquanto é um instrumento poderoso que Deus pôs nas mãos do homem justamente como finalidade da sua criação [...]"[1]. No primeiro capítulo, apresenta outra ideia fundamental: porque a fé relaciona-se à totalidade da vida humana e a economia é parte integrante dessa, a fé também deve permear a dimensão econômica da vida[2].

Com base no título do livro e nas ideias destacadas, algumas questões preliminares podem ser elencadas, tais como: devemos anunciar Deus ao mundo da economia porque esse mundo é sem Deus ou porque há outros deuses?

---

1. CIMINELLO, R., *Come annunciare Dio al mondo dell'economia. L'ordinamento dell'economia secondo i principi cristiani*, Varazze (SV), PM edizioni, 2018, 9 (tradução nossa).

2. Cf. ibid., 20.

Para denunciar, por exemplo, a idolatria do mercado basta definir o dinheiro como um falso deus? Qual é o ponto de partida mais adequado para a reflexão teológica sobre esse tipo de idolatria? O ato de crer implica necessariamente a vivência dos valores cristãos em todas as dimensões da vida? Como dialogar com o mundo econômico sobre a pertinência dos princípios cristãos?

A atualidade do tema, *a crítica à idolatria do livre mercado*, não diz respeito apenas às alusões feitas pelo recente Magistério Social da Igreja, mas também à fundamentação de alguns arrazoamentos teológicos veiculados numa linguagem pouco eloquente ao mundo da economia. Além do mais, a dinamicidade da economia internacional impõe uma pluralidade de novos matizes que impelem e justificam a análise teológico-moral do fenômeno econômico, do qual faz parte a elevação do livre mercado à condição de "ídolo".

A crítica teológica de Jung Mo Sung à idolatria do mercado, cujo ponto de partida não é uma moral de princípios, vem ao encontro dessa premência reflexiva e dos sobreditos questionamentos. O pressuposto medular da sua reflexão, na esteira de importantes teólogos – como Hinkelammert e Assmann –, é o desvelamento da teologia e da espiritualidade existentes no interior dos mecanismos da economia de mercado. Porém, antes de iniciar tal intento, Sung elabora uma genuína crítica epistemológica ao modo com o qual a Teologia da Libertação aborda, inicialmente, a questão econômica.

Embora reconheça o trabalho precedente de outros teólogos devotados ao tema da idolatria do mercado, em conformidade com a perspectiva libertadora predominante a partir dos anos de 1970, Sung sugere três desafios capitais para a rediscussão da idolatria em tempos de assimilação e difusão da ideologia neoliberal: a defesa dos direitos de todos os seres humanos, a eliminação da culpabilidade imposta aos pobres pela situação de exclusão social e a reproposição da noção de responsabilidade social ante as crises socioeconômica e ambiental[3].

Mediante a investigação sistemática da produção teológico-econômica de Sung, no presente capítulo objetiva-se descrever e analisar: (1) como o autor percebe o arrefecimento da discussão econômica na reflexão dos teólogos da libertação e, por conseguinte, como apresenta a sua crítica epistemológica; (2) como correlaciona criticamente a Teologia com a Economia, tendo por base a denegação da ilusão transcendental do neoliberalismo e, enfim, (3) como o autor integra, de modo propositivo, o binômio Teologia-Economia com base nas categorias teológicas do Reino de Deus e da fé pascal.

Sem dúvida, a seriedade intelectual de Sung, amadurecida ao longo das últimas décadas, ajuda a vislumbrar uma Teologia Moral atenta aos sinais dos tempos, em particular, às urgências ocasionadas pelas imperfeições do livre mercado. As suas reflexões possibilitam, em grande medida, a apreensão das razões ideológicas e práticas implícitas na estrutura idolátrica do mercado. Outrossim, como afirmado na introdução geral, as suas apreciações teológico-morais possuem um nexo expressivo com as discussões vindouras, mormente com aquelas relacionadas ao Magistério Social do Papa Francisco.

1. Breve biografia de Jung Mo Sung

Jung Mo Sung nasceu na Coreia do Sul em 2 de novembro de 1957 e encontra-se radicado no Brasil desde 1966, onde naturalizou-se. Como leigo católico, após os

---

3. Cf. SUNG, J. M., Teologia da Libertação e a "revolução da estrutura mítica" do capitalismo, *Revista Eclesiástica Brasileira*, v. 76, n. 304 (2016) 792-819, 808.

estudos de filosofia e teologia, concluiu, em 1988, o mestrado em Teologia Moral na Faculdade de Teologia Nossa Senhora da Assunção (São Paulo), com a dissertação *A idolatria do capital e a morte dos pobres*. Em 1993 concluiu o doutorado em Ciências da Religião na Universidade Metodista de São Paulo com a tese *Economia: um tema quase ausente na Teologia da Libertação*.

Em 2000 concluiu o pós-doutorado em Educação na Universidade Metodista de Piracicaba sob a orientação do seu mestre e amigo Hugo Assmann[4]. Atualmente Jung Mo Sung é professor titular na Universidade Metodista de São Paulo (programa de pós-graduação em Ciências da Religião). É membro do Comitê Científico Class, Religion and Theology da American Academy of Religion. Além de conferencista, possui uma grande quantidade de livros e artigos publicados em vários idiomas (português, espanhol, inglês, italiano e coreano).

A sensibilidade de Sung para com as questões sociais remonta aos tempos de adolescência, quando, com 15 anos, participava de um grupo católico de jovens no centro da cidade de São Paulo. Além das reuniões, os jovens desenvolviam um trabalho assistencial numa instituição voltada aos migrantes recém-chegados na metrópole. Durante a semana, Sung vivia uma experiência paralela: o trabalho na pequena empresa familiar, onde passou a gerenciar, aos 17 anos, a parte administrativo-comercial. A respeito da conjugação dessas duas experiências, comenta:

---

4. Hugo Assmann é brasileiro, filósofo, sociólogo e teólogo. Em virtude do regime militar, no final da década de 1960 foi obrigado a viver 12 anos fora do Brasil. Nessa ocasião, como professor-visitante, lecionou na Universidade de Münster (Alemanha). Também ensinou em universidades do Chile e da Costa Rica. Desde 1981 foi professor no programa de pós-graduação da Faculdade de Educação da UNIMEP. Faleceu em 22 de fevereiro de 2008 (cf. PUCCI, B. et al., Hugo Assmann: da teologia da libertação à educação para a sensibilidade, *Comunicações*, n. 1/2 [2008] 11-38, aqui 11-16).

Era uma experiência ao mesmo tempo contraditória e complementar. Eu vivia o mundo "frio" e calculista dos negócios, tendo responsabilidades com datas e números definidos, ao mesmo tempo em que experienciava o mistério da gratuidade, do encontro "face a face" do Outro que se revela no rosto de uma criança pobre. É claro que naquela época eu não consegui fazer uma síntese satisfatória[5].

Após abandonar o curso de administração de empresas no terceiro ano, Sung ingressou no seminário. O contato com o raciocínio lógico-crítico da filosofia causou-lhe entusiasmo e, simultaneamente, inquietação ao perceber suas crenças religiosas colocadas em xeque. A crise teórico-existencial foi superada com base em duas convicções muito claras e interligadas. Primeira: "a pedra fundamental da nossa fé não pode ser simplesmente uma crença ou doutrina assimilada através de um processo catequético, mas sim a experiência espiritual da graça que deve marcar o mais profundo do nosso ser"[6]. Segunda: "precisamos aprender a oferecer explicações se não racionais, pois a fé sempre transcende a razão, pelo menos 'razoáveis'"[7].

Ainda nos estudos filosóficos, maravilhou-se com a atenção dada pelo pensamento marxista à explicação das causas estruturais da pobreza. Contudo, uma pergunta de fundo teológico permanecia: "se [...] a libertação dos pobres virá com a transformação estrutural da sociedade operada por movimentos populares, qual é o papel de Deus na história humana? Como, e para que, Deus se revela na história?"[8]. Certamente tais ideias e questionamentos viriam a influenciar a opção preferencial pelos pobres e a identificação com a Teologia da Libertação.

---

5. SUNG, J. M., *Sujeito e sociedades complexas: para repensar os horizontes utópicos*, Petrópolis (RJ), Vozes, 2002, 23.
6. Ibid., 27-28.
7. Ibid., 28.
8. Ibid, 29.

Ao descobrir a possibilidade de ser teólogo sem ser sacerdote, Sung abandonou a formação presbiteral. Dentre os autores com maior influência na sua formação, podem ser citados: Enrique Dussel, Franz J. Hinkelammert, Julio de Santa Ana, Hugo Assmann, Juan Luis Segundo, René Girard e José Comblin[9]. A tese de doutoramento de Sung foi publicada no Brasil com o título *Teologia e economia: repensando a Teologia da Libertação e utopias*. O último parágrafo da conclusão resume bem a sua concepção teológica, ou ainda, explicita a razão, os referenciais e a tonalidade do seu teologizar:

> Cabe a nós teólogos a tarefa de criticarmos categorias ou mentalidades que impedem a percepção do "sopro" do Espírito e criar novas categorias que melhor ajudem a compreender a história e o modo e o lugar onde o Espírito está agindo no meio de nós. É uma tarefa limitada, mas importante. Para isso é fundamental este trabalho de sempre repensarmos – com autocríticas e críticas fraternas – as questões epistemológicas da teologia da libertação[10].

2. TEOLOGIA, ANOMALIA E ILUSÃO TRANSCENDENTAL

O problema central enfrentado por Sung em sua pesquisa doutoral é a descoberta dos motivos que determinam a existência de uma anomalia: a ausência da problemática econômica nas discussões dos teólogos da libertação, após o período inicial de crítica à dependência econômica dos países "subdesenvolvidos". Esse fenômeno é identificado como anômalo pelo fato de contrariar os pressupostos fundamentais da Teologia da Libertação direcionados à produ-

---
9. Cf. ibid., 29-38.
10. Id., *Teologia e economia: repensando a teologia da libertação e utopias*, Petrópolis (RJ), Vozes, 1994, 271.

ção de uma reflexão atenta às práticas de libertação e, por conseguinte, à realidade política, social e econômica[11].

Do empenho investigativo de Sung dirigido à compreensão dessa anomalia emerge uma proposta de aproximação entre Teologia e Economia atenta à autonomia de ambas as ciências. A insistente referência à Teologia da Libertação no presente capítulo é inerente ao fato de o autor teologizar a partir dela, isto é, do seu interior. No entanto, não está em discussão essa corrente teológica na sua inteireza, mas aqueles pontos basilares para a estrutura teórica de Sung concernente ao binômio Teologia-Economia, ou melhor, ao exame teológico-crítico dos fenômenos econômicos.

2.1. A perspectiva da libertação e a origem hipotética da anomalia

A origem da Teologia da Libertação, nos anos de 1960, foi impulsionada por três acontecimentos marcantes: (1) a realização do Concílio Vaticano II (1962-1965) e, de modo especial, a promulgação da Constituição Pastoral *Gaudium et Spes*[12]; (2) a crescente conscientização sobre a situação de injustiça social, subdesenvolvimento e dependência econômica no ambiente latino-americano e, por fim, (3) a celebração da II Conferência Geral do Episcopado Latino-

---

11. Cf. ibid., 8-9, 102-103; id., *Se Deus existe, por que há pobreza?*, São Paulo, Reflexão, 2008, 71-72.

12. A importância dessa Constituição Pastoral está no seu objeto específico: a relação entre a Igreja e o mundo atual. Ela explicita a sensibilidade e a preocupação da Igreja com as realidades sociais, políticas e econômicas, especialmente as que afligem a família humana. A Igreja entende como seu dever interpretar os sinais dos tempos à luz do Evangelho para conhecer e compreender as esperanças e aspirações contemporâneas dos homens. Justamente por isso, mostra-se atenta às situações de desigualdade, desequilíbrio, subdesenvolvimento, dependência, pobreza, opressão e injustiça socioeconômica (cf. CONCÍLIO ECUMÊNICO VATICANO II, Constituição *Gaudium et spes*, 7 dez. 1965, in: AAS 58 [1966] 1025-1120, nn. 1-4, 6, 8-10, 29, 42, 63, 66, 73, 85, 88).

americano em Medellín (1968), direcionada à recepção das orientações do Concílio Vaticano II[13].

Nos anos de 1970 e de 1980, a corrente principal da Teologia da Libertação[14] firmou-se como uma nova referência teológica ao refletir, sistematicamente, a partir da e sobre a prática histórica da libertação realizada por pessoas comprometidas com a causa dos pobres e oprimidos. O acento dado à interação circular entre teoria e práxis trouxe, de forma mais enfática, as questões políticas, sociais e econômicas para dentro da discussão teológica. A perspectiva da libertação repropôs a função social da Teologia ao estreitar o diálogo entre a esfera acadêmica e a realidade concreta[15].

Para os teólogos que concebem a Teologia a partir da prática histórica de libertação, o ato primeiro não é o teológico, mas a própria práxis de libertação, isto é, o que fazer a serviço da vida motivado pela indignação ética ante as situações de pobreza, opressão e exclusão. À luz da fé, essa indignação ou compaixão operante é interpretada como a experiência espiritual de encontrar Jesus no rosto dos pobres e oprimidos. O ato teológico propriamente

---

13. Cf. SCANNONE, J. C., La teología de la liberación. Caracterización, corrientes, etapas, *Revista Medellín*, v. 9, n. 34 (1983) 259-288, 259, 260.

14. O teólogo argentino Scannone individualiza quatro correntes ou vertentes da Teologia da Libertação atinentes ao contexto latino-americano: (1) a Teologia delineada *a partir da práxis pastoral da Igreja*, para a qual a libertação baseia-se numa perspectiva bíblica e eclesial, sem a problematização dos elementos políticos nem o emprego de mediações socioanalíticas; (2) a Teologia pensada *a partir da práxis de grupos revolucionários*, cujas características principais são: a radicalização política, a adoção da mediação socioanalítica marxista, o compromisso com a ação revolucionária (não obrigatoriamente violenta) e o distanciamento da hierarquia eclesial e do povo fiel; (3) a Teologia concebida *a partir da práxis histórica* impulsionada pelas reflexões pioneiras do teólogo peruano Gutiérrez. Essa corrente (a *principal*), comprometida com transformação social, também assumiu o marxismo como mediação socioanalítica (como será apresentado na sequência), esforçando-se por manter a fidelidade à Igreja e à tradição teológica; finalmente, (4) a Teologia engendrada *a partir da práxis dos povos latino-americanos (Teologia do Povo)*, cujas particularidades serão dissertadas na primeira parte do segundo capítulo (cf. ibid., 271-279).

15. Cf. SUNG, *Teologia e economia*, 7, 82-84, 259, 265.

dito, iluminado pela Tradição da Igreja, vem em segundo lugar, como reflexão da vivência comprometida da fé[16]. Nesse segundo momento, o trabalho teológico não é pautado pela reprodução concêntrica, releitura ou reelaboração dos tratados teológico-doutrinais, de modo a "enxertar" ou agregar os temas da pobreza e da opressão. O ato de teologizar configura-se como resposta – na ordem da fé – aos questionamentos e desafios oriundos das práticas libertadoras (do encontro face a face) em favor dos injustiçados[17]. Um texto de Assmann dos anos de 1970, citado frequentemente por Sung, traduz bem a preocupação com um tipo de Teologia "encarnada" no contexto histórico:

> Se a situação histórica de dependência e dominação de dois terços da humanidade, com seus 30 milhões de mortes anuais de fome e desnutrição, não se transforma em ponto de partida de qualquer teologia cristã atual, também nos países ricos e dominadores, a teologia não poderá situar e concretizar historicamente seus temas fundamentais. Suas questões não serão questões reais. Passarão ao lado do homem real. [...] diante dos problemas do mundo de hoje muitos textos de teologia se reduzem ao cinismo[18].

No interior do segundo momento da Teologia da Libertação é desenvolvido um método específico, cuja divisão

---

16. Cf. id., *Sujeito e sociedades complexas*, 44, 46; id., *A idolatria do capital e a morte dos pobres: uma reflexão teológica a partir da dívida externa*, São Paulo, Paulinas, 1989, 11; id., *Cristianismo de libertação: espiritualidade e luta social*, São Paulo, Paulus, 2008, 58-59; ASSMANN, H.; SUNG, J. M., *Deus em nós: o reinado que acontece no amor solidário aos pobres*, São Paulo, Paulus, 2010, 69, 72, 92, 181-182.

17. Cf. ASSMANN; SUNG, *Deus em nós*, 80-81, 83-84; SUNG, J. M., *Desejo, mercado e religião*, São Paulo, Fonte Editorial, ⁴2010, 148-149, 187; id., É verdade que Deus morreu? Reflexões em torno do fundamento da nossa luta e esperança, *Estudos Teológicos*, v. 50, n. 1 (2010) 24-40, 32, 36-37.

18. ASSMANN, H., *Teología desde la praxis de la liberación. Ensayo teológico desde la América dependiente*, Salamanca, Sígueme, 1973, 40 (tradução nossa); SUNG, *Cristianismo de libertação*, 7-8; id., Salvar-nos do cinismo: teologias e classes sociais, *Revista Eclesiástica Brasileira*, v. 73, n. 289 (2013) 102-124, aqui 102-103.

corresponde ao difuso método *ver, julgar* e *agir*. Para o desenvolvimento da primeira etapa (*ver*), constatou-se a necessidade interdisciplinar de uma mediação socioanalítica destinada à compreensão dos determinantes históricos, políticos e econômicos do contexto social. Os teólogos elegeram a teoria da dependência econômica e as teorias sociais de corte marxista por julgarem ser as mais adequadas à crítica do capitalismo e à proposição de um sistema alternativo[19].

A segunda etapa (*julgar*) interessa ao trabalho hermenêutico da Teologia que acolhe o resultado da mediação socioanalítica e o interpreta com base na Revelação (salienta-se, para tanto, a manifestação de Deus na história a favor dos pobres e oprimidos) e na tradição teológica. Não basta entender o funcionamento da sociedade (*ver*); é preciso encontrar e oferecer um sentido alternativo fundamentado na fé ou no ato de crer (mediação hermenêutica). Desse modo, chega-se à última etapa (*agir*): o planejamento e a atuação do planejado (mediação prático-pastoral)[20].

Essa breve elucidação inicial sobre a perspectiva da libertação e o método teológico a ela relacionado é indispensável para a percepção apropriada dos passos dados por Sung em direção à determinação da origem da anomalia constatada, ou seja, a ausência dos temas econômicos na reflexão teológica após os anos iniciais da Teologia da Libertação. Vale relembrar que dessa perquirição metódica promanam as críticas epistemológica e utópica (ilusão transcendental), bem como a proposição de uma nova aproximação entre Teologia e Economia.

---

19. Cf. SUNG, *Teologia e economia*, 83, 86, 95, 97, 127-128; id., *Desejo, mercado e religião*, 157-158; id., *Deus numa economia sem coração. Pobreza e neoliberalismo: um desafio à evangelização*, São Paulo, Paulus, 1992, 52, 109; id., *Cristianismo de libertação*, 43-44.

20. Cf. ASSMANN; SUNG, *Deus em nós*, 67; SUNG, *Sujeito e sociedades complexas*, 14, 34; id., *Sementes de esperança: a fé em um mundo em crise*, Petrópolis (RJ), Vozes, 2005, 10, 13, 22.

A princípio, Sung considera três hipóteses que justificariam a anomalia: a primeira respeita ao processo de releitura dos temas teológicos à luz da perspectiva libertadora. O esforço direcionado a outras áreas, como cristologia, eclesiologia, soteriologia e hermenêutica bíblica, explicaria a parca atenção dada às temáticas econômicas. A segunda hipótese concerne à "tecnicidade" do campo econômico e, assim, à dificuldade de compreensão. No entanto, essa dificuldade justificaria a existência de superficialidades e incorreções, não a desconsideração dos temas econômicos[21].

A terceira hipótese refere-se à noção de ruptura com o sistema capitalista e de construção de uma sociedade alternativa (no início de caráter socialista), contraposta ao desenvolvimento existente no interior de um sistema mundial marcado pelas relações de dependência econômica. Tal expectativa idealística, centrada na dimensão sociopolítica, justificaria a posição secundária da questão econômica caso não existisse uma corrente teórica alternativa: a do desenvolvimento autônomo sem ruptura (praticamente ignorada pelos teólogos alinhados a Gutiérrez)[22].

Posto a inconsistência das três hipóteses aventadas, Sung formula uma nova hipótese de investigação: o problema na relação entre a mediação socioanalítica e a mediação hermenêutica (teológica) explicaria a ausência das temáticas econômicas nas reflexões dos teólogos ligados à corren-

---

21. Cf. SUNG, *Teologia e economia*, 116, 118.
22. Cf. ibid., 119-120, 125. Sung individua duas vertentes teóricas concernentes à crítica da dependência econômica sofrida historicamente pelos países antes denominados subdesenvolvidos. A primeira provém da contradição *dependência/desenvolvimentismo* × *ruptura/libertação* (chamada de corrente ou vertente bipolar). Segundo essa corrente, qualquer forma de desenvolvimento é irreconciliável com o modo de produção capitalista. A segunda corrente é representada pelas contradições entre *dependência/subdesenvolvimento* × *libertação/desenvolvimento autônomo* e *dependência/desenvolvimento dependente* × *libertação/desenvolvimento autônomo*. Nota-se que o segundo termo das duas contradições (segunda corrente) é o mesmo (cf. ibid., 54).

te principal da Teologia da Libertação, após os anos de 1970. Em outras palavras, trata-se de um problema de ordem epistemológica que determina, simultaneamente, a relação (1) entre a Teologia da Libertação e as ciências do social e (2) entre a Teologia e as demais ciências modernas[23].

2.2. A crítica dos princípios epistemológicos da Teologia da Libertação

Como visto, o problema esquadrinhado por Sung assenta-se na passagem da primeira para a segunda etapa do método adotado pela Teologia da Libertação. Contudo, o cerne da questão está na recepção do marxismo como mediação socioanalítica. Para analisar essa assimilação, Sung toma como referência as contribuições de Gustavo Gutiérrez e dos irmãos Leornardo e Clodovis Boff[24]. A pergunta-chave é: quais foram os critérios para a escolha da orientação marxista? Mais exatamente: o assimilado corresponde à integralidade dessa corrente ou apenas a uma parte dela?

a. A mediação socioanalítica em Gutiérrez e Clodovis Boff

Na opinião de Gutiérrez, as ciências sociais, na qualidade de mediação socioanalítica, são instrumentos científicos não isentos de discussão crítica. Ele reconhece a presença de elementos ou referenciais marxistas nas ciências sociais; porém esse reconhecimento "não permite de modo algum identificar as ciências sociais com a análise marxista"[25]. Tomando por base essa premissa, o teólogo peruano

---

23. Cf. SUNG, *Teologia e economia*, 10-11, 115; id., *Sujeito e sociedades complexas*, 33.
24. Revisitarei alguns textos desses teólogos utilizados por Sung com o intuito de aprofundar e clarear alguns pontos essenciais da sua crítica.
25. GUTIÉRREZ, G., Teología y ciencias sociales, *Páginas*, n. 63/64 (1984) 4-15, aqui 6-7 (tradução nossa).

relaciona a Teologia – na condição de discurso secundário – diretamente com as ciências sociais e não com a análise marxista em si mesma[26].

Não obstante admitir a recepção indireta de elementos marxistas no âmbito científico, Gutiérrez rejeita a parte ideológica (o ateísmo, por exemplo) e filosófica do marxismo por julgá-la incompatível com os fundamentos da reflexão teológica[27]. Assim, o teólogo propõe uma nítida separação entre os domínios científico e filosófico das ciências sociais com o objetivo de evitar uma invasão ideológica no momento da apreciação teológica. Caso ocorresse essa "contaminação", a mediação socioanalítica, segundo Gutiérrez, perderia sua objetividade científico-instrumental.

Sung, visando fundamentar a existência de um sistema de valores subjacente à mediação socioanalítica, utiliza a introdução da segunda parte do mencionado artigo de Gutiérrez (*Teologia e ciências sociais*) para afirmar o papel interpretativo/valorativo, e não apenas descritivo, da análise social. Dada a forma como abrevia a citação, os aspectos descritivo e interpretativo vêm correlacionados diretamente com a análise da realidade social desempenhada pelas ciências sociais (última parte do parágrafo). Para fins de comparação proponho a citação de Sung e, em seguida, o texto original:

> Falar da pobreza presente na América Latina leva a apelar às descrições e interpretações desse fato massivo. [...] Trata-se então de recursos à análise social em função do conhecimento de uma situação e não para o estudo de assuntos considerados mais estritamente teológicos.
> [...]
> Falar da pobreza presente na América Latina leva a recorrer a descrições e interpretações desse fato concreto. Foi o que fizeram as conferências episcopais de *Medellín* e *Puebla*

---
26. Cf. ibid., 8.
27. Cf. GUTIÉRREZ, G., Teología y ciencias sociales, 7, 9.

e muitos outros textos eclesiais. Acontece algo semelhante com os esforços teológicos realizados no continente: em ambos os casos, e com tonalidades próprias de textos do magistério ou de ensaios teológicos, o que se busca – isso deve ficar claro desde o início – é um exame da realidade social para melhor compreender, graças a uma iluminação a partir da fé, os desafios e as possibilidades que ela apresenta à missão evangelizadora das Igrejas. Trata-se, então, do recurso à análise social em função do conhecimento de uma situação, e não para o estudo de assuntos considerados mais estritamente teológicos[28].

Como é perceptível, *a descrição* e *as intepretações* da pobreza latino-americana de que fala Gutiérrez estão relacionadas, em primeiro lugar, ao empenho das Conferências Episcopais de *Medellín* e *Puebla* e, na sequência, a outros esforços teológicos. Por extensão, as descrições e interpretações são realizadas à luz da fé, quando os resultados advindos da mediação socioanalítica já foram recepcionados e incorporados no âmbito do trabalho teológico. Em vista disso, a interpretação é um "produto" decorrente da mediação hermenêutica (teológica) e não diretamente da análise social.

Contudo, a intuição de Sung sobre a não neutralidade ético-moral das ciências sociais e, de consequência, do marxismo é ratificada pelas considerações epistemológicas de Clodovis Boff. O teólogo brasileiro associa, diretamente, a mediação socioanalítica à produção de um "conhecimento positivo, contextual e concreto da sociedade"[29], avesso a abstrações e especulações filosóficas. Essa objetividade das ciências do social traz implicações teóricas e práticas. No primeiro âmbito, confere rigor ao dis-

---
28. Ibid., 6, apud SUNG, *Teologia e economia*, 131. (Tradução nossa).
29. BOFF, C., *Teologia e prática. Teologia do político e suas mediações*, Petrópolis (RJ), Vozes, ²1982, 21.

curso teológico e, no segundo, a inserção desse discurso na práxis política[30].

A escolha do marxismo como mediação socioanalítica respalda-se nessa prospectiva positiva e, portanto, na relevância do científico. Clodovis Boff, seguindo a linha de outros pensadores, propõe a separação do marxismo em duas partes: filosófica (materialismo dialético[31]) e científica (materialismo histórico[32]). Essa bipartição permitiria, em tese, a refutação do caráter totalitário e reducionista do marxismo fundado no ateísmo materialista. Restaria a

---

30. Cf. ibid., 46-48, 54, 112-113.

31. A compreensão dialética da realidade foi proposta por Marx e desenvolvida por Engels e pelos filósofos comunistas. Para Engels as leis da dialética não provêm do pensamento (como ocorre na filosofia idealista de Hegel), mas da natureza e da história. De acordo com Abbagnano, *a primeira lei dialética* respeita à conversão da quantidade em qualidade, ou seja, as variações qualitativas da natureza são condicionadas pela adição ou subtração de matéria em movimento (variações quantitativas); *a segunda lei* diz respeito à interpenetração dos opostos, a qual assegura unicidade e constância às perenes transformações naturais e, por fim, a negação da negação (*terceira lei dialética*) indica que o processo dialético é sempre aberto, pois cada síntese é provisória ante a probabilidade de tornar-se tese de outra antítese no processo de constituição de uma nova síntese. A conjugação dessas leis causa a evolução progressiva (necessária) do mundo natural e da história. Na realidade, a partir da negação de elementos ou aspectos transcendentais, tudo (do ambiente à vida sociocultural) é condicionado pelo movimento da matéria (cf. ABBAGNANO, N., Materialismo dialético, in: *Dicionário de Filosofia*, São Paulo, Martins Fontes, 1999, 651).

32. O materialismo histórico está ligado mais diretamente à concepção socioeconômica do marxismo. Segundo essa, a realidade social vem dividida em infraestrutura econômica (onde ocorre a produção capitalista e as relações a ela correlatas) e superestrutura (âmbito ideológico em que estão localizadas as instituições sociais, a moral e as religiões, por exemplo). A transformação da superestrutura depende das transformações transcorridas na infraestrutura, isto é, as mudanças de ordem ideológica sobrevêm das mudanças materiais. Na infraestrutura, as relações sociais são caracterizadas, basicamente, pela oposição de duas classes: a dos trabalhadores que oferecem o fator produtivo *mão de obra* e a dos capitalistas detentores dos meios de produção. A superação do modo de produção capitalista e, por conseguinte, a eliminação das relações sociais a ele inerentes, resulta da chamada luta de classes (cf. HUGON, P., *História das doutrinas econômicas*, São Paulo, Atlas, 1989, 212-213; HUNT, E. K.; SHERMAN, H. J., *História do pensamento econômico*, Petrópolis (RJ), Vozes, 1995, 92-94; *Marx Karl*, in: BARILE, G. et al. (orgs.), *Enciclopedia dell'Economia*, Milano, Garzanti, ³2011, 821).

teoria científica orientada ao conhecimento da realidade social desde baixo, isto é, desde as suas contradições e conflitos internos[33].

Após precisar o enquadramento epistemológico para a eleição do marxismo como mediação socioanalítica, Clodovis Boff evoca outro critério que antecede e extrapola o campo teórico: a opção ética baseada em valores ideológicos compatíveis com os objetivos sócio-políticos vislumbrados. Uma Teologia preocupada com a libertação dos pobres e oprimidos encontrará sobretudo no Evangelho a fonte de valores ou critérios éticos para a escolha de uma teoria científica alinhada a esse propósito. Entretanto, a opção ética não pressupõe interferências no regime interno da mediação escolhida[34].

b. O problema da justaposição valorativa

Na opinião de Sung, a maneira como Gutiérrez e Clodovis Boff concebem as ciências do social e a recepção do marxismo (tanto na etapa do *ver* quanto na do *julgar*, quando deveria ocorrer uma relação de constituição orgânica entre as esferas científica e teológica[35]), em vez de assegurar a neutralidade ética da mediação socioanalítica, a põe em xeque. O esforço inicial empregado na demarcação dos limites entre *científico* e *filosófico* perde força, uma vez que a opção ética, por si mesma, atesta o compartilhamento de objetivos e valores entre as perspectivas teológica e sociológica.

---

33. Cf. BOFF, C., *Teologia e prática*, 118-119, 120-122.
34. Cf. BOFF, C., *Teologia e prática*, 121, 123-125; SUNG, *Teologia e economia*, 129-130. A respeito do papel precedente da opção ética, é sintomática a afirmação de Clodovis Boff: "o sucesso histórico do marxismo depende talvez muito menos de sua virtude teórica do que de outros fatores, tais como ideológicos, éticos ou utópicos, vinculados à prática mais que à teoria" (BOFF, C., *Teologia e prática*, 120-121).
35. Cf. BOFF, C., *Teologia e prática*, 82-83.

Em consequência, a questão do marxismo também é afetada pela insuficiência da conjectura neutral, pois a afinidade de valores éticos invalida a "pureza" positiva e, dessa forma, a cisão epistemológica entre as partes filosófica e científica. Melhor dizendo, a análise do social, ao incorporar uma significação valorativa, supera a mera objetividade do instrumental marxista. A consequência é que no *ver* intercala-se, antecipadamente, um *julgar*, ou ainda, ocorre "um juízo feito pelas ciências, no seu processo de análise, e um outro juízo feito pela teologia na sua mediação hermenêutica"[36].

Essa sobreposição de juízos justifica a inquietação de Sung acerca do papel da hermenêutica teológica no método adotado pela da Teologia da Libertação (segundo a interpretação dos teólogos alinhados a Gutiérrez) e, de maneira geral, acerca do posicionamento da Teologia no universo científico. Para demonstrar a parca expressividade da análise teológica, Sung examina um esquema ilustrativo, relativo à questão agrária, proposto pelos irmãos Boff (Leonardo e Clodovis). A reprodução literal do esquema (a seguir) tem o objetivo de facilitar o entendimento da crítica:

Passo zero: participação
- estar envolvido na problemática concreta da terra, trabalhando em CEBs camponesas, lutando nos sindicatos de lavradores, tomando parte nos mutirões e outros trabalhos do campo ou participando das lutas dos trabalhadores rurais, etc.

Passo 1: mediação socioanalítica (ver)
- analisar a situação da terra no país ou no lugar em que se trabalha;
- levantar as lutas camponesas da área;
- ver como o povo vivencia seus problemas e como está resistindo à opressão ou organizando suas lutas.

---
36. SUNG, *Teologia e economia*, 130; cf. ibid., 137-138.

Passo 2: mediação hermenêutica (julgar)
- como o povo encara a questão da terra a partir de sua religião e sua fé;
- como a Bíblia considera a terra (dom de Deus, promessa de uma terra nova, símbolo do Reino definitivo, etc.).
- como a tradição teológica, especialmente nos Padres, vê o problema da terra (destinação comum, caráter não mercantil da terra, etc.).

Passo 3: mediação prática (agir)
- valor da união e organização dos trabalhadores: sindicatos, mutirões, roças comunitárias, cooperativas e outros movimentos (dos sem-terra, etc.);
- necessidade de uma Reforma Agrária protagonizada pelos trabalhadores do campo;
- escolha das bandeiras concretas de luta, articulação com outras forças, previsão das consequências eventuais, possível distribuição de tarefas, etc[37].

A primeira constatação de Sung é a não efetividade da mediação hermenêutica, ou seja, os resultados angariados pela mediação socioanalítica no primeiro passo (*ver*) não são julgados do ponto de vista teológico (segundo passo). Na verdade, a mediação hermenêutica reduz-se ao levantamento de textos bíblicos e da tradição teológica relativos ao tema da terra, como se não houvesse "diferença entre os tempos bíblicos e dos Padres (sociedades tradicionais) com o nosso"[38]. Se assim fosse, não seria necessário eleger uma mediação específica para decifrar a realidade contemporânea.

O entendimento da hermenêutica teológica nesses termos engendra uma relação de exterioridade, isto é, de aplicação de conteúdos teológico-religiosos às análises so-

---

37. BOFF, L.; BOFF, C., *Como fazer teologia da libertação*, Petrópolis (RJ), Vozes, ⁸2001, 71-72.
38. SUNG, *Teologia e economia*, 140.

ciais realizadas previamente. Esse tipo de justaposição instrumental é oposto, por exemplo, à relação de interioridade (intercâmbio orgânico) idealizada epistemologicamente por Clodovis Boff. No final, esse contato mecânico entre os dois domínios estanques (socioanalítico e teológico) serve apenas para legitimar religiosamente o engajamento dos cristãos na luta pela terra já em curso (passo zero)[39].

Com o intuito de comprovar a existência desse hiato entre o *ver* e o *julgar*, Sung propõe um exercício muito simples: ignorar o segundo passo da ilustração esquemática dos irmãos Boff, isto é, o da mediação hermenêutica. Note-se, conforme sublinha o teólogo, que "não há perda da sequência lógica do argumento"[40], tendo em consideração o julgamento efetuado pelos participantes da luta (intuitivo e prévio à entrada no movimento em prol da justiça agrária) e pela mediação socioanalítica (trabalho de análise e interpretação ancorado num sistema de valores).

Na opinião de Sung, a dificuldade em conjugar as mediações socioanalítica e teológico-hermenêutica tem como origem a compreensão inicial das mesmas. Segundo os irmãos Boff, "a mediação socioanalítica olha para o lado do mundo do oprimido" com o escopo de compreender a causa da opressão e a hermenêutica "olha para o mundo de Deus"[41] com o objetivo de desvelar o plano divino a propósito da opressão. A intenção de preservar o propriamente teológico causa uma cisão teórica do mundo: o mundo de Deus e o mundo dos homens, onde se desenrolam as tramas sociais[42].

Com respeito aos temas econômicos, também eles não são apreendidos como objeto de uma leitura teológica atenta às mudanças epocais. A anomalia percebida por

---
39. Cf. ibid., 140-141.
40. SUNG, *Teologia e economia*, 142.
41. BOFF, L; BOFF, C., *Como fazer teologia da libertação*, 44.
42. Cf. SUNG, *Teologia e economia*, 145.

Sung tem que ver com a dificuldade de se firmar uma correspondência expressiva entre as exigências contemporâneas desses temas (mundo dos homens/mediação científica) e a racionalidade teológica (mundo de Deus/mediação hermenêutica). Destarte, "os desafios econômicos modernos, que não estão presentes no mundo da Bíblia e dos Padres, acabam sendo relegados a um segundo plano ou até mesmo esquecidos"[43].

Se a Teologia da Libertação nasce das práticas de libertação para nutri-las dialeticamente, uma consideração compartimentada do *ver* e do *julgar* afeta não somente a análise teológica como também o *agir* dos agentes de pastoral. Provavelmente, o planejamento de suas ações ressentirá a falta de ligação entre a "teologização" da fé experienciada e as urgências socioeconômicas a serem enfrentadas[44]. Entretanto, a correlação entre as etapas do método indutivo não deve ocorrer linearmente, como se elas fossem apenas elos sequenciais e autônomos de uma cadeia. De acordo com Sung:

> O método ver-julgar-(planejar)ação deve ser visto de uma forma não linear. Isto é, entre o ver, julgar e planejar-ação ocorre uma relação em que o segundo momento pode influenciar o primeiro; e o terceiro, que vem depois do primeiro e o segundo momento, determinar o primeiro e o segundo. Isso ocorre porque esses três momentos estão organizados e se relacionam dentro de um sistema e operam como partes de um sistema de pensamento complexo. As teorias de sistema mostram que, no interior de sistemas complexos, as relações de causalidade e efeito não obedecem necessariamente a sequência linear [...][45].

---

43. Ibid., 146.
44. Cf. id., *Se Deus existe, por que há pobreza?*, 72.
45. ASSMANN; SUNG, *Deus em nós*, 68; cf. ibid., 67.

De fato, a linearidade fragmentada entre as três mediações do método fragiliza o discurso teológico, máxime quando a mediação hermenêutica (1) "pinça" alguns conceitos das ciências humanas e sociais e os aplica na sua estrutura epistemológica sem uma articulação constitutiva ou (2) retira normas das experiências bíblicas e da tradição teológica para apô-las dedutivamente aos problemas contemporâneos. No domínio econômico, como afirmado em precedência, resta uma análise superficial baseada no "manejo" de princípios transcendentais associados a uma leitura estática da Revelação[46].

Ao individuar o nexo causal entre a ausência dos temas econômicos nas reflexões dos teólogos da libertação (impulsionados por Gutiérrez) após os anos de 1970 e a "difícil relação entre as ciências sociais modernas e a Teologia"[47], Sung confirma positivamente a sua hipótese inicial. Em outros termos, a má articulação entre as duas primeiras etapas do método adotado (logo, trata-se de um problema de ordem epistemológica) explica o contrassenso de uma Teologia que atrela a sua novidade ao compromisso com a práxis libertadora e, ao mesmo tempo, deixa de lado as problemáticas econômicas.

c. Marxismo: mediação ou "curto-circuito" teórico-prático?

Com vistas ao tratamento da hipótese formulada inicialmente, Sung parte da recepção do marxismo como mediação socioanalítica para chegar à afirmação da inexpressividade do discurso teológico quanto ao arrazoamen-

---

46. Cf. SUNG, J. M., Educação teológica e a missão, in: ID. et al. (orgs.), *Missão e educação teológica*, São Paulo, Aste, 2011, 149, 156; id., É verdade que Deus morreu?, 29; id., Economia: uma tarefa espiritual para as comunidades cristãs, *Vida Pastoral*, n. 271 (2010) 21-25, 22; id., Teologia da Libertação e a "revolução da estrutura mítica" do capitalismo, 793, 808-809, 811-812.
47. Id., *Teologia e economia*, 147.

to dos temas econômicos contemporâneos. Como visto, na crítica dos princípios epistemológicos da Teologia da Libertação, o teólogo constata uma justaposição de "julgares" ocasionada pela convergência de valores e objetivos entre a perspectiva da libertação e a mediação científica escolhida. Todavia, não fica bem claro qual é a intensidade e o alcance dessa vinculação.

Em alguns dos seus escritos, Sung sustenta a inexistência de amalgamação das opções e teorias da Teologia da Libertação (sobretudo nas duas primeiras décadas, ou seja, nos anos de 1970 e 1980) com o instrumental social marxista, pois o grande objetivo era, afinal, "produzir reflexões teológicas (não teorias sociológicas em linguagem religioso-eclesiástica) a serviço da práxis da libertação sempre cambiante"[48]. Mas isso aconteceu realmente ou o fazer teológico foi "contaminado" por elementos marxistas não científicos, isto é, por elementos ideológicos?

Gutiérrez, no seu artigo sobre a relação entre Teologia e ciências sociais, indica o risco de posições reducionistas que, por exemplo, identificam a opção preferencial pelos pobres com uma determinada ideologia ou programa político. À luz dessas "tendências", o Evangelho e a atividade da Igreja necessitariam ser reinterpretados ou ressignificados[49]. Antes ainda, comentando sobre a reciprocidade entre as linguagens da contemplação e da profecia (caras à Teologia da Libertação), chama a atenção para o perigo "de possíveis evasões espiritualistas e eventuais reducionismos políticos"[50].

Numa esmerada introdução em uma das últimas reedições do seu famoso livro *Teologia da Libertação*, Gutiérrez,

---

48. SUNG, A vida religiosa e a nova globalização, *Convergência*, n. 387 (2005) 529-541, 539; cf. id., *Cristianismo de libertação*, 30; id., *Deus numa economia sem coração*, 109.
49. Cf. GUTIÉRREZ, Teología y ciencias sociales, 14.
50. Ibid., 5 (tradução nossa).

com o recuo de praticamente duas décadas, avalia, precisa e enfatiza alguns temas nucleares da Teologia da Libertação. Antes de tudo, recobra a importância da centralidade da fé (vivida em comunhão eclesial) e da dimensão contemplativa baseada no saboreamento da Palavra do Senhor, que nutre a vida espiritual, e a inserção compromissada no meio do povo sofrido, como requer a lógica do discipulado de Jesus[51].

O teólogo peruano refuta qualquer imanentismo no empenho pela libertação integral, uma vez que a afirmação do humano implica a valorização da fé e das suas implicações éticas. Contrapõe-se a uma compreensão da pobreza fundamentada no reducionismo socioeconômico. Para ele, a prevalência de antagonismos ideológicos e de uma percepção limitada dos conflitos entre classes são insuficientes para responder aos desafios atuais. A libertação, para ser integral, precisa englobar, além do plano socioeconômico, a transformação pessoal e a libertação do pecado[52].

Clodovis Boff, em sua análise epistemológica, refere-se a prováveis problemas relacionados à conexão entre as mediações socioanalítica e hermenêutica, tais como as *invasões ideológicas/"ideopolíticas"* no interior da Teologia, o *bilinguismo* (justaposição das linguagens científica e teológica), o *horizontalismo/secularismo* que transforma o religioso em político e vice-versa, o *cientificismo* fechado ao discernimento teológico e, por fim, o *empirismo/pragmatismo* (fazer teológico destinado a determinadas práticas sem o rigor da reflexão crítica)[53].

Quanto à assimilação do marxismo como mediação socioanalítica, comenta Clodovis Boff: "a partir do mo-

---

51. Cf. id., Guardare lontano, in: ID., *Teologia della Liberazione. Prospettive*, Brescia, Queriniana, 2012, 10, 12, 28, 30.
52. Cf. ibid., 38-41.
53. Cf. BOFF, *Teologia e prática*, 75, 80-81, 94, 100-101, 117, 127-128.

mento em que se está acuado a uma escolha, sob a pressão de circunstâncias que não padecem protelação, então acaba-se escolhendo os meios mais adequados, ou, numa fórmula resignada, os meios menos ruins"[54]. Ele não nega o risco da escolha e o classifica como incontestável. Ao ser interrogado numa entrevista (concernente ao contexto da renúncia do Papa Bento XVI e da eleição do novo papa) sobre a sua postura crítica em relação à Teologia da Libertação, responde:

> Desde o início, sempre fui claro sobre a importância de colocar Cristo como o fundamento de toda a teologia. No discurso hegemônico da Teologia da Libertação, no entanto, eu notava que essa fé em Cristo só aparecia em segundo plano. Mas eu reagia de forma condescendente: "Com o tempo, isso vai se acertar". Não se acertou[55].

A Igreja, por meio da Congregação para a Doutrina da Fé, com a Instrução *Libertatis Nuntius*, analisou alguns aspectos da Teologia da Libertação, apontando desvios e perigos de desvio interpretativo quando se tem presente a ortodoxia da fé (mensagem cristã na sua globalidade) e a sua correspondente prática. Embora o título da Instrução faça alusão à Teologia da Libertação (escrita no singular e entre aspas), o restante do documento é baseado na ideia da existência de Teologias da Libertação, dada as diversas posições teológicas e ideológicas nem sempre convergentes[56].

O cerne das advertências está no reducionismo político e socioeconômico da libertação que, ao acentuar os

---

54. Ibid., 126.
55. GONÇALVES, A., Irmão de Leonardo Boff defende Bento 16 e critica Teologia da Libertação, *Folha de São Paulo*, São Paulo, 11 mar. 2013, 2.
56. Cf. CONGREGAÇÃO PARA A DOUTRINA DA FÉ, Instrução *Libertatis Nuntius*, 6 ago. 1984, in: AAS 76 (1984) 876-909.

aspectos terrenos e temporais, relega a um segundo plano a libertação do pecado realizada por Cristo. De acordo com a Instrução, a escravidão do pecado, enquanto raiz das várias ordens de escravidão (cultural, econômica, política e social), é ofuscada pela assunção pouco crítica de instrumentos conceituais e ideológicos incompatíveis com a fé e a ética cristã. Nesse ponto, a crítica é dirigida frontalmente às variadas correntes do pensamento marxista.

Conforme a Instrução, são expressões dessa incompatibilidade: a atribuição exclusiva do mal e do "homem novo" às estruturas políticas e socioeconômicas; a identificação da salvação plena com a luta pela justiça e pela liberdade; a transformação do Evangelho em evangelho terrestre; a subordinação radical das afirmações de fé e dos juízos teológicos ao critério político; a ligação entre o pobre da Escritura e o proletariado marxista; a "imanentização"/secularização da noção de Reino de Deus e a tomada da revolução radical/ luta armada como *a priori* ético e hermenêutico[57].

Relativamente ao marxismo, fonte crucial dos desvios teórico-práticos, a Instrução adverte sobre a inseparabilidade dos aspectos ideológicos e analíticos. Na prática, de acordo com a *Libertatis Nuntius*, a suposta qualificação científica traveste o núcleo ideológico, o qual, cumprindo a função de princípio totalizante, direciona a análise da realidade social e a proposição de alternativas. Justamente por isso, "não é raro que sejam os aspectos ideológicos que predominem nos empréstimos que diversos 'teólogos da libertação' pedem aos autores marxistas"[58].

A exposição das posições de Gutiérrez, de Clodovis Boff e da Congregação para a Doutrina da Fé[59] não

---

57. Cf. CONGREGAÇÃO PARA A DOUTRINA DA FÉ, Instrução *Libertatis Nuntius*, 5-6, 9, 10, 12, 14-15.
58. Ibid., 7.
59. Em março de 1986 a mesma Congregação publicou outra instrução, a *Libertatis Conscientia*. A promessa de uma reflexão de cunho doutrinário so-

tem como horizonte a análise exaustiva da recepção do marxismo (na qualidade de mediação socioanalítica) pela Teologia da Libertação. A avaliação da existência e do impacto dos desvios ideológicos requer uma investigação específica que excede os limites traçados para o presente capítulo. A intenção é sublinhar a conflitualidade teórico-prática no processo de assimilação do marxismo, tal como situar o contexto no qual se erige a crítica de Sung à ilusão transcendental.

2.3. A crítica à ilusão transcendental

Embora Sung não utilize pontualmente os termos *contaminação*, *desvios ideológicos* ou *conflitualidade teórico-prática*, é possível perceber uma certa inquietação quanto ao acolhimento do instrumental marxista nas entrelinhas da sua crítica à ilusão transcendental. Na base dessa crítica, como realça Sung diversas vezes, está *a crítica da razão utópica* de Hinkelammert[60], para quem a utopia é um conceito-limite

---

bre a liberdade e a libertação havia sido feita na instrução precedente (*Libertatis Nuntius*). Em linhas gerais, a segunda Instrução (muito mais longa) reafirma a verdade do mistério da salvação como fundamento da liberdade humana e dos esforços de libertação política e socioeconômica. Com base nesse fundamento, reafirma a negação de um projeto de libertação meramente terreno, ou melhor, fundamentado em ideologias mundanas. Um fato interessante é que na *Libertatis Conscientia* os termos *Teologia da Libertação* aparecem apenas duas vezes no corpo do texto: uma na introdução, quando é mencionada a instrução anterior, e outra quando a "verdadeira" teologia da liberdade e da libertação é correlacionada com o *Magnificat* de Maria. Já os termos *Marx*, *marxismo* e *marxista* não aparecem em definitivo (cf. CONGREGAÇÃO PARA A DOUTRINA DA FÉ, Instrução *Libertatis Conscientia*, 22 mar. 1986, in: AAS 79 [1987] 554-599, nn. 2-3, 98-99).

60. Franz Josef Hinkelammert é teólogo, cientista social e economista. Nasceu na Alemanha (Emsdetten) em 1931 e radicou-se na América Latina no início da década de 1960. Lecionou na Universidade Católica do Chile até o golpe militar em 1973. Em razão desse golpe, voltou para a Alemanha, onde lecionou na Universidade Livre de Berlim. Retornando à América Latina em 1976, radicou-se na Costa Rica, onde fundou, na companhia de Hugo Assmann, o Departamento Ecumênico de Investigações (cf. SUNG, J. M., *Sujeito como transcendentalidade ao interior da vida real. Um diálogo com o pensamento de Franz Hinkelammert*, disponível

(transcendental) que, ao motivar as intervenções e transformações, não pode ser realizada plenamente por transcender os limites históricos e humanos[61].

Acreditar na realização plena da utopia no interior da história significa construir e nutrir uma ilusão transcendental. Dado que entre o transcendente (infinito) e a realidade concreta (finita) existe uma diferença qualitativa, não é admissível "atingir o infinito com passos finitos"[62]. A desconsideração da tensão entre o utópico idealizado e os projetos históricos factíveis (cometida especialmente pelo pensamento ocidental no século XIX), além de gerar uma ingenuidade teórico-utópica maquiladora da realidade, atravanca a elaboração de estratégias que realizam, parcialmente, o ideal transcendental[63].

A crítica da ilusão transcendental aplica-se às promessas do neoliberalismo (seção 3.1 do capítulo 1), do socialismo e do Reino de Deus no ambiente cristão. Isso quer dizer que, para não cair numa ilusão transcendental, os conceitos de mercado total e perfeito, de sociedade com controle centralizado e de sociedade livre de dominação, opressão e desigualdade não devem ser tomados como totalmente realizáveis. Não obstante, esses conceitos transcendentais, com as suas "crenças" peculiares, não perdem a função de orientar a interpretação e a transformação da realidade[64].

---

em: <http://www.pensamientocritico.info/index.php/articulos/otros-autores/aleman/317-sujeto-como-transcentalidade-ao-interior-da-vida-real-um-dialogo-com-o-pensamento-de-franz-hinkelammert>, acesso em: 16 maio 2023; WIKIPEDIA, *Franz Josef Hinkelammert*, disponível em: <https://en.wikipedia.org/wiki/Franz_Hinkelammert>, acesso em: 15 maio 2023).

61. Cf. SUNG, *Sujeito e sociedades complexas*, 30, 70; id., Transcendência humanizadora: condição humana e os "outros", in: MÍGUEZ, N. et al. (orgs.), *Para além do espírito do império: novas perspectivas em política e religião*, São Paulo, Paulinas, 2012, 160, 162, 189; id., A utopia do manifesto comunista e a teologia da libertação, *Cultura Vozes*, v. 91, n. 6 (1997) 3-10, aqui 9.

62. ASSMANN; SUNG, *Deus em nós*, 124; cf. ibid., 124-125.

63. Cf. SUNG, Transcendência humanizadora, 156, 167-168, 176-178.

64. Cf. id., *Sujeito e sociedades complexas*, 31-32, 71.

a. Reino de Deus e reino da liberdade

Nos anos iniciais da Teologia da Libertação, muitos teólogos propunham o socialismo – via revolução social – como alternativa ao ordenamento capitalista e à situação de dependência econômica enfrentada pelos países "subdesenvolvidos". A opção majoritária foi pela corrente bipolar da teoria da dependência (vide nota de rodapé 22), que opunha a ruptura e a libertação à dependência e ao desenvolvimentismo praticado pelos países desenvolvidos. Desse modo, qualquer desenvolvimento não ocasionado pela libertação/ruptura estrutural era imediatamente descartado[65].

O anseio por uma sociedade alternativa apoiada na liberdade, na justiça e na fraternidade era partilhado "pelos cristãos (que assumiram a opção pelos pobres) e pelos marxistas que souberam superar o burocratismo stalinista"[66]. Esse alinhamento ideológico-prático tornou-se evidente com a equiparação da noção teológica de Reino de Deus com o conceito marxista de reino da liberdade. O resultado dessa identificação foi a criação de uma ilusão transcendental: pensar que é possível construir no interior da história o Reino de Deus, assim como se projetava a construção do reino da liberdade[67].

A ilusão transcendental da construção do Reino de Deus é alimentada pela garantia da presença do poder de Deus na luta pela nova sociedade. Nesse sentido, a causa e a luta dos justos (pobres e oprimidos) contra os injustos (opressores) é a causa e a luta de Deus, pois "afirmar que os pobres e as vítimas das opressões se libertarão e construirão em plenitude o Reino de Deus no interior da

---

65. Cf. SUNG, *Teologia e economia*, 44-46, 56-57, 63, 80, 88.
66. Id., *Deus numa economia sem coração*, 113.
67. Cf. ibid., 111-112; id., *Teologia e economia*, 268-269; ASSMANN; SUNG, *Deus em nós*, 108-109.

história é afirmar que Jesus não morreu em vão e que Deus não fracassou na sua criação"[68]. A promessa de Deus anunciada pelos profetas e encarnada por Jesus precisa, necessariamente, ser cumprida[69].

Na confusão entre Reino de Deus e reino da liberdade, prevaleceu o ideal libertador/revolucionário, de acordo com o viés marxista. Dito de outro modo, a noção teológica de Reino de Deus foi reduzida à dimensão humana, em detrimento da divina definida pela ação salvadora de Deus. Sendo assim, o Reino de Deus tornou-se o reino do planejamento econômico centralizado, da supressão dos meios privados de produção e da sociedade sem classes. Não seria exagerado afirmar que a ilusão transcendental marxista influenciou e plasmou a teológica[70].

Para explicar as implicações teológico-práticas dessa influência, Sung retoma o texto dos irmãos Boff utilizado anteriormente na análise das etapas constituintes do método *ver*, *julgar* e *agir* (item 2.2.b, capítulo 1), ou ainda, utilizado na crítica dos princípios epistemológicos da Teologia da Libertação. O trecho seguinte encontra-se na seção *A partir dos oprimidos: uma nova humanidade* (capítulo VII); contudo, o tema *Reino de Deus* é discorrido, de maneira mais detalhada, na seção *Alguns temas-chave da Teologia da Libertação* (capítulo IV). Segundo Leonardo e Clodovis Boff:

> A partir da utopia absoluta do Reino, a fé pode contribuir para indicar caminhos novos de uma sociedade nova – sociedade alternativa *ao* capitalismo e alternativa *de* socialismo – sociedade mais plena e mais humana, sociedade livre e libertada, numa palavra, sociedade de libertos[71].

---

68. SUNG, *Cristianismo de libertação*, 57; cf. ibid., 62.
69. Cf. ASSMANN; SUNG, *Deus em nós*, 103-104, 110.
70. Cf. SUNG, *Sujeito e sociedades complexas*, 103; id., *Desejo, mercado e religião*, 205; id., A utopia do manifesto comunista e a teologia da libertação, 5-6.
71. BOFF, L.; BOFF, C., *Como fazer teologia da libertação*, 149.

A primeira observação de Sung recai sobre o adjetivo *absoluto* aplicado à noção de Reino. Se o Reino é uma utopia absoluta, significa (como acenado anteriormente) que é improvável a sua realização plena no interior da história humana, considerando os limites humanos e históricos. No entendimento dos irmãos Boff, a partir desse horizonte utópico absoluto e da fé, uma nova realidade ou uma nova sociedade pode ser almejada e construída. O problema não está no papel da utopia e da fé *per se*, mas na especificidade do novo caminho: trata-se de uma sociedade *de socialismo*.

Na meticulosa análise de Sung, as preposições *ao* e *de*, escritas em itálico na citação, não passam despercebidas. A preposição *ao* indica uma total oposição entre a sociedade alternativa (correlacionada com a utopia do Reino de Deus) e o capitalismo. No tocante ao socialismo, a utilização da preposição *de* serve para qualificar e distinguir a sociedade alternativa, haja vista se tratar de uma alternativa socialista "que vai além dos socialismos reais, na direção do projeto desses últimos e de suas potencialidades intrínsecas, o qual [o projeto] encontra uma grande ressonância na tradição da fé"[72].

Ao não explicitarem bem a diferença entre a absolutez da utopia transcendental e a provisoriedade ou insuficiência de um projeto histórico, os irmãos Boff acabam estabelecendo uma relação não excludente entre Reino de Deus e sociedade alternativa[73]. Por outro lado e paradoxalmente, para os teólogos, a realidade do Reino supera "as libertações históricas, sempre limitadas e abertas a ulteriores aperfeiçoamentos", apesar de que "nelas ele [o Reino] se antecipa e se concretiza temporalmente, preparando sua plena realização na irrupção do novo céu e da nova terra"[74].

---

72. Ibidem.
73. Cf. Assmann; Sung, *Deus em nós*, 100-101.
74. Boff, L.; Boff, C., *Como fazer teologia da libertação*, 87.

O ponto central da crítica de Sung à identificação paritária do Reino de Deus com o projeto socialista, sugerida pelos irmãos Boff, situa-se na passagem meramente quantitativa de um domínio a outro, como se houvesse apenas uma tensão gradual entre eles. Em outras palavras, é como se existisse entre a plenitude do Reino e a sociedade plena, humana, livre, libertada e de libertos apenas uma gradualidade quantitativa e não qualitativa. Se o acento é quantitativo, a sociedade alternativa e o Reino de Deus poderiam, em teoria, ser construídos, parte após parte, até confundirem-se integralmente[75].

b. Consequências teórico-práticas da aproximação indébita

A confusão entre absolutez/plenitude e relatividade/parcialidade tem implicações teóricas e práticas. No âmbito teórico, ocorre a redução do significado teológico do Reino de Deus e da esperança cristã a uma realidade temporal. No âmbito prático ocorre o equívoco de se querer aplicar os marcos categoriais e estratégicos utilizados na construção de um projeto histórico à dinâmica do Reino que, por ser de Deus, possui uma qualificação específica, a teológico-transcendental. Em razão disso, os projetos históricos são absolutizados ou sacralizados em nome do Reino.

Quando o Estado socialista e o partido revolucionário são absolutizados (assim como o mercado perfeito e a sociedade sem Estado), a utopia de uma sociedade perfeita é pervertida, tornando-se totalitária e sacrifical. A não consideração dos limites humanos e históricos redunda em

---
75. Cf. ASSMANN; SUNG, *Deus em nós*, 102, 106-107, 122. Jung refuta a metáfora da construção com base na impossibilidade da realização plena do Reino de Deus no interior da história. Nesse sentido, a concretização de projetos ou intervenções orientados a uma sociedade mais justa são apenas sinais antecipatórios do Reino, mas não fases sucessivas de sua inverossímil construção (cf. ibid., 119, 123, 133).

dominações e sacrifícios "em nome da luta por uma sociedade sem sacrifícios"[76]. As urgências concretas dão lugar a teses abstratas e petrificadas, bem como a prognósticos e procedimentos radicais, pseudoproféticos e sectários[77]. A esse respeito, afirma Assmann:

> O esquerdismo sectário era um ser religioso do tipo fundamentalista de crenças estreitas. A intolerância era uma característica marcante de certas tendências que se amparavam genericamente no primado do político. [...] A obsessão dualista (bem – mal) levou à distorção hipertrófica de visão de classes sociais. Ninguém escapava de ser encaixado nesse esquema rígido. O marxismo positivista de Louis Althusser e seus divulgadores latino-americanos (Marta Harnecker, Marta Uribe etc.), agravou esse obscurantismo pseudomarxista[78].

A debacle do projeto socialista no final da década de 1980, simbolizado pela queda do muro de Berlim, colocou em crise a esperança de vários teólogos e cristãos vinculados à Teologia da Libertação. Ao menos três expectativas ou promessas foram desfeitas: (1) a proliferação do cristianismo de libertação em toda a América Latina, (2) a concretização da sociedade alternativa socialista (autônoma economicamente) e, à vista disso, (3) a construção histórica do Reino de Deus. O termo-chave *libertação* (diga-se libertação de todo tipo de escravidão) perdeu o vigor conceitual de outrora[79].

---

76. SUNG, *Desejo, mercado e religião*, 202; cf. id., *Deus numa economia sem coração*, 124; id., *Transcendência humanizadora*, 155-156, 176, 185-186; id., *Teologia e economia*, 233; ASSMANN; SUNG, *Deus em nós*, 120, 154-155.

77. Cf. SUNG, *Sementes de esperança*, 37; id., *Desejo, mercado e religião*, 155-156, 212; id., *Sujeito e sociedades complexas*, 11, 82-83, 178; id., *Cristianismo de libertação*, 35, 62-63, 135; ASSMANN; SUNG, *Deus em nós*, 175.

78. ASSMANN; SUNG, *Deus em nós*, 25-26.

79. Cf. SUNG, *Deus numa economia sem coração*, 126-127; id., *Cristianismo de libertação*, 16; id., *Teologia e economia*, 120-121, 123, 265, 266-267; id., *Desejo, mercado e religião*, 197-198.

Das sobreditas promessas restaram discursos abstratos, românticos, vagos do ponto de vista semântico, impraticáveis e com baixa ou nenhuma capacidade de mobilização das forças necessárias às práticas de libertação. De acordo com Assmann, "um notório exemplo disso é a redundante alusão a uma sociedade ou mundo 'mais fraternal e solidário'. Esse tipo de expressão está em uso pelo menos há 30 anos entre os generosos sonhadores de um mundo melhor"[80]. Para Sung, o cristianismo de libertação esteado na ilusão transcendental "está em profunda crise, para não dizer que fracassou"[81].

A insistência nessa ilusão representa a reafirmação da ingenuidade antropológica, sociológica e teológica. Do ponto de vista socioantropológico, seria acreditar com excessivo otimismo que, após a revolução e a libertação das opressões, os seres humanos voltariam naturalmente ao estado original de bondade e solidariedade. Seria acreditar em relações sociais isentas de contradições no processo de geração e distribuição de riquezas, bem como no processo de gestão dos interesses conflitantes. Por fim, seria desconsiderar as ambiguidades dos movimentos sociais e dos sistemas político e socioeconômico[82].

Do ponto de vista teológico, a persistência na ilusão transcendental gera uma espécie de expectativa messiânica fundada na ação de um ser mítico que, não obstante as malfadadas iniciativas humanas, é coagido a realizar a utopia da sociedade perfeita e do Reino de Deus na história. Essa expectativa é nutrida (sob o risco de um influxo ideológico) por uma hermenêutica libertadora artificial en-

---

80. ASSMANN; SUNG, *Deus em nós*, 19.
81. SUNG, *Desejo, mercado e religião*, 213.
82. Cf. id., A vida religiosa e a nova globalização, 532-533; id., *Sujeito e sociedades complexas*, 35, 142, 157, 175; id., Transcendência humanizadora, 151; id., *Desejo, mercado e religião*, 171-172; ASSMANN; SUNG, *Deus em nós*, 110.

dereçada à ativação da "energia transformadora dos textos bíblicos", isto é, voltada à elaboração de "uma interpretação que leve à mudança da pessoa (conversão) e da história (revolução)"[83].

A crítica à ilusão transcendental elaborada por Sung corrobora as preocupações de Gutiérrez, de Clodovis Boff e da Congregação para a Doutrina da Fé (apresentadas precedentemente) no tocante ao liame indevido entre marxismo e Teologia da Libertação. Esse nexo, provavelmente em muitas realidades da América Latina, sobejou o alinhamento inicial em torno de perspectivas e valores comuns (opção ética), tal qual o caráter científico da mediação socioanalítica escolhida para a primeira etapa (o *ver*) do método adotado pelos teólogos da libertação.

Como conclusão dessa parte, é oportuno colocar em evidência três citações consecutivas de Sung, as quais permitem aquilatar a evolução do seu pensamento no que diz respeito aos referenciais "marxistas". No primeiro trecho, de 1989, o teólogo procura caracterizar o sistema social alternativo a ser anunciado pela Teologia. O segundo, de 1992, insere-se no contexto de crise dos países socialistas. No terceiro e último trecho, de 2010, Sung comenta as críticas dos setores de esquerda ao governo do Brasil, na época presidido por Luiz Inácio Lula da Silva. Eis a sequência dos textos:

> Isso significa concretamente a socialização dos meios de produção e a participação ativa dos trabalhadores, como sujeitos, na condução da economia; superando a alienação no trabalho, o fetiche do mercado que assume o papel coordenador da economia e o lucro como fim da economia. Isto significa discutir os problemas do socialismo e da democracia[84].

---

83. BOFF, L.; BOFF, C., *Como fazer teologia da libertação*, 60; cf. ASSMANN; SUNG, *Deus em nós*, 105-106; SUNG, *Sementes de esperança*, 44; id., *Desejo, mercado e religião*, 196, 198-199; id., É verdade que Deus morreu?, 30-31.

84. SUNG, *A idolatria do capital e a morte dos pobres*, 138.

Precisamos, entretanto, tirar uma lição muito importante dos últimos acontecimentos históricos: muito da nossa esperança ilusória de que "povo unido jamais será vencido" ou de que os justos vencerão e que o socialismo, como uma etapa superior da civilização humana, triunfará inevitavelmente, é fruto de uma ilusão da modernidade[85].

São aqueles [críticos de esquerda] que esperavam a ruptura com o sistema capitalista – o que, na linguagem da teologia da libertação, seria "libertação" –, que se decepcionam com as políticas de inclusão social que não rompem com o sistema vigente ou se decepcionam porque essas políticas não vêm acompanhadas de outras medidas de ruptura [...]. Parece que, para esses, a ruptura política é mais importante do que a inclusão social dos pobres, pois inclusão sem ruptura seria trair a verdadeira causa que é a libertação do capitalismo[86].

3. Teologia e economia: uma aproximação crítica

O genuíno ponto de encontro entre Teologia e Economia está diretamente concatenado com a compreensão cristã de Deus: Ele é o Pai que, ao apresentar o caminho da vida e da felicidade e o caminho da morte e da desgraça (cf. Dt 30,15-16), empenha-se para guiar os seus filhos na primeira direção. Ele ouve o clamor dos seus filhos, socorre-os em suas agruras (cf. Ex 3,7-9) e, num gesto de extremo amor, envia o próprio Filho para salvá-los. O Verbo encarnado, sintetizando a sua missão, proclama: "Eu vim para que tenham vida e a tenham em abundância (Jo 10,10)".

O designativo *em abundância* engloba todas as dimensões da vida humana, inclusive aquelas necessitantes de bens (materiais) e serviços produzidos e distribuídos pelo setor econômico. Logo, a vida em abundância está relacio-

---
85. Id., *Deus numa economia sem coração*, 130.
86. Assmann; Sung, *Deus em nós*, 59.

nada à dinâmica da vida econômica. Fazer Teologia a partir da fé no Deus da vida é preocupar-se com as condições de reprodução concreta da vida, mormente com "uma economia em que os pobres e marginalizados tenham condições de uma vida digna"[87]. Destarte, a economia passa a ser um tema primordial para a reflexão teológica[88].

Outro tipo de aproximação plausível entre Teologia e Economia ocorre com a interpretação teológica do *status quo* econômico, cujo intuito é desvelar os elementos religiosos nele implícitos. Esse trabalho teológico sustenta-se numa das teses centrais assumida e desenvolvida por Sung: o processo de secularização da sociedade ocidental não significou a eliminação ou a perda de importância do sagrado na vida social. Deveras, o sagrado foi incorporado na lógica do mercado neoliberal após ser deslocado do âmbito das religiões tradicionais[89].

Se "ao falarmos de economia hoje, estamos falando de fé, crenças, dogmas, sacrifícios, sistemas transcendentalizados, deuses e antropologias"[90], não é despropositado reiterar a existência de uma forma própria de religião: a religião econômica do mercado. No contexto dessa religiosidade, as leis do mercado são absolutizadas ou sacralizadas, exigindo, inclusive, sacrifícios indispensáveis à manutenção da ordem sagrada. O mercado é transformado num

---

87. SUNG, *Se Deus existe, por que há pobreza?*, 75.
88. Cf. id., *Teologia e economia*, 8, 117, 255-258; id., *Se Deus existe, por que há pobreza?*, 73-74; id., *Sujeito e sociedades complexas*, 36, 45, 55, 67-68; id., *A idolatria do capital e a morte dos pobres*, 12, 27-29, 32-33, 133, 140.
89. Cf. id., Deus da vida e ídolo da morte na nova economia mundial, *Revista Eclesiástica Brasileira*, v. 55, n. 220 (1995) 838-850, aqui 842; id., *Teologia e economia*, 104-105, 241; id., *Se Deus existe, por que há pobreza?*, 69; id., Idolatria: uma chave de leitura da economia contemporânea? Reflexões em torno de economia e teologia, *Fragmentos de Cultura*, v. 11, n. 6 (2001) 907-925, 916; id., Economia: uma tarefa espiritual para as comunidades cristãs, 21.
90. Id., O mal na mentalidade de livre mercado, *Concilium*, n. 273 (1997) 33-43, aqui 42; cf. GEBARA, I.; SUNG, J. M., *Direitos humanos e amor ao próximo: textos teológicos em diálogo com a vida real*, São Paulo, Recriar, 2020, 116, 132.

ídolo imperceptível e a sua lógica torna-se parâmetro moral para as interações humanas vividas na cotidianidade[91].

Nesse sentido, a crítica teológica procura desnudar o processo de sacralização do mercado mediante uma análise que penetra o funcionamento interno de uma instituição humana elevada à condição de ídolo. Como se percebe, a crítica não se respalda na aplicação externa de princípios e doutrinas sociais, mas em uma Teologia desenvolvida como hermenêutica, isto é, "como crítica de todas as formas de absolutização"[92]. O conceito propriamente teológico para desvelar e criticar a racionalidade "misteriosa" do mercado, bem como a luta entre deuses, é o de idolatria[93].

3.1. A ilusão transcendental do neoliberalismo e a inversão ético-moral

A entrada em cena do neoliberalismo nas últimas décadas do século XX representou o fim do ciclo keynesiano e o retorno da ortodoxia econômica[94]. A grande utopia (aqui entendida no sentido de ilusão transcendental, como apresentado na seção 2.3, capítulo 1) alentada pela ideologia neoliberal alinha-se à reinterpretação moderna do tempo e do espaço. O limite entre o *além* e o *aquém*

---

91. Cf. SUNG, Idolatria: uma chave de leitura da economia contemporânea?, 915; id., Crítica teológica ao sacrificialismo do mercado, *Cadernos do Ifan*, n. 23 (1999) 37-60, aqui 44.
92. SUNG, Idolatria: uma chave de leitura da economia contemporânea?, 923.
93. Cf. ibid., 919, 921; id., O mal na mentalidade de livre mercado, 35; id., *Se Deus existe, por que há pobreza?*, 95; id., Teologia da Libertação e a "revolução da estrutura mítica" do capitalismo, 798, 811; id., Crítica teológica ao sacrificialismo do mercado, 46, 57; id., O Espírito e a educação teológica, in: ID. et al. (orgs.), *Missão e educação teológica*, 126-130; id., O império e a transcendência, in: MÍGUEZ, N. et al. (orgs.), *Para além do espírito do império: novas perspectivas em política e religião*, 99-101, 108, 142-143.
94. Cf. id., *Deus numa economia sem coração*, 53-54; id., *Teologia e economia*, 61, 108; id., Teologia da Libertação e a "revolução da estrutura mítica" do capitalismo, 794; id., *Desejo, mercado e religião*, 9.

desaparece, pois a infinitude temporal e espacial, antes transcendentalizada pela esperança religiosa, transforma-se em futuridade imanente[95].

No campo econômico, o progresso, ao desempenhar o papel de causa instrumental, torna-se elemento-chave para a aproximação do futuro imanentizado. O avanço técnico, sinal patente do progresso, propicia ciclicamente o aumento da eficiência, da produção e da acumulação de capital. A expansão das riquezas produzidas permite, em escala crescente, a satisfação dos ilimitados desejos humanos (o paraíso terrestre). A instituição responsável pela operacionalização dessa dinâmica é o livre mercado, cuja "concorrência perfeita" retroalimenta o progresso técnico-científico[96].

Na prática, a concorrência elide os mais fracos, isto é, os ineficientes tecnologicamente desprovidos. Para maximizar a produção, reduzir custos e se tornar mais competitivo é necessário obter mais tecnologia. Nesse ponto a racionalidade do mercado confunde-se com a técnica. Como observa Sung, "não está em discussão se o objetivo de buscar o aumento de produtividade a qualquer custo social é ou não desejável, ou até mesmo racional"[97]. No fundo, o que está em jogo é a técnica e não a política, o crescimento econômico e não o desenvolvimento centrado na promoção humana[98].

---

95. Cf. id., *Teologia e economia*, 165, 168, 194-195, 215-216.
96. Cf. ibid., 164, 201, 204, 207, 218, 237, 243, 259, 268; id., *Desejo, mercado e religião*, 29, 60, 87; id., Deus da vida e ídolo da morte na nova economia mundial, 842-843; id., Economia: uma tarefa espiritual para as comunidades cristãs, 23; SUNG, J. M.; DA SILVA, J. C., *Conversando sobre ética e sociedade*, Petrópolis (RJ), Vozes, [17]2011, 36-37, 60.
97. SUNG, *Se Deus existe, por que há pobreza?*, 102.
98. Cf. ibid., 78, 80, 101-103; id., Quando nem todos são filhos de Deus. Cidadania e idolatria, *Vida Pastoral*, n. 177 (1994) 17-22, 18; id., *Teologia e economia*, 28-29, 34; id., *Desejo, mercado e religião*, 22-23, 54, 108, 120; id., *Sementes de esperança*, 53-54, 66.

Para elucidar o funcionamento hipotético do mercado neoliberal e a sua correspondente ilusão transcendental (fundamentada nas ideias de progresso infinito, concorrência perfeita e satisfação plena dos desejos)[99], Sung recorre, maiormente, ao pensamento do austríaco Friedrich von Hayek (falecido em 1992) e do americano Paul A. Samuelson (falecido em 2009)[100]. Em linhas gerais, é possível afirmar que as concepções dos dois economistas, no tocante à complexidade, à auto-organização e à evolução do livre mercado, se aproximam harmonicamente.

A pedra angular do pensamento de Hayek é a asserção do conhecimento fragmentário dos agentes econômicos ante a complexidade dos mecanismos socioeconômicos. Isso quer dizer que a vultosidade dos processos econômicos impede um tipo de conhecimento plenário por parte dos participantes considerados isoladamente. De acordo com Sung, na visão de Hayek "o mercado é um fenômeno complexo de tal magnitude que é impossível analisá-lo e conhecê-lo a tal ponto de poder dirigi-lo conscientemente através de ações políticas e estatais"[101].

Se na versão clássica competia ao mercado a gestão dos interesses particulares e da divisão social do trabalho, na versão neoliberal toca-lhe, outrossim, a coordenação autossuficiente (auto-organizativa) e onisciente dos conhecimentos fragmentários. Aos agentes econômicos resta apenas uma atitude humilde para "reconhecer que não se pode substituir os processos espontâneos do mercado pelo controle humano consciente"[102]. Qualquer tipo de inter-

---

99. Cf. id., *Teologia e economia*, 223-224, 226.
100. Cf. KENTON, W., *Who was Friedrick Hayek?*, disponível em: <https://www.investopedia.com /terms/f/friedrich-hayek.asp>, acesso em: 17 maio 2023; ENCYCLOPAEDIA BRITANNICA, *Paul Samuelson*, disponível em: <https://www.britannica.com/biography/Paul-Samuelson>, acesso em: 17 maio 2023.
101. SUNG, *Teologia e economia*, 62.
102. Ibid., 209.

venção (como propunha a escola keynesiana) causa, inversamente do desejado, desordens e danos econômicos[103].

Outra convicção partilhada pelos neoliberais, aqui representados por Hayek e Samuelson, interessa à origem e à evolução natural do mercado. Para eles, o mercado não foi projetado, construído ou imposto. As suas leis evoluíram e continuam evoluindo espontaneamente, de forma análoga às leis da evolução histórica e biológica. O ideal da concorrência perfeita, encarnado nas relações de mercado, é um reflexo da seleção natural que ocorre no processo de evolução das espécies. No final, devem sobreviver os mais bem adaptados às condições biológicas e socioculturais do momento[104].

Porque o mercado é um fenômeno natural e em evolução não convém cogitar um modelo alternativo e inatural. A vontade de intervir em nome de correções e metas sociais é a origem de todos os males, é o pecado original do mundo econômico. Mesmo o governo deve saber "regular a sociedade para diminuir [...] até chegar ao ponto de impedir a regulação do mercado"[105]. Em suma, as imperfeições do mercado neoliberal são sempre justificadas pelo processo evolutivo (o mercado ainda não é o que deveria ser) e pelas dificuldades criadas pelos intervencionistas.

A racionalidade derivada das condições naturais e autorregulativas do mercado dispensa uma análise ética baseada em valores morais. Graças aos neoliberais, as reflexões de Adam Smith sobre o instinto egoísta exerci-

---

103. Cf. id., *Sujeito e sociedades complexas*, 101-102, 104; id., *Se Deus existe, por que há pobreza?*, 77, 79; id., *Deus numa economia sem coração*, 56, 61-62, 79, 93; id., *Desejo, mercado e religião*, 32-33; id., *Sementes de esperança*, 30, 98; id., Deus da vida e ídolo da morte na nova economia mundial, 845; id., O império e a transcendência, 122-123.

104. Cf. SUNG, Crítica teológica ao sacrificialismo do mercado, 44-45; id., O império e a transcendência, 124; id., *Sujeito e sociedades complexas*, 81, 93-95, 145; id., *Deus numa economia sem coração*, 94.

105. Id., O império e a transcendência, 118.

tado nos intercâmbios comerciais foram extremadas. O interesse próprio, a livre iniciativa, a propriedade privada e o cumprimento contratual, junto com as leis do mercado, tornaram-se valores sublimes a serem compartilhados por todos. Melhor dizendo, a prosperidade econômica e o bem-estar coletivo passaram a depender da observância desses valores "naturais"[106].

Nesse verdadeiro processo de inversão ético-moral, a solidariedade e o altruísmo, ao obstaculizarem a concorrência perfeita, são definidos como instintos primários e pré-modernos. O *homo oeconomicus* neoliberal é ainda mais racionalista, calculista e agressivo no afã de maximizar a produtividade, os lucros, a eficiência, a satisfação dos desejos e o prazer. Para isso, as finalidades estritamente ligadas à eficiência do mercado, como a alocação ótima dos recursos disponíveis, precedem as necessidades humanas, mesmo aquelas mais básicas[107]. Segundo Sung:

> Toda a produção econômica do capitalismo está voltada para a satisfação dos desejos dos consumidores, daqueles que têm dinheiro para entrar no mercado e exercer a sua liberdade de consumidor. As necessidades básicas dos pobres, dos não consumidores, não fazem parte da dinâmica econômica, nem das teorias econômicas[108].

A naturalização do livre mercado e das suas leis implica a naturalização do egoísmo, isto é, do interesse próprio na qualidade de valor prevalente, para não dizer absoluto. O natural não é ser solidário ou altruísta, mas ser egoísta. Em

---

106. Cf. id., *Teologia e economia*, 175-177, 216-217; GEBARA; SUNG, *Direitos humanos e amor ao próximo*, 115, 132.
107. Cf. SUNG, Violência, desejo e a crise do sistema capitalista, *Convergência*, n. 402 (2007) 222-236, aqui 233; id., O império e a transcendência, 125-126; id., *Teologia e economia*, 174, 178-179, 182-183; id., *Cristianismo de libertação*, 81; id., *A idolatria do capital e a morte dos pobres*, 29-31, 126; id., *Desejo, mercado e religião*, 121.
108. SUNG, Deus da vida e ídolo da morte na nova economia mundial, 840.

outros termos, para ser solidário com os pobres e proporcionar o bem comum é necessário ser egoísta, pois somente a busca do interesse próprio por parte dos agentes econômicos garante a potencialidade concorrencial do mercado e o progresso econômico. Em consequência, a justiça social é atrelada unicamente à eficiência do mercado[109].

A ideologia neoliberal anuncia um novo mandamento sem o qual é impossível chegar ao paraíso terrestre: o mandamento do amor ao próximo praticado mediante a defesa do interesse próprio e a insensibilidade social. Assmann (citado diversas vezes por Sung a esse respeito) precisa tal inversão ético-moral como "o sequestro e a adulteração do que há de mais essencial no cristianismo, a concepção cristã do amor ao próximo e, consequentemente, do amor a Deus"[110]. Na base desse sequestro e adulteração está a transcendentalização do mercado e a sua lógica sacrifical.

3.2. A transcendentalização do livre mercado

Na ótica neoliberal, como acenado em precedência, o mercado é o ente em condições de conhecer e organizar as ações dos agentes econômicos, alocar eficientemente os recursos escassos, fomentar o progresso econômico, satisfazer os ilimitados desejos humanos e, o que é mais impressionante, transformar o interesse próprio em bem-comum. Os limites humanos, históricos e ambientais, bem como os desequilíbrios e imperfeições sistêmicas, não enfraquecem

---

109. Cf. id., *O mal na mentalidade de livre mercado*, 37-41; id., *Sujeito e sociedades complexas*, 145; id., *Se Deus existe, por que há pobreza?*, 105-106; id., *Crítica teológica ao sacrificialismo do mercado*, 45; id., *Cristianismo de libertação*, 167; id., *Quando nem todos são filhos de Deus*, 20; SUNG; DA SILVA, *Conversando sobre ética e sociedade*, 57, 63-64.
110. ASSMANN, H.; HINKELAMMERT, F. J., *A idolatria do mercado. Ensaio sobre economia e teologia*, São Paulo, Vozes, 1989, 351; cf. SUNG, *Deus numa economia sem coração*, 95; id., *Teologia e economia*, 219.

as forças do mercado; apenas postergam, temporariamente, as suas potencialidades coibidas.

O livre mercado, na versão neoliberal, foi transmudado num ente supra-humano, onipotente, onisciente e onipresente. Do ponto de vista teológico, o mercado, passando por um processo de transcendentalização, tornou-se uma realidade sagrada e absoluta. De acordo com a experiência bíblica, trata-se de uma instituição que, apesar de criada pelos seres humanos com a finalidade de mediar as relações econômicas, foi elevada ao *status* de divindade, de ídolo. A partir de então, a eficiência do mercado sacralizado passou a ser "o fundamento da promessa de emancipação da humanidade"[111].

A sacralização contemporânea do mercado é a sacralização dos pressupostos ideológicos neoliberais. Sendo assim, o interesse próprio, o dinheiro e a acumulação ilimitada são igualmente absolutizados, ou seja, idolatrados. No final, afirmar a idolatria do mercado é afirmar a absolutização de tudo o que está contido na sua lógica ou mecanismo interno. Contudo, a idolatria, em geral, não diz respeito somente ao feito de elevar um objeto construído por mãos humanas à condição divina. Na verdade, o ente absolutizado transmuta-se em horizonte de compreensão e totalidade totalizante.

Na conjuntura neoliberal, o mercado, ao ser absolutizado, torna-se um parâmetro transcendental por meio do qual a realidade sociocultural, política e econômica é interpretada. Esse parâmetro, transcendendo a própria realidade, funciona como uma "meta-visão" (horizonte de compreensão) que orienta os juízos éticos e as decisões. Em virtude desse horizonte de compreensão ser "dado"

---

111. SUNG, *Teologia e economia*, 205; cf. ibid., 194, 199, 204-205, 218; id., *Desejo, mercado e religião*, 31, 39; id., Deus da vida e ídolo da morte na nova economia mundial, 844-845; id., O mal na mentalidade de livre mercado, 36.

como pressuposto natural, a percepção da ideologia a ele subjacente não é imediata. A esse respeito esclarece Sung:

> A maioria das pessoas, e especialmente a grande mídia, pensa a partir do "mito neoliberal". Assim, ele passou a ter um papel fundamental no processo de abrir e fechar as possibilidades de conhecimento e diálogo, de definir critérios de discernimento entre o "bem e o mal", entre ações aceitáveis e não aceitáveis. E, como é um mito fundamental, estruturador, as pessoas imersas nessa cultura não o enxergam, pois veem o mundo através dele[112].

A fé no mercado neoliberal é tida como um ato conatural, independentemente de uma explicação racional. A passagem do finito ao infinito, do relativo ao absoluto, do imanente ao transcendente acontece de maneira intuitiva e mítica. O culto do livre mercado, por transmontar o âmbito religioso tradicional, é velado, ou melhor, é travestido de caráter científico mediante complexas formulações teóricas. Seja como for, basta a fé inquebrantável na perfeição metafísica e providencial do ídolo, mesmo que a graça esperada transcenda os limites histórico-ambientais[113].

O ídolo cultuado, além de configurar-se como horizonte de compreensão da realidade, impõe-se, da mesma forma, como totalidade totalizante. Nesse caso, tanto o ídolo quanto a idolatria exercem a função – simbólica e operacional – de conferir sentido e estabilidade à ordem vigente (à totalidade) sacralizada. No universo econômico, o livre mercado, ao ser transcendentalizado, impõe-se

---

112. Id., Teologia da Libertação e a "revolução da estrutura mítica" do capitalismo, 796-797; cf. id., *Se Deus existe, por que há pobreza?*, 64-65; id., O império e a transcendência, 110-111.

113. Cf. id., *Desejo, mercado e religião*, 27, 30; id., *Teologia e economia*, 267-268; id., *A idolatria do capital e a morte dos pobres*, 118-119; id., *Sementes de esperança*, 31, 54-55; id., *Sujeito e sociedades complexas*, 105, 113; id., O império e a transcendência, 114, 117; id., Crítica teológica ao sacrificialismo do mercado, 54-55.

como única alternativa de salvação. Dito de outro modo, não existe possibilidade de vida econômica fora da economia de mercado dirigida pelos imperativos neoliberais[114].

Diante do poder totalizante da idolatria do mercado neoliberal todas as realidades devem ser totalizadas, ou ainda, devem fazer parte do mesmo sistema global. Por isso, o ato de fé no mercado anda de mãos dadas com o fundamentalismo e a intolerância, pois "admitir, tolerar e respeitar o diferente seria pôr em dúvida a validade da fé, do fundamento da ordem social"[115]. Por sua vez, o fundamentalismo e a intolerância caminham *pari passu* com o encerramento da teoria econômica em si mesma num processo de autojusticação dogmática[116].

O fundamentalismo e a intolerância neoliberais são admitidos como reações proporcionadas ao fundamentalismo e à intolerância dos infiéis, cujos ideais intervenientes negam a sacralidade do livre mercado. Os adeptos da religião do mercado, ao conformarem-se à ordem estabelecida, acabam por confessar a própria impotência na presença do ídolo criado. O livre mercado, porque onisciente, onipresente e onipotente, é autossuficiente para regular-se e corrigir as próprias imperfeições temporárias. Logo, nenhuma resistência, direcionamento ou retificação é justificável[117].

A transcendentalização do livre mercado possui, em síntese, três significados imediatos. O primeiro deles diz respeito à elevação do mercado ao *status* de divindade. O segundo está relacionado à sacralização do mercado como única transcendência apta a exercer o papel de horizonte de compreensão com poder totalizante. O terceiro é uma

---

114. Cf. Sung, *A idolatria do capital e a morte dos pobres*, 46; id., *Teologia e economia*, 236-237.
115. Id., Idolatria: uma chave de leitura da economia contemporânea?, 911.
116. Cf. ibid., 912-913.
117. Cf. id., *Desejo, mercado e religião*, 64.

consequência direta dos dois significados anteriores: a transcendentalização absoluta que elimina a idolatria de outros deuses alternativos ao mercado[118]. Sung sumariza o processo de transcendentalização com um exemplo simples e original:

> "Nós confiamos em Deus", impresso no dólar, mostra que a confiança no dinheiro e no mercado é tão fundamental quanto a confiança em Deus, porque no fundo o mercado foi elevado à categoria de deus. É o que os teólogos da libertação chamam de idolatria do mercado[119].

3.3. Lógica sacrifical e insensibilidade social

Posto que os ídolos ou deuses solicitam sacrifícios em troca de qualquer favorecimento concedido, a idolatria comporta uma lógica sacrifical em sua estrutura. O livre mercado, na qualidade de ídolo neoliberal, também possui uma dinâmica sacrifical com vistas à efetivação do paraíso terrestre, onde se experimenta a satisfação plena dos desejos mediada pelo progresso técnico-econômico. Como o bem-estar paradisíaco é uma promessa futura, o gozo antecipado é vetado a todos. A escassez dos recursos e o desinente jogo concorrencial importam, inevitavelmente, sacrifícios humanos[120].

Se o ideal liberal de desenvolvimento presumia a universalização dos avanços econômicos, a ideologia neoliberal, ao abandonar essa pretensão, nega a igualdade de direitos ancorada no direito natural ou na justiça divina[121].

---

118. Cf. id., *Deus numa economia sem coração*, 91-94.
119. Id., O mal na mentalidade de livre mercado, 39.
120. Cf. id. *Teologia e economia*, 180, 206-207, 210; id., *Sujeito e sociedades complexas*, 35, 54, 87-88, 148; id., *Deus numa economia sem coração*, 42, 62; id. Imigração, a morte dos não-humanos e a idolatria, *Revista Interdisciplinar da Mobilidade Humana*, v. 27, n. 57 (2019) 193-210, aqui 203, 205.
121. Cf. id., Teologia da Libertação e a "revolução da estrutura mítica" do capitalismo, 802-803; id., *Desejo, mercado e religião*, 82.

Em tempos de neoliberalismo, como salienta Assmann, não é mais concebível "simular humanismos como as promessas populistas de que todos caberão. Agora, o tema aberto é o do *homo superfluus*, ou seja, do que já não terá vez e para quem não se prevê utilidade, um marginal"[122]. *Homo oeconomicus* e *homo superfluus*: facetas inseparáveis da mesma economia.

Na racionalidade neoliberal, sacrifício e superfluidade são sinônimos de não participação no jogo do mercado. Os excluídos são aqueles que não podem vender sua força de trabalho (ou outra mercadoria) e aqueles "não consumidores" por falta de dinheiro. A religião do mercado sem esses dois "passaportes" (mercadoria e dinheiro) torna-se impraticável. A exclusão da *performance* mercadológica impede a satisfação dos desejos despertados pela publicidade e, o que é ainda mais grave, a satisfação das condições básicas de sobrevivência, como assinalado anteriormente (seção 3.1, capítulo 1)[123].

Na religião do mercado neoliberal, o consumo representa um tipo de espiritualidade atrelada à ideia de dignidade pessoal. A incapacidade de vivê-la no atendimento das próprias necessidades e como resposta aos estímulos propagandísticos gera uma frustração existencial, uma sensação de ser menos. Numa sociedade onde se vive a cultura do consumo, onde as relações mercantis antecedem e condicionam a cidadania, "as mercadorias não valem pela sua utilidade, nem pelo produto em si, mas pelo valor simbólico que faz os indivíduos serem reconhecidos como mais humanos"[124].

---

122. ASSMANN; SUNG, *Deus em nós*, 28.
123. Cf. SUNG, *Se Deus existe, por que há pobreza?*, 85-87, 104, 112; id., *Desejo, mercado e religião*, 98; id., *Deus numa economia sem coração*, 64, 67, 69-70, 96-97, 100, 103-105, 134; id., *Quando nem todos são filhos de Deus*, 18-19; SUNG; DA SILVA, *Conversando sobre ética e sociedade*, 58-59, 61.
124. SUNG, *Se Deus existe, por que há pobreza?*, 114; cf. ibid., 87-88, 113.

Os excluídos, pelo fato de serem menos gente (gente de segunda categoria) ou "não-pessoas", tornam-se imperceptíveis por não existirem aos olhos dos que realmente são por participarem da cultura consumista[125]. Além de ignorados, os excluídos são culpabilizados pela sua incompetência e ineficiência no jogo concorrencial do mercado. Assim, a situação de exclusão é interpretada como justo merecimento ou castigo e não como um problema social. Se os abastados são merecedores do seu *status*, qualquer meta social que toque no quinhão conquistado converte-se em ameaça injusta[126].

A melhor coisa a fazer é acreditar nas promessas e no poder mítico-religioso do mercado; é melhor acreditar na provisoriedade das disfunções com a resoluta fé no poder e no funcionamento totalizante do ente idolatrado. Os excluídos? Esses mereceriam ser esquecidos por serem "menos gente" e porque suas privações e seus sofrimentos denunciam o que as pessoas não querem para si mesmas. Nesse sentido, a indiferença e a agressividade para com os pobres, bem como o consumismo, funcionam como mecanismos de defesa contra os próprios medos, inseguranças e frustrações[127].

Um dos sintomas da indiferença ou insensibilidade em relação aos excluídos é o distanciamento social. A se-

---

125. Cf. id., *Deus numa economia sem coração*, 101-102; id., Economia: uma tarefa espiritual para as comunidades cristãs, 24; id., Crítica teológica ao sacrificialismo do mercado, 51.

126. Cf. id., *Desejo, mercado e religião*, 68-69, 71, 122; id., Desigualdade social, periferias existenciais e o clamor dos que sofrem, *Revista Novamerica*, n. 175 (2022) 16-20, 19-20; id., Salvar-nos do cinismo, 107; id., Teologia da Libertação e a "revolução da estrutura mítica" do capitalismo, 796; Id.; Gonçalves da Silva, P. A., Sofrimento social, religião e neoliberalismo: um testemunho de fé que afirma a sua humanidade, *Estudos de Religião*, v. 36, n. 2 (2022) 247-270, 255, 264, 267; Gebara; Sung, *Direitos humanos e amor ao próximo*, 119, 128.

127. Cf. Sung, *Sujeito e sociedades complexas*, 165, 167; id., *Sementes de esperança*, 34, 86; id., *Desejo, mercado e religião*, 140; id., Imigração, a morte dos não-humanos e a idolatria, 196, 208.

paração física é evidente e inquestionável: luxuosos condomínios, sistemas sofisticados de segurança, escolas particulares, *shopping centers* especializados e clubes fechados. Na zona sul da grande São Paulo, por exemplo, o bairro favelizado Paraisópolis é próximo do bairro nobre Morumbi. No entanto, os limites físicos e culturais são rigorosamente estabelecidos pelos pecuniosos (os agraciados "cidadãos do bem") para evitar mesclas e contaminações funestas[128].

Em consonância com o distanciamento físico, Sung propõe uma espécie de isolamento espiritual ligado à identidade pessoal e coletiva: "um rico brasileiro, por exemplo, se sente muito mais identificado com um norte-americano que compartilha o mesmo padrão de consumo do que com um compatriota seu que mora em uma favela"[129]. Tal identificação explica o apoio da classe média alta à adoção de políticas econômicas ortodoxas, pois somente com a concentração de renda é possível a imitação dos elevados padrões de consumo invejados por uma parte seleta da população[130].

Nesse seguimento, a insensibilidade social torna-se um desdobramento espontâneo da ilusão transcendental neoliberal. Os sofrimentos dos excluídos não são sofrimentos, mas "um caminho necessário para a salvação"[131]. Aqui, a inversão ético-moral ganha novos contornos que se juntam à conversão do egoísmo em virtude (seção 3.1, capítulo 1). O sacrifício necessário deixa de ser um mal (ato violento) e transforma-se num bem moral. Os excluídos não são vítimas, mas culpados e os agressores não são vitimadores, mas redentores, cuja missão é promover o bem-estar coletivo via progresso econômico[132].

---

128. Cf. id., Crítica teológica ao sacrificialismo do mercado, 48.
129. Ibid., 49.
130. Cf. ibid., 50.
131. Id., O império e a transcendência, 103; cf. ibid., 102, 141.
132. Cf. id., Violência, desejo e a crise do sistema capitalista, 234; id., Crítica teológica ao sacrificialismo do mercado, 43, 46-47, 57; id., Idolatria: uma

Em tempos de neoliberalismo, a normalização ética dos sacrifícios e da morte dos pobres (lenta ou vertiginosa), em prol da vida econômica em abundância, institucionaliza a desigualdade social[133]. Essa agora é aceita como *inevitável, legítima* e *benéfica*. A assimetria no gozo dos benefícios econômicos seria *inevitável* por resultar, necessariamente, da lógica sacralizada do livre mercado; os desníveis sociais, *legítimos*, porque a "mão invisível", sabiamente, distribui os rendimentos de acordo com os esforços e os méritos de cada agente econômico.

Por fim, a desigualdade seria *benéfica* por estimular a concorrência entre as pessoas, o avanço tecnológico, a eficiência do mercado e o progresso econômico refletido no aumento do consumo de bens e serviços (a terra prometida). As crises sociais, apreciadas habitualmente como passageiras, seriam indicadores de que a economia caminha no rumo certo, isto é, no rumo da desregulamentação e da desestatização. Inversamente, metas e programas sociais, além de não favoráveis ao andamento eficiente da economia, comprometeriam o desenvolvimento das capacidades potenciais dos pobres[134].

Como aludido na seção anterior, todos os que se opõem à inevitabilidade, à legitimidade e à benignidade da desigualdade social são considerados inimigos a serem combatidos com intolerância. Entre os inimigos principais estão: (1) os pobres (consumidores falhos), (2) os fautores

---

chave de leitura da economia contemporânea?, 920; id., *Sujeito e sociedades complexas*, 16-17; id., Teologia da Libertação e a "revolução da estrutura mítica" do capitalismo, 812; SUNG; GONÇALVES DA SILVA, Sofrimento social, religião e neoliberalismo, 266.

133. Cf. SUNG, *Se Deus existe, por que há pobreza?*, 76; id., *A idolatria do capital e a morte dos pobres*, 115; id., Teologia da Libertação e a "revolução da estrutura mítica" do capitalismo, 805-806; id., Salvar-nos do cinismo, 104; SUNG; GONÇALVES DA SILVA, Sofrimento social, religião e neoliberalismo, 262.

134. Cf. SUNG, O mal na mentalidade de livre mercado, 41; id., *Desejo, mercado e religião*, 102, 128.

de intervenções no livre mercado com vistas à implementação de metas sociais; (3) os tutores do meio ambiente e, finalmente, (4) os defensores de valores pré-modernos contrários à ética neoliberal[135]. Aos primeiros, como salienta Sung, cabe apenas a pena da culpa e da resignação:

> Essa culpabilização, além de paralisar os pobres, tira a responsabilidade social dos integrados no mercado e deslegitima as lutas por uma sociedade socialmente mais justa. Por isso, o tema da culpa, do pecado e da reconciliação se torna fundamental na crítica à idolatria. [...] Contra essa religião capitalista culpabilizante e sacrifical, devemos anunciar o Deus não sacrificial, que demanda misericórdia e oferece reconciliação[136].

4. Teologia e economia: uma aproximação propositiva

Se por um lado a Teologia é capaz de trazer à tona os pressupostos teológicos subjacentes ao funcionamento da economia neoliberal, por outro, compete-lhe a proposição de uma alternativa à idolatria, à lógica sacrifical e à insensibilidade social inerentes à transcendentalização do livre mercado. Cabe à Teologia, a partir da tradição espiritual e profética, evidenciar as diferenças entre o verdadeiro Deus e os ídolos funestos. Tendo em vista essa incumbência, duas chaves interpretativas e operativas podem ser sublinhadas no pensamento teológico-moral de Sung: o Reino de Deus enquanto horizonte utópico e o binômio fé pascal e libertação[137].

---

135. Cf. SUNG, O império e a transcendência, 138-139; id., *Desejo, mercado e religião*, 67.
136. Id., Teologia da Libertação e a "revolução da estrutura mítica" do capitalismo, 813.
137. Cf. ibid., 799, 809, 811, 816; id., *Sementes de esperança*, 87.

4.1. O Reino de Deus como horizonte utópico

A correlação estabelecida por Sung entre a imagem do Deus da vida e a noção teológica do Reino pode ser melhor compreendida quando reportada preliminarmente à concepção *endomística* de Assmann. O teólogo gaúcho, num dos seus últimos textos, recorrendo a Santo Agostinho, Santo Tomás de Aquino, Eckhart de Hochheim e Karl Rahner, define o *homo endomysticus* como "o místico desde a interioridade do Deus em nós, ou 'desde dentro'"[138]. O homem na intimidade da alma constata a presença de um Deus próximo, relacional e comunicante (em colóquio)[139].

Ainda no contexto da *endomística*, Assmann evoca o termo hebraico *Shekinah* para acentuar a emergência e a proximidade histórica de Deus. Trata-se, mais precisamente, do Deus coabitante, dinâmico, sem morada fixa (incoercível) que se faz nômade ou beduíno para acompanhar a vida itinerante do seu povo. Segundo o teólogo, *Shekinah* é "proximidade consoladora, Deus da mão no ombro, Deus do abraço, Deus sempre perdoador", ou ainda, é "compreensão além dos limites de palavras e do gesto, Deus-Coração. Deus sempre *indulgens*"[140].

Esse esforço na recuperação de elementos provenientes da tradição veterotestamentária e teológico-espiritual (mística) tem como escopo manter à distância ou, ao menos, deixar em suspenso as definições doutrinárias sobre Deus embasadas em categorias precisas, herméticas, fixistas e impessoais, segundo os parâmetros da ontologia e da metafísica grega. A liberação desse tipo de categorização permite a contemplação de um Deus pessoal e misericordioso que ampara gratuita e indistintamente os seus filhos

---

138. Assmann; Sung, *Deus em nós*, 36.
139. Cf. ibid., 37, 39, 41.
140. Ibid., 44; cf. ibid., 42-43; Sung, Deus da vida e ídolo da morte na nova economia mundial, 841.

sem pedir sacrifícios (cf. Mt 9,13), ao contrário da lógica idolátrica do mercado[141].

A ideia e a fé no Deus-Amor, próximo e, portanto, presente na história, têm como referencial elementar a dinâmica da encarnação: o Filho de Deus, possuidor de todos os predicados divinos (por ser Deus), esvazia-se a si mesmo para tornar-se semelhante aos homens na condição de servo (cf. Fl 2,6-7). Nesse sentido, o mistério da encarnação não revela um Deus onipotente, mas um Deus pobre e vulnerável às contradições humanas. Exatamente nessa situação, Cristo se faz solidário, se faz companheiro, assumindo a sina de tantas outras vítimas do poder político e econômico[142].

A perspectiva *endomística* de Assmann não significa uma experiência místico-espiritual intimista ou solipsista. A socialidade e a sensibilidade social são intrínsecas a essa experiência (místico-espiritual) por derivarem da interdependência nocional do Deus em nós (*homo endomysticus*) e do Deus *Shekinah* (sócio-histórico)[143]. Para explicar e fun-

---

141. Cf. ASSMANN; SUNG, *Deus em nós*, 42; SUNG, *Desejo, mercado e religião*, 77, 106, 141; id., O Espírito e a educação teológica, 133; id., Educação teológica e a missão, 152; id., *Se Deus existe, por que há pobreza?*, 108.

142. Cf. ASSMANN; SUNG, *Deus em nós*, 170-171; SUNG, *Sementes de esperança*, 38-39, 49-50; id., *Cristianismo de libertação*, 82; id., Violência, desejo e a crise do sistema capitalista, 225.

143. É interessante observar a evolução do pensamento de Assmann: da ênfase inicial na ligação entre fé e práxis (com destaque para essa última), no aspecto rebelde da Teologia, no caráter marxista-revolucionário da libertação e na luta de classes (com reflexos no âmbito eclesial) à relevância da "fé *endomística*" e das "fontes místicas do social" (ASSMANN; SUNG, *Deus em nós*, 46; cf. ibid., 40). A título de exemplo comparativo, em uma publicação de 1973, encontramos a seguinte afirmação: "[...] a teologia não possui em suas 'fontes', no sentido tradicional (Bíblia, tradição, magistério, história das doutrinas) recursos propriamente 'teológicos' para descer ao nível estratégico-tático e auxiliar diretamente na elaboração de projetos históricos política e economicamente configurados" (ASSMANN, *Teología desde la praxis de la liberación*, 114 – tradução nossa). Obviamente, tais afirmações devem ser contextualizadas em termos culturais, sociais, científicos e eclesiológicos, a partir de uma análise histórico-evolutiva. Contudo, a despeito da ausência dessa análise, é possível notar que as intuições e convicções de fundo do teólogo, amadurecidas e purificadas com o tempo, permanecem válidas e atuais.

damentar essa conjugação substancial, Assmann e Sung recorrem à reciprocidade do amor joanino: "ninguém jamais contemplou a Deus. Se nos amarmos uns aos outros, Deus permanece em nós e o seu Amor em nós é levado à perfeição" (1Jo 4,12).

A dimensão social da fé *endomística* não é uma etapa secundária da vida interior, pois "o amor solidário pelo próximo e o amor de Deus se fazem presentes ao mesmo tempo"[144]. O amor de Deus, como esclarece a teologia joanina, não se coaduna com o fechamento singularizado. Caso contrário, ele permanece como uma presença-ausência à espera de uma realização mais perfeita que intercorre tão só com a saída de si mesmo e a abertura da própria interioridade, mormente aos dramas e sofrimentos dos pobres[145]. Sobre esse dinamismo de *abandono de si-encontro-plenitude*, elucida Sung:

> É claro que, na vida concreta, há momentos em que precisamos e devemos buscar esse "Deus em nós" na solidão e no silêncio. Mesmo nesses momentos, há uma diferença entre ir "para dentro de si" de modo "solitário", sem carregar consigo os sofrimentos e angústias de outras pessoas, e a busca de "Deus em nós" no mais íntimo do nosso ser levando conosco [...] os rostos, olhos e sorrisos da nossa gente. São buscas e encontros diferentes[146].

A percepção de um Deus-Amor que sai de si mesmo para salvar, comunicar a vida em abundância e, ao mesmo tempo, chamar os seus filhos à participação (imitação) na dinâmica do amor solidário, orienta a compreensão e as reflexões de Assmann e Sung sobre o Reino de Deus. Para eles, a fé *endomística*, particularizada como genuína

---

144. ASSMANN; SUNG, *Deus em nós*, 184.
145. Cf. SUNG, *Desejo, mercado e religião*, 21; id., *Sementes de esperança*, 12-13.
146. ASSMANN; SUNG, *Deus em nós*, 185.

experiência do amor de Deus em nós, afirma-se não como obrigação, mas como proposta ou eixo estruturante da vida e das relações sociais. A efetividade do Reino de Deus gira em torno desse eixo, cuja força motriz é a *dynamis endomística*[147].

Ao associarem a noção do Reino de Deus com a vivência do amor de Deus em nós, Assmann e Sung amparam-se na resposta de Jesus aos fariseus: "a vinda do Reino de Deus não é observável. Não se poderá dizer: 'ei-lo aqui! Ei-lo ali!', pois eis que o Reino de Deus está no meio de vós" (Lc 17,20-21). Sendo assim, a presença do Reino de Deus não é condicionada pela construção de uma estrutura ou ordem institucional específica, mas por "um tipo de relação humana onde sujeitos humanos encontram com outros sujeitos no amor e serviço pela libertação"[148].

O Reino de Deus, qualificado pela relação entre pessoas reconhecidas como sujeitos movidos pela *dynamis endomística*, deve ser concebido como uma condição ou grandeza vivencial, como um modo de ser. Nele as relações são mediadas pela presença e pelo comprometimento com o amor e a vida, e aí se realiza o reinado de Deus. O termo reinado, nesse sentido, exprime melhor a ideia de condição (*status*) em oposição à noção fixista de reino entendido como estrutura localizada (*topos*). Mesmo assim, por haver uma magnitude escatológica, o reinado de Deus não depende unicamente da vontade humana[149].

O amor solidário tem força para positivar sinais antecipatórios do reinado de Deus, isto é, sinais da sua presença histórica. Entretanto, como apenas aludido, desejar a plena realização desse reinado mediante o empenho hu-

---

147. Cf. ibid., 181-183, 185-186; SUNG, *Sementes de esperança*, 51-52; id., É verdade que Deus morreu?, 37, 39.
148. ASSMANN; SUNG, *Deus em nós*, 136.
149. Cf. ibid., 9-10, 142-143, 168, 172, 186.

mano e as instituições socialmente erigidas significa incorrer na ilusão transcendental anteriormente denunciada (seções 2.3 e 3.1, capítulo 1). A esse respeito, com aguçado realismo, adverte Sung: "o que podemos e devemos construir é uma sociedade mais justa, mais humana, mais fraterna, mas que sempre conviverá com a possibilidade de erros e problemas, intencionais ou não"[150].

Uma vez que o Reino de Deus é assumido como horizonte utópico, a lacuna entre a realização historicamente factível e o ainda não localizado (a utopia na sua plenitude) transforma-se em objeto de esperança. A esperança cristã, alicerçada na ressurreição de Cristo, é o movente do amor solidário em direção ao horizonte almejado. Por esse ângulo, a *endomística* é vivida como fé pascal e fé encarnada, uma fé esperançosa que faz o crente reafirmar a própria dignidade enquanto luta pela humanização das relações e das práticas sociais, com vistas à inclusão e promoção dos últimos[151].

4.2. Fé pascal e libertação

Sung, ao discorrer sobre a fé pascal, evidencia, em primeiro lugar, o nexo entre o mistério da encarnação de Jesus Cristo e o mistério da sua paixão, morte e ressurreição. Na manjedoura é deposto um Messias pobre e frágil e, na cruz, esse mesmo Messias é "derrotado" horrendamente pelo poder político e religioso da época, num cenário de imperialismo dominante. Aparentemente, as autoridades de então saíram vitoriosas do confronto com o arauto de uma boa-nova alternativa, provocativa e ameaçadora. No

---

[150]. SUNG, *Sujeito e sociedades complexas*, 56.
[151]. Cf. id., *Teologia e economia*, 232-233, 249; id., *Sementes de esperança*, 36-37; id., *Transcendência humanizadora*, 187, 189; SUNG; DA SILVA, *Conversando sobre ética e sociedade*, 114-115.

final, teria prevalecido a justiça dos poderosos legitimada pela sacralidade da fé[152].

Todavia, a ressurreição, à luz da fé, significa que Jesus, na condição de pobre (desde a encarnação), injustiçado e "derrotado", não foi abandonado pelo Pai. Ao gritar na cruz "Deus meu, Deus meu, por que me abandonaste?" (Mc 15,34), o filho de Deus manifesta a dor do abandono e, ao mesmo tempo, a confiança na vitória da vida sobre a morte e o pecado. O grito do crucificado exprime a esperança de quem clama por vida, vida justa e plena. A ressureição de Jesus atesta a inexistência de causalidade entre vitória/poderio temporal (sempre provisórios) e genuína justiça[153].

A ressurreição de Jesus, embora liberte o homem da escravidão do pecado, não resolve absolutamente todos os problemas políticos e socioeconômicos. Como evento pedagógico, ensina que a libertação realizada por Deus não diminui ou elimina o dom da liberdade humana[154]. Por isso, a criação, marcada pelos limites históricos e humanos, ainda geme e sofre, como uma parturiente, na esperança de ser libertada da corrupção (cf. Rm 8,19-21). Toda a humanidade aguarda, com esperança, "a manifestação da glória do nosso grande Deus e Salvador, Cristo Jesus" (Tt 2,13).

O evento pascal ratifica a convicção de que a luta pelo estabelecimento do reinado de Deus não depende unicamente das capacidades, projetos e instituições humanas, pois as vitórias e insucessos no âmbito social, político e econômico estão sujeitos às condições histórico-objetivas e à orientação da liberdade humana. Por essa razão, o militante cristão, projetando em Deus a sua confiança e a

---

152. Cf. SUNG, *Cristianismo de libertação*, 61, 79, 102-103; id., A vida religiosa e a nova globalização, 534-535.
153. Cf. id., A vida religiosa e a nova globalização, 535; id., *Cristianismo de libertação*, 62-63, 65.
154. Cf. id., *Sujeito e sociedades complexas*, 57.

realização plena da utopia do Reino (*parusia*), acredita, de modo esperançoso e operante, que "a dignidade humana, a solidariedade e a vida sobrevivem mesmo debaixo das cinzas da opressão e morte [...]"[155].

A potência da ressurreição é manifestada na luta daqueles que, movidos pelo Espírito do Ressuscitado, se comprometem com a causa do Reino, tornando evidente os seus sinais. A luta pela efetivação desse reinado ocorre basicamente em duas frentes interligadas: a sociopolítica e a espiritual. A primeira frente diz respeito à luta pela promoção social e econômica dos pobres mediante o enfrentamento de suas mazelas e a correção das imperfeições inerentes, particularmente, à economia de livre mercado. Nessa acepção, a luta sociopolítica é coadjuvada pela aproximação Teologia-Economia e, assim, pela certeza da proximidade libertadora do Deus da Vida (prólogo da seção 3, capítulo 1)[156].

A segunda frente está relacionada à luta pela afirmação da dignidade dos pobres e excluídos. O encontro face a face dos promotores do Reino com os últimos, independentemente do grau de consciência política, é vivido como experiência espiritual que, ao desvelar o rosto de Cristo no rosto do próximo, proporciona o resgate da humanidade de ambas as partes envolvidas na luta, isto é, "as duas partes se reconhecem como seres humanos e se humanizam profundamente"[157]. Porém, os efeitos dessa experiência extrapolam o círculo das pessoas inicialmente envolvidas.

Na verdade, a experiência espiritual de humanização recíproca, por externar uma nova percepção da pessoa e

---

155. Id., A vida religiosa e a nova globalização, 537; cf. id., *Cristianismo de libertação*, 68, 77-78; id., A utopia do manifesto comunista e a teologia da libertação, 10; id., *Sujeito e sociedades complexas*, 32, 181; id., *Sementes de esperança*, 28-29.
156. Cf. SUNG, *Cristianismo de libertação*, 67, 70.
157. ASSMANN; SUNG, *Deus em nós*, 94.

das relações sociais, transforma-se em sinal de contradição e resistência à cultura reinante. Resistência porque nega, por exemplo, a lógica do mercado neoliberal sacralizado como totalidade totalizante e único horizonte de compreensão da realidade (seção 3.2, capítulo 1). Nesse embate ideológico-cultural, a "meta-visão" imposta às consciências individuais e à memória social é desvelada, primeiramente, na esfera das relações intersubjetivas e, depois, na racional-discursiva[158].

A libertação primordial, resultante do encontro face a face com os últimos, é de ordem antropológica. O acolhimento fraterno e desinteressado dos excluídos, sobrepondo-se à inversão ético-moral neoliberal, rompe a associação indevida entre dignidade da pessoa e valor econômico, isto é, refuta a redução dessa dignidade à capacidade de produção e aquisição. O reconhecimento da pessoalidade do excluído devolve-lhe força para liberar-se do mecanismo de culpabilidade vexaminoso (arquitetado para justificar injustamente a exclusão) e para assumir a vanguarda da luta pelos próprios direitos[159].

A luta no âmbito espiritual, fortalecida pela fé na ressurreição de Cristo, anuncia uma espiritualidade alternativa à do mercado neoliberal, ou seja, à espiritualidade do consumir ou ter para ser. Na Teologia e na espiritualidade cristã, a dignidade da pessoa é um dom gratuito oferecido por Deus a todos os seres humanos. Essa dignidade, ao preceder os condicionamentos raciais, culturais e socioeconômicos, é definida fundamentalmente pela filiação divina, como ensina o texto joanino: "vede que prova de

---

158. Cf. ibid., 96-98; SUNG, Cristianismo de libertação, 24, 147.
159. Cf. ASSMANN; SUNG, Deus em nós, 76, 174; SUNG, Se Deus existe, por que há pobreza?, 89-90, 100; id., Cristianismo de libertação, 154; id., Sementes de esperança, 26, 32, 40, 52, 81; id., Desigualdade social, periferias existenciais e o clamor dos que sofrem, 16, 20.

amor nos deu o Pai: sermos chamados filhos de Deus. E nós o somos!" (1Jo 3,1)[160].

Para Sung, a grande contribuição do cristianismo na atualidade é a retomada da espiritualidade centrada na gratuidade e incondicionalidade do amor divino e, simultaneamente, no encontro sujeito-sujeito. A espiritualidade do "Deus em nós", além de favorecer o resgate recíproco da dignidade humana, transforma-se em força motriz para a resposta do homem ao chamado divino à liberdade, como enfatiza o apóstolo Paulo: "é para a liberdade que Cristo nos libertou. Permanecei firmes, portanto, e não vos deixeis prender de novo ao jugo da escravidão" (Gl 5,1)[161].

Destarte, a libertação da escravidão instituída pela transcendentalização idolátrica do mercado e pela sua correlata lógica sacrifical requer um caminho espiritual de (re)encantamento com o eminentemente humano. Num contexto sociocultural marcado pela revalorização dos fenômenos religioso-espirituais[162], o testemunho de uma espiritualidade guiada pelo Espírito do Ressuscitado é capaz de engendrar sonhos e desejos mais humanos, alternativos à dinâmica consumística que tudo objetifica. Com essa convicção, Sung afirma contundentemente:

> Sem a revolução espiritual não haverá uma verdadeira revolução econômica, pois o capitalismo é, na verdade, um sistema econômico baseado em e movido por profundas crenças espirituais, e o consumismo é uma forma de experiência religiosa do nosso cotidiano[163].

---

160. Cf. SUNG, *Sementes de esperança*, 71, 96-97; id., *Se Deus existe, por que há pobreza?*, 91, 107-108.

161. Cf. id., *Economia: uma tarefa espiritual para as comunidades cristãs*, 25; id., *Cristianismo de libertação*, 22, 50-51, 80-81, 163-164; id., *Se Deus existe, por que há pobreza?*, 67-68.

162. Cf. ASSMANN; SUNG, *Deus em nós*, 46.

163. SUNG, *Sementes de esperança*, 62; cf. id., *Se Deus existe, por que há pobreza?*, 115-116; id., *Quando nem todos são filhos de Deus*, 21.

A luta nas frentes socioeconômica e espiritual, iluminada pela fé pascal, ao promover o verdadeiro senso de humanidade, corrobora a reconciliação do ser humano com a sua condição limitada. Os agentes do Reino, liberando-se da ilusão de superar as contingências humanas, históricas e naturais exclusivamente com o emprego de recursos econômicos, técnicos e institucionais, aprendem a distinguir qual é o bem possível de ser realizado (o que é possível fazer) do bem desejado (o que deveria ser feito)[164]. Numa visão sintética sobre as implicações libertadoras da fé pascal, sopesa Sung:

> "Sim, o crucificado ressuscitou!". Essa afirmação de fé não funda sistemas teológicos capazes de dar conta de todos os detalhes das contradições da história humana, nem dá garantia de que o futuro já está escrito e que os pobres vencerão. Mas ela possibilita pensar Deus de uma forma não-sacrifical, uma teologia que seja expressão do ensinamento: "Se soubésseis o que significa: Misericórdia é que eu quero e não sacrifício, não condenaríeis os que não têm culpa" (Mt 12,7)[165].

Ao final desse primeiro capítulo, numa visão prospectiva, é possível afirmar que a aproximação crítico-propositiva de Sung acerca do binômio Teologia-Economia – para além da sua significância original – representa uma chave hermenêutica indispensável para a definição e promoção duma economia com rosto humano, alternativa à idolatria do mercado, como sugere Papa Francisco, igualmente contrário à sacralização dos mecanismos econô-

---

164. Cf. id., O mal na mentalidade de livre mercado, 42; id., Violência, desejo e a crise do sistema capitalista, 233-234; id., Deus da vida e ídolo da morte na nova economia mundial, 849; id., *Se Deus existe, por que há pobreza?*, 82-83; id., *Sementes de esperança*, 112; ASSMANN; SUNG, Deus em nós, 153, 158-160, 162, 164-166.

165. SUNG, É verdade que Deus morreu?, 38.

micos. De maneira particular, a crítica epistemológica de Sung estabelece um proveitoso diálogo com a Teologia do Povo (uma das fontes teórico-conceituais subjacentes à *ratio* bergogliana) e com as tensões polares propostas pelo atual pontífice.

CAPÍTULO II
A Teologia Moral e o pensamento socioeconômico do Papa Francisco

Em fevereiro de 2018, numa carta endereçada ao monsenhor Dario Edoardo Viganò, na época prefeito da Secretaria de Comunicação do Vaticano, o Bispo emérito de Roma, Papa Bento XVI, explicava as razões pelas quais não poderia apreciar, em profundidade, os opúsculos que compõem a coleção *A Teologia do Papa Francisco*, organizada por Roberto Repole e publicada pela *Libreria Editrice Vaticana*. A despeito da motivação central da carta e da manifestação de surpresa quanto à participação de um dos autores na sobredita coleção[1], chama a atenção a seguinte asserção:

> Felicito a iniciativa que deseja opor-se e reagir ao tolo preconceito pelo qual o Papa Francisco seria apenas um homem prático e sem uma especial formação teológica e filosófica, enquanto eu teria sido unicamente um teórico da

---

1. Bento XVI surpreende-se com a partipação do teólogo Peter Hünermann, autor do opúsculo *Uomini secondo Cristo oggi: l'antropologia di papa Francesco*. No terceiro parágrafo da carta, o Papa emérito expressa o motivo da sua indignação: a contumaz postura antipapal do teólogo alemão (cf. VATICAN NEWS, *Diffusa la lettera integrale del papa emerito Benedetto XVI a mons. Viganò*, disponível em: <https://www.vaticannews.va/it/papa/news/2018-03/lettera-integrale-papa-emerito-benedetto-xvi-a-mons--vigano.html>, acesso em: 22 maio 2023, 2).

teologia que pouco teria entendido da vida concreta do cristão de hoje. Os pequenos volumes mostram, precisamente, que o Papa Francisco é um homem de profunda formação filosófica e teológica e, por isso, ajudam a ver a continuidade interna entre os dois pontificados, embora com todas as diferenças de estilo e de temperamento[2].

Tomado como ponto de partida esse arrazoamento, é oportuno perguntar: quais são os fundamentos da Teologia do Papa Francisco? Ou ainda, qual é a sua compreensão de Teologia e quais são as características dominantes das suas convicções teológicas? Basta uma análise narrativa e pastoral, em oposição ao enfoque eminentemente doutrinário, para definir o estilo teológico de Bergoglio? Que tipo de moral pode ser "declinada" da Teologia do atual pontífice? De forma ainda mais pontual, quais são as implicações socioeconômicas dessa moral?

Gian E. Rusconi, professor emérito de ciência política da Universidade de Turim, ao empenhar-se numa análise crítico-discursiva, define a Teologia do Papa Francisco como uma Teologia narrativa qualificada pela reinvenção semântica, pela expressividade emotiva e pela flexibilidade conceitual. Segundo o autor, dessas três qualificações surge uma linguagem metafórico-narrativa privilegiada (em relação à linguagem teológico-sistemática ou filosófico-dogmática) por levar em conta as sensibilidades contemporâneas na reapresentação do dado revelado[3].

Amparando-se nas reflexões do cardeal Kasper, Rusconi salienta um aspecto preponderante do discurso teológico de Bergoglio examinado em chave metafórico-narrativa (válida, ao menos, como ponto de partida investigativo):

---

2. Ibid., 1 (tradução nossa); cf. BORGHESI, M., *Jorge Mario Bergoglio. Una biografia intellettuale*, Milano, Jaca Book, 2017, 11, 16, 19-20.

3. Cf. RUSCONI, G. E., *La teologia narrativa di papa Francesco*, Bari, GLF Editori Laterza, 2017, 4, 9-10, 15, 147.

a primazia da misericórdia como princípio hermenêutico fundamental[4]. De fato, após afirmar no seu primeiro *Angelus* que "um pouco de misericórdia torna o mundo menos frio e mais justo"[5], Papa Francisco, dirigindo-se ao grão-chanceler da Universidade Católica da Argentina, outorga à misericórdia um caráter substancial:

> A misericórdia não é só uma atitude pastoral, mas a própria substância do Evangelho de Jesus. Encorajo-vos a estudar como refletir nas várias disciplinas – dogmática, moral, espiritualidade, direito etc. – a centralidade da misericórdia. Sem a misericórdia, a nossa teologia, o nosso direito, a nossa pastoral correm o risco de desmoronar na mesquinhez burocrática ou na ideologia, que por sua natureza quer domesticar o mistério. Compreender a teologia é compreender Deus, que é Amor[6].

Na visão de Kasper, o reconhecimento da misericórdia como princípio hermenêutico possui duas implicações diretas: (1) a interpretação da doutrina e dos mandamentos à luz da mensagem central do Evangelho e (2) a opção por uma orientação metodológica particular, ou mais precisamente, por um método teológico específico: o indutivo. De acordo com esse método, as urgências da realidade concreta ganham a ribalta num primeiro momento, suplantando o restrito esquadrinhamento especulativo-espiritual da fé e a justaposição simplista da doutrina à concretude da vida vivida[7].

---

4. Cf. ibid., 4, 13, 16-17, 32-33.
5. FRANCISCO, *Angelus* (17 mar. 2013), 1-2. Para facilitar a leitura das notas de rodapé, indicarei o endereço completo das fontes eletrônicas (sobretudo dos discursos, catequeses, homilias e mensagens papais) na bibliografia geral.
6. Id., *Carta por ocasião do centenário da faculdade de teologia da Pontifícia Universidade Católica Argentina* (3 mar. 2015), 2.
7. Cf. KASPER, W., *Papa Francisco. A revolução da misericórdia e do amor. Raízes teológicas e perspectivas pastorais*, Prior Velho, Paulinas, 2015, 20-21, 52-53; MANDREOLI, F., *Un approfondimento sull'orizzonte e su alcune radici "europee"*

A eleição da misericórdia como componente central da hermenêutica evangélica empregada na interpretação da vida, do mundo e dos homens[8] confere ao Magistério e à Teologia de Francisco uma índole *radical, querigmática* e *contextual*[9]. *Radical* porque retorna à raiz do discurso teológico que é o Evangelho[10]. *Querigmática* e *contextual* porque objetiva responder aos desafios do mundo e da Igreja com o frescor da Boa Notícia a ser ouvida e anunciada perenemente: "o amor pessoal de Deus que se fez homem, entregou-Se a Si mesmo por nós e, vivo, oferece sua salvação e amizade"[11].

O traço radical, querigmático e contextual da Teologia bergogliana, pautada pela hermenêutica da misericórdia e

---

della teologia di Papa Francesco, in: ID. (org.), *La Teologia di Papa Francesco. Fonti, metodo, orizzonte e conseguenze*, Bologna, EDB, 2019, 36-37, 41-43; PATSCH, F., Rivelazione, contesto, verità. Il magistero di Papa Francesco in tempo di transizione, in: TENACE, M. (org.), *Dal chiodo alla chiave. La Teologia fondamentale di Papa Francesco*, Città del Vaticano, Libreria Editrice Vaticana, 2017, 49-50, 70; FUMAGALLI, A., *Camminare nell'amore. La teologia morale di papa Francesco*, Città del Vaticano, Libreria Editrice Vaticana, 2017, 27-28.

8. Cf. FRANCISCO, *Discurso à comunidade da Pontifícia Universidade Gregoriana e dos Institutos Consagrados* (10 abr. 2014), 2; WOLTON, D., *Papa Francesco con Dominique Wolton. Dio è un poeta*, Milano, Rizzoli, 2018, 55.

9. Cf. KASPER, *Papa Francisco*, 23, 35, 39, 43, 46-47, 123-124, 127; PATSCH, Rivelazione, contesto, verità, 56-57, 71-72; MORRA, S., Un popolo fedele tra i popoli: elementi di ecclesiologia fondamentale, in: TENACE, M. (org.), *Dal chiodo alla chiave*, 74; COZZI, A., A verdade de Deus e do homem em Cristo. O aspeto teológico e antropológico na cristologia de J. Bergoglio, in: ID. et al. (orgs.), *Papa Francesco que teologia?*, Prior Velho, Paulinas, 2017, 16-17, 73; DOWNING, A., La storia e l'orizzonte aperto del futuro, in: TENACE, M. (org.), *Dal chiodo alla chiave*, 87-88; FUMAGALLI, *Camminare nell'amore*, 15-16, 105-106.

10. De acordo com o jornalista e biógrafo Ivereigh, "aquele que vai às raízes é um radical (do latim *radicalis* – 'formar a raiz'). O radicalismo de Francisco nasceu da sua identificação extraordinária com Jesus depois de uma vida de total imersão no Evangelho e na oração mística. Essa identificação leva-o a buscar a simplificação e a concentração para aumentar as oportunidades de abrir os caminhos para Deus atuar" (IVEREIGH, A., *Francisco, o grande reformador: os caminhos de um Papa radical*, Amadora, Vogais, 2015, 481; cf. ibid., 487-488, 490).

11. FRANCISCO, Exortação apostólica *Evangelii gaudium*, 24 nov. 2013, in AAS 105 (2013) 1019-1137; n. 128; cf. ibid., nn. 11, 36, 164; VALLS, M. C. A., La parola significativa, in TENACE, M. (org.), *Dal chiodo alla chiave*, 37-39.

não pela da intransigência[12], reitera as convicções de João XXIII na abertura do Concílio Vaticano II: "agora, porém, a esposa de Cristo prefere usar mais o remédio da misericórdia do que o da severidade"[13]. Avigora igualmente o esforço dos padres conciliares em entender e dialogar com o mundo contemporâneo, no qual a Igreja é convocada a servir na caridade. Na homilia de encerramento do Concílio, Paulo VI condensa essa disposição nos seguintes termos:

> Nunca talvez como no tempo deste Concílio a Igreja se sentiu na necessidade de conhecer, avizinhar, julgar retamente, penetrar, servir e transmitir a mensagem evangélica e [...] atingir a sociedade humana que a rodeia, seguindo-a na sua rápida e contínua mudança.
>
> [...]
>
> Por assim dizer, a Igreja baixou a dialogar com o homem; e conservando sempre a sua autoridade e a sua virtude, adotou a maneira de falar acessível e amiga que é própria da caridade pastoral. Quis ser ouvida e entendida pelos homens. Por isso, não se preocupou só com falar à inteligência do homem, mas exprimiu-se no modo hoje usado na conversação corrente, em que o recurso à experiência da vida e o emprego dos sentimentos cordiais dão mais força para atrair e para convencer. Isto é, a Igreja falou aos homens de hoje, tais quais eles são[14].

O espírito conciliar, refletido nos anseios e convicções de João XXIII e Paulo VI, não só legitima a hermenêutica teológico-pastoral de Francisco, mas o autoriza a propalar uma Igreja em saída, encarnada, samaritana, concebida como

---

12. Cf. GIOVANNONI, M., Il metodo di Bergoglio: conseguenze per la pastorale e la vita della Chiesa in Italia, in: MANDREOLI, F. (org.), *La Teologia di Papa Francesco*, 147-148, 156, 163, 165-166.

13. JOÃO XXIII, *Discurso na abertura solene do SS. Concílio* (11 out. 1962), 7.

14. PAULO VI, *Discurso na última sessão pública do Concílio Vaticano II* (7 dez. 1965), 4, 6.

verdadeiro hospital de campanha, como mãe, cujo coração está sempre aberto aos filhos[15]. Todavia, à concepção de uma Igreja missionária corresponde, necessariamente, uma Teologia em saída, endereçada às fronteiras onde "o Evangelho se encontra com as necessidades das pessoas às quais é anunciado de maneira compreensível e significativa"[16].

Uma Teologia academicista, especulativa, nominalista, abstrata e, por conseguinte, apartada do ambiente sociocultural é absolutamente indesejável. A reflexão teológica, embebida do mistério do Verbo feito homem, longe de ser "uma dissertação catedrática sobre a vida"[17], é intimada a encarnar o anúncio do "rosto salvífico de Deus, o Deus misericordioso"[18], na realidade concreta com seus inúmeros conflitos e desafios, como a crise ecológica, a manipulação da vida humana, as desigualdades sociais, as migrações e o relativismo teórico-prático[19]. Segundo Papa Francisco, urge

> uma *teologia a caminho*: uma teologia que saia das estreitezas nas quais por vezes se fechou e se dirija a Deus com dinamismo, guiando o homem pela mão; uma Teologia não narcisista, mas propensa ao serviço da comunidade; uma

---

15. Cf. FRANCISCO, *Evangelii gaudium*, nn. 20-21, 24, 27, 30, 46, 49, 97, 139, 261; id., Exortação apostólica pós-sinodal *Querida Amazônia*, 2 fev. 2020, in: AAS 112 (2020) 231-273, n. 6; id., *Carta por ocasião do centenário da faculdade de teologia da Pontifícia Universidade Católica Argentina* (3 mar. 2015), 2; id., *Mensagem aos fiéis brasileiros por ocasião da Campanha da Fraternidade 2020* (26 fev. 2020), 1; WOLTON, *Papa Francesco con Dominique Wolton*, 119-120; CABRERA, A. O., *La moral social para conocer a Francisco. Misión, espiritualidad y ecologia integral*, Perú, Universidad Católica los Ángeles Chimbote; Madrid, Editorial Sindéresis, 2022, 29, 31-34, 302-303.

16. FRANCISCO, *Carta por ocasião do centenário da faculdade de teologia da Pontifícia Universidade Católica Argentina* (3 mar. 2015), 1.

17. Id., *Discurso aos membros da comissão teológica internacional* (29 nov. 2019), 2.

18. Id., *Discurso à Associação Teológica Italiana* (29 dez. 2017), 3.

19. Cf. ibidem; id., *Discurso aos participantes no simpósio nacional sobre "a teologia da ternura de Papa Francisco"* (13 set. 2018), 1; id., *Carta ao cardeal Marc Ouellet, presidente da pontifícia comissão para a América Latina* (19 mar. 2016), 1-2.

teologia que não se contente com repetir os paradigmas do passado, mas seja *Palavra encarnada*[20].

Para além da reciprocidade entre as convicções eclesiológicas e teológico-pastorais do Papa Francisco, isto é, uma Teologia a caminho no ritmo duma Igreja dinâmica e fronteiriça (ambas marcadamente samaritanas), cumpre investigar quais são as consequências morais derivantes dessa correspondência, notadamente aquelas relacionadas ao domínio social e econômico. À essa premência investigativa corresponde o objetivo específico do presente capítulo: desvelar a *Teologia Moral* e o *pensamento socioeconômico* do Papa Francisco.

Nessa direção, propõe-se, num primeiro momento, a apresentação de duas fontes teórico-conceituais – a chamada Teologia do Povo e a filosofia guardiniana da oposição polar –, imprescindíveis para a compreensão da sensibilidade teológico-moral e socioeconômica do Papa Francisco. Na segunda parte, intenta-se individuar a Teologia Moral do atual pontífice mediante a análise de dois eixos cardeais: a centralidade do sujeito moral e a pastoralidade reconhecida como prática imediatamente ligada à dimensão sociomoral.

Por último, na terceira parte, tenciona-se elucidar qual é o pensamento socioeconômico do Papa Francisco, tendo por base a Exortação *Evangelii Gaudium* e as Encíclicas Sociais *Laudato Si'* e *Fratelli Tutti*. Essa última etapa configura-se como um corolário do esquadrinhamento epistemológico realizado em precedência (segunda parte), não obstante o fato de nela se tornar mais evidente a influência das fontes teórico-conceituais apresentadas inicialmente. Com o propósito de resguardar a organici-

---

20. Id., *Discurso aos participantes no simpósio nacional sobre "a teologia da ternura de Papa Francisco"* (13 set. 2018), 3.

dade do objeto perquirido, sugere-se o emprego do método indutivo (*ver, julgar* e *agir*).

1. Duas fontes teórico-conceituais

Reconstruir o itinerário formativo e revisitar as fontes teórico-conceituais do Papa Francisco representa um trabalho árduo e aprazente que, dada a sua magnitude, transmonta as possibilidades do presente capítulo e do ensaio no seu conjunto. Entretanto, nos últimos anos, relevantes autores – como o professor italiano Borghesi e o escritor e jornalista inglês Ivereigh[21] – assumiram tal empreitada em obras bem definidas. Tendo em consideração os objetivos aventados, das aludidas fontes, duas são impreteríveis: a Teologia do Povo e a filosofia da oposição polar de Romano Guardini.

1.1. A Teologia do Povo

A Teologia do Povo ou Teologia da Cultura, como acenado no capítulo precedente (seção 2.1, capítulo 1), é a corrente argentina da Teologia da Libertação. Dentre os seus representantes mais recordados estão: Rafael Tello (1917-2002), Lucio Gera (1924-2012), Juan Carlos Scannone (1931-2019) e Carlos María Galli (1957), discípulo de Gera. No tocante à denominação Teologia do Povo, o Papa Francisco, em colóquio com o sociólogo francês Wolton, declara: "ainda que a expressão não me agrade, é com esse nome que a conheci. Caminhar com o povo de Deus e fazer teologia da cultura"[22].

---

21. A primeira obra detém-se mais nos aspectos intelectuais e a segunda nos de caráter histórico (cf. Borghesi, *Jorge Mario Bergoglio*; Ivereigh, *Francisco, o grande reformador*).

22. Wolton, *Papa Francesco con Dominique Wolton*, 36 (tradução nossa).

A breve definição de Francisco evidencia dois elementos essenciais da Teologia argentina: (1) a "dilatação" da ideia de subjetividade com vistas à realização afetiva e efetiva de um *nós existimos* enquanto povo e (2) a valorização do contexto (*ethos*) sociocultural, mormente da religiosidade popular (*sensus fidelium*[23]), no processo de elaboração teológica[24]. Tal ênfase histórico-cultural concorda com a Exortação Pastoral do Episcopado Argentino orientada à aplicação das conclusões da II Conferência Geral do Episcopado Latino-americano (1968), celebrada em Medellín:

> O processo de libertação deverá conter sempre a contribuição fecunda dos valores autênticos e das tradições sadias originadas desde o início da nossa nacionalidade, refletindo o espírito genuíno dos nossos povos[25].

Como pressuposto fundamental para a evangelização do povo em seu conjunto: (a) deve-se partir da compreensão da situação nacional do nosso povo e do seu processo histórico, em ordem à tomada de consciência e à obtenção de um destino comum [...]; (b) deve-se assumir a cultura do nosso povo e as suas descobertas para difundir e explicar a mensagem de Cristo, para investigá-la e compreendê-la com mais profundidade, para melhor

---

23. Baseio-me nas definições de *sensus fidei* e *sensus fidelium* assumidas pela Comissão Teológica Internacional: "usamos o termo *sensus fidei fidelis* para se referir à capacidade pessoal do crente de fazer um discernimento justo em matéria de fé, e o de *sensus fidei fidelium* para se referir ao instinto de fé da própria Igreja. Dependendo do contexto, *sensus fidei* irá referir-se a um ou a outro sentido, e, para o segundo significado, será utilizado também o termo de *sensus fidelium*" (COMISSÃO TEOLÓGICA INTERNACIONAL, *O sensus fidei na vida da Igreja* [2011-2014], n. 3).

24. Cf. ANELLI, F., *Teologia del popolo. Radici, interpreti, profilo*, Bologna, EDB, 2019, 13-14.

25. CONFERENCIA EPISCOPAL ARGENTINA, *Documento de San Miguel: declaración del episcopado argentino sobre la adaptación a la realidad actual del país, de las conclusiones de la II Conferencia General del Episcopado Latinoamericano (Medellín)*, IV-5 (tradução nossa).

expressá-la na celebração litúrgica e na vida da multiforme comunidade dos fiéis[26].

A Teologia do Povo, impulsionada nos anos de 1960 pela valorização conciliar de um novo paradigma teológico[27] (baseado na análise histórico-cultural empregada de modo particular na *Gaudium et Spes*) e de um análogo método (o indutivo[28]) e, da mesma forma, estimulada pelas Conferências de Medellín e São Miguel[29], era conhecida apenas por alguns especialistas. Porém, desde a eleição do atual pontífice em 2013 (o primeiro a ser ordenado sacerdote após o Concílio Vaticano II), esse cenário mudou com o crescente interesse pela fonte argentina da Teologia da Libertação[30].

---

26. Ibid., VI-5 (tradução nossa); cf. INSERO, W., *Il popolo secondo Francesco. Una rilettura ecclesiologica*, Città del Vaticano, Libreria Editrice Vaticana, 2018, 85-87.

27. De acordo com a sugestão de Scannone, adoto, aqui e nas considerações vindouras, a definição de paradigma pensada por Thomas S. Kuhn, a qual é referida, originalmente, ao campo das ciências: "considero 'paradigmas' as realizações científicas universalmente reconhecidas que, durante algum tempo, fornecem problemas e soluções modelares para uma comunidade de praticantes de uma ciência" (KUHN, T. S., *A estrutura das revoluções científicas*, São Paulo, Perspectiva, 1998, 13).

28. Embora a assunção do método indutivo – sintetizado nas etapas do *ver*, *julgar* e *agir* – seja uma característica marcante do Concílio Vaticano II, a sua aplicação é manifestamente perceptível na Constituição Pastoral *Gaudium et Spes* e nos documentos do Magistério Social, particularmente, a partir de João XXIII. Quanto às particularidades basilares dos métodos dedutivo e indutivo, explica Palladino: "enquanto, de fato, o *método dedutivo* penetra na realidade histórica os princípios cristãos, pretendendo adaptar a primeira a esses últimos, o *método indutivo* parte do pressuposto que existam, de tempos em tempos e mesmo no interior das situações da vida, aspectos, características, elementos a serem colhidos e colocados em evidência que possam ajudar a interpretar a realidade, para avaliar o seu grau de separação em relação aos princípios evangélicos e, enfim, por meio dessa análise, se possa empreender uma ação concreta que tenha como objetivo final o 'impulso' da história da humanidade em direção à sua realização no Reino de Deus" (PALLADINO, E., *Laici e società contemporanea. Metodo e bilancio a cinquant'anni dal concilio*, Assisi, Citadella Editrice, 2013, 104 – tradução nossa; cf. ibid., 113, 116, 134-135, 147; TOSO, M., *Dimensione sociale della fede. Sintesi aggiornata di Dottrina Sociale della Chiesa*, Roma, LAS, 2021, 63-64).

29. Cf. SCANNONE, J. C., *La teologia del popolo. Radici teologiche di papa Francesco*, Brescia, Queriniana, 2019, 7-8, 13, 135-138; IVEREIGH, *Francisco, o grande reformador*, 135-136; INSERO, *Il popolo secondo Francesco*, 81-82.

30. Cf. SCANNONE, *La teologia del popolo*, 5-6, 30.

a. O povo como sujeito da história e da cultura

O termo *povo* para os teólogos argentinos da libertação é uma categoria histórico-cultural. Por isso, o povo "é um sujeito comunitário de uma história e de uma cultura"[31] e não um sujeito histórico-cultural genérico. Um povo é "uma pluralidade de indivíduos, uma multidão reduzida à unidade: unificada e (relativamente) totalizada"[32], pois embora autônomo e autoderminado, ele é um particular em meio à universalidade dos povos. A justa tensão entre universal e particular evita o nacionalismo com pretensões universais e o universalismo aviltador das realidades nacionais[33].

A noção de *história*, da qual o povo é sujeito comunitário, encerra as experiências comuns vivenciadas, a consciência (memória) coletiva de pertença mútua e a existência de um projeto (tácito ou não) assumido pela coletividade com vistas a um destino ou bem comum. A ideia de *cultura*, da qual o povo também é sujeito coletivo, diz respeito à criação, defesa, difusão e compartilhamento de um estilo de vida radicado num núcleo de sentido último (constituído por símbolos, valores, costumes e práticas) e num conjunto de estruturas e instituições políticas, econômicas e jurídicas[34].

As definições apresentadas até o momento podem ser condensadas num conceito muito caro à Teologia do Povo: *povo-nação*. Esse conceito não evoca inicialmente a especificidade territorial ou racial, mas a unidade plural derivada de uma cultura compartilhada no interior de um processo histórico determinado. Além disso, essa concep-

---
31. Id., La teología de la liberación, 277 (tradução nossa).
32. GERA, L., *La religione del popolo. Chiesa, teologia e liberazione in America Latina*, Bologna, EDB, 2015, 27 (tradução nossa).
33. Cf. ibid., 28.
34. Cf. SCANNONE, La teologia del popolo, 62, 92, 95; id., La teología de la liberación, 277-278.

ção há como ponto unificador a vontade ou a decisão política de estar junto, de autodeterminar-se e de organizar-se, tendo em vista a consecução de um bem comum. Desse modo, *povo-nação* "é um conceito substancialmente cultural-político"[35].

A preferência pela categoria *povo-nação* não deve ser considerada como um menosprezo à categoria *classe*, valorizada, predominantemente, pela análise marxista. O termo *povo*, porém, entendido como *classe*, suscita, em primeiro lugar, a ideia de estratificação social, de acordo com as condições econômicas, educativas e políticas responsáveis pelo ranqueamento e grau de prestígio. Nessa acepção, o vocábulo *povo* evoca, normalmente, a existência de setores mais humildes ou populares (a grande massa) diametralmente opostos às classes mais abastadas ou elitizadas.

A Teologia do Povo refuta a consideração exclusiva do *povo* como *classe*. Contudo, ao agregar a categoria de classe à análise histórico-cultural e histórico-política (marcos referenciais preeminentes), ela não problematiza a existência das classes sociais em si mesmas, mas o elitismo opressor e excludente. Para além da complexidade semântica do termo *povo* e das variegadas concepções de pertença a ele, é inadmissível a postura de grupos "antipovo" que, ao subjugarem os outros, rompem a unidade do *povo-nação* com a pretensão de serem os únicos a representá-lo[36].

Precisamente por isso, para os teólogos argentinos da libertação, os setores mais simples ou populares da sociedade (constituídos pelos pobres e trabalhadores) representam o eixo central da categoria *povo-nação*. Essa parcela significativa do povo, diante das forças de dominação, opressão

---

35. GERA, *La religione del popolo*, 29 (tradução nossa); cf. ibid., 34; SCANNONE, *La teologia del popolo*, 15, 33.

36. Cf. GERA, *La religione del popolo*, 32-33, 35, 84; SCANNONE, *La teologia del popolo*, 34, 96.

e dependência, é capaz de resistir e de preservar valores comunitários importantes (sobretudo os de matriz cristã) para a unidade cultural e política. Ela é mais sensível à solidariedade e à luta esperançosa pela libertação porque sofre na própria pele os efeitos da injustiça e da exclusão. No entanto, não é a pobreza socioeconômica *per se* a propiciar a manutenção da unidade ética, histórica e cultural de um povo, mas a condição ontológica dos pobres e humildes. Porque não dispõem das seguranças e privilégios oriundos do poder político, econômico e científico, eles preservam a simplicidade própria dos pobres em espírito, em conformidade com as bem-aventuranças evangélicas. Esse tipo de pobreza, encarnada na concretude da vida social, afugenta a autossuficiência e nutre a abertura a Deus e à universalidade humana (um humanismo conatural)[37].

Tendo por base as definições analisadas, é conveniente realizar um último esclarecimento a respeito dos riscos inerentes à escolha das perspectivas em jogo: a histórico-cultural e a socioestrutural. Como mencionado, a primeira perspectiva foi assumida e desenvolvida prevalentemente pelos teólogos argentinos, não obstante a utilização criteriosa do conceito de classe em suas reflexões. A segunda perspectiva foi assumida irrestritamente pela análise marxista e por outras correntes da Teologia da Libertação. Sinteticamente, explica Scannone:

> O risco dessa última conceituação [histórico-cultural] é a sua possível manipulação "populista", que a utiliza como

---

[37]. Cf. SCANNONE, *La teologia del popolo*, 17, 62-63, 75; id., *La teología de la liberación*, 278. A respeito do sentido evangélico da pobreza, observa o Documento de São Miguel: "não é pobre quem se sente superior, seguro e forte. A verdadeira pobreza experimenta uma profunda necessidade de Deus e dos outros. Não é pobre quem sente orgulho da sua pobreza e faz ostensiva manifestação dela" (CONFERÊNCIA EPISCOPAL ARGENTINA, *Documento de San Miguel*, III – Introdução – tradução nossa).

máscara de um projeto de desenvolvimento nacional, mas não popular, sob a hegemonia da burguesia nacional, reduzindo a participação efetiva e o protagonismo histórico das maiorias. O perigo da outra conceitualização [socioestrutural] é, ao contrário, a sua possível manipulação ideológica classista, a partir de uma perspectiva que reduz a sociedade e a história à dialética de luta de classe, deixando na penumbra a unidade ética, histórica, cultural e política da nação[38].

b. A religiosidade popular

Como visto, a noção de cultura ou *ethos* cultural compreende um núcleo de sentido vital configurado por símbolos, valores, costumes e práticas. No contexto latino-americano, esse núcleo ético-antropológico é historicamente assinalado pela cultura e pela fé cristã, mormente a católica. A religiosidade popular, considerada como elemento nuclear da cultura, não concerne apenas à relação do homem com Deus, mas envolve, igualmente, uma percepção antropológica e sociológica (relação dos homens entre si). Nesse sentido, ela informa e transforma a cultura desde o seu interior[39].

A religiosidade popular, de acordo com os teólogos argentinos da libertação, é um lugar hermenêutico privilegiado para a compreensão dos valores, conflitos, anseios, lutas e esperanças que configuram o modo de pensar e de viver de um povo. Além de oportunizar a reinterpretação histórica do *sensus fidelium* (sobretudo do processo de evangelização), a inserção nesse lugar hermenêutico, onde se encontra a prática ou vivência religiosa, engendra um gênero de reflexão teológica e de ação pastoral particularmente inculturado[40].

---

38. SCANNONE, *La teologia del popolo*, 66-67 (tradução nossa); cf. ibid., 96.
39. Cf. ibid., 89-91, 99.
40. Cf. LUCIANI, R., *El Papa Francisco y la teología del pueblo*, Madrid, PPC, 2016, 43-44, 111; SCANNONE, *La teologia del popolo*, 47.

Contudo, a religiosidade popular, mais que lugar hermenêutico, é valorizada pela Teologia do Povo como lugar teológico, não no sentido constitutivo, como no caso da Sagrada Escritura e da Tradição, mas como fonte declarativa da Revelação. Na atualidade, essa entonação epistemológica é reafirmada pelo Magistério do Papa Francisco, principalmente quando se refere à piedade popular: "as expressões da piedade popular têm muito que nos ensinar e, para quem as sabe ler, são um *lugar teológico* a que devemos prestar atenção particularmente na hora de pensar a nova evangelização"[41].

A religiosidade popular corrobora um tipo de sabedoria ou conhecimento irredutível à razão empírico-instrumental. Scannone, ao referir-se às culturas nacionais, baseia-se em Paul Ricoeur para inaugurar outro termo correlacionado com o ético-antropológico: o ético-mítico. Diz-se ético "porque implica valores" e mítico porque envolve um tipo de expressão eminentemente "simbólica"[42]. Destarte, inicialmente, não se intenta reduzir o fenômeno cultural, religioso e sapiencial a conceitos, mas acolher a sua verdade metaforicamente simbolizada[43]. De acordo com Luciani:

> A cultura popular não se baseia nesse esquema da religião formal, mas na relação com Deus que se manifesta na e através da cotidianidade complexa [...] de cada pessoa, tan-

---

41. FRANCISCO, *Evangelii gaudium*, n. 126; cf. ibid., nn. 122-125; LUCIANI, *El Papa Francisco y la teología del pueblo*, 45-46; SCANNONE, *La teologia del popolo*, 48, 50, 82-83; ANELLI, *Teologia del popolo*, 15-16.
42. SCANNONE, *La teologia del popolo*, 34 (tradução nossa).
43. Cf. ibid., 70, 76, 86; NARVAJA, J. L., Un avvicinamento alla comprensione dell'immagine "mitica" di popolo: Bergoglio, Guardini e Dostoevskij, in: MANDREOLI, F. (org.), *La Teologia di Papa Francesco*, 15-17. De acordo com Rusconi, "o termo 'mito' se refere [...] a uma narrativa que tem sua própria coerência e consistência interna, que naturalmente não pode escapar de uma avaliação. Nesse sentido específico, pode-se falar também de 'racionalidade' ou 'lógica' do mito, sem ignorar as suas incongruências ou aporias internas" (RUSCONI, *La teologia narrativa di papa Francesco*, 147 – tradução nossa; cf. ibid., 150, 151).

to no secular como no íntimo, ou em gestos e fórmulas simbólico-míticas mais que no rito repetitivo ou monótono carente de ritmo, feito de autêntico silêncio. No povo, no âmbito do popular, ocorre um verdadeiro encontro entre a fé e a cultura, uma fé cotidiana e pessoalizada, mais que privada e intimista[44].

Consentir a existência de um *ethos* cultural fortemente influenciado pelo cristianismo não significa defender uma unicidade religiosa contrária às expressões plurais, como se a identidade cristã ou católica fosse condição *sine qua non* para pertencer ao povo. Também não significa que o processo de evangelização de outrora não necessite de um constante aprofundamento reavivador e depurativo. Não obstante, é inegável o fato de a religiosidade popular cristã possuir uma capacidade evangelizadora e libertadora própria, proveniente do dinamismo da fé encarnada na vida cotidiana[45].

A condição ontológica dos mais simples e pobres, comentada em precedência, torna-se ainda mais evidente quando se considera a religiosidade e o sentido de fé de um povo. Os últimos, com sua sabedoria, resiliência e habilidade para radicar a fé na vida são mais propensos a realizar a indispensável união entre fé e política, entre fé e justiça social. Concebê-los como povo significa "descobrir e reconhecer que eles portam um *ethos* cultural próprio, cuja alma ou coração religioso aposta sempre na esperança, mesmo nas experiências-limite e na privação material em que vivem"[46].

c. O método teológico segundo a Teologia do Povo

Ao apresentar a Teologia do Povo como corrente da Teologia da Libertação, Scannone refere-se respeitosa-

---

44. LUCIANI, *El Papa Francisco y la teología del pueblo*, 98-99 (tradução nossa).
45. Cf. SCANNONE, *La teologia del popolo*, 14, 18, 100.
46. LUCIANI, *El Papa Francisco y la teología del pueblo*, 32 (tradução nossa); cf. SCANNONE, *La teologia del popolo*, 79.

mente a Gutiérrez, reconhecendo o aspecto pioneiro da sua produção teológica. Isso não o impede de criticar, com verdadeira caridade intelectual[47], alguns pontos específicos, como a orientação metodológica abraçada pela maioria dos teólogos alinhados à corrente de Gutiérrez. Sem dúvida, as ponderações de Scannone e de outros teólogos argentinos oferecem significativas contribuições para a reinterpretação de certas categorias caras à Teologia da Libertação[48].

Sobre a articulação teológico-sapiencial

O parecer de Scannone sobre o ponto de partida da reflexão teológica apresenta-se em perfeita sintonia com a posição de Gutiérrez, para quem a *fé*, expressa em oração e compromisso, é o primeiro momento da Teologia[49]. Deveras, Scannone ratifica e elucida o pensamento do teólogo peruano ao negar decisivamente as verdades da fé (enquanto fonte de luz para a reflexão) e a práxis de libertação (enquanto *locus* e objeto de reflexão) como "pontos de arranque" da Teologia da Libertação. Para ele, o verdadeiro ponto de partida da reflexão teológica é uma palavra prévia e interpelante a ser acolhida na fé: a palavra dos pobres e oprimidos[50].

---
47. Cf. SCANNONE, La teología de la liberación, 287.
48. A presente seção não representa uma mera repetição daquilo que foi tratado no primeiro capítulo, especificamente na seção 2.2, capítulo 1. Naquele momento, apresentamos a crítica dos princípios epistemológicos da Teologia da Libertação realizada por Jung Mo Sung, no quadro do seu pensamento teológico-moral e econômico. Embora o *método teológico* em questão seja o mesmo, para a descrição e a análise da Teologia Moral e do pensamento socioeconômico do Papa Francisco, é imprescindível a retomada do tema, a fim de se assinalar, com precisão, as particularidades teórico-práticas atinentes à Teologia do Povo, conforme mencionado na nota de rodapé 14 do capítulo precedente e na breve introdução da qual faz parte a corrente nota.
49. Cf. GUTIÉRREZ, Guardare lontano, 30, 32.
50. Cf. SCANNONE, La teología de la liberación, 263-264.

Por esse motivo, tal palavra, tantas vezes emudecida, não possui apenas um caráter histórico, ético, político ou socioeconômico, mas um sentido notadamente teologal. A práxis libertadora, movida pela caridade, nada mais é que uma experiência espiritual vivenciada pelos cristãos quando acolhem, na fé, a interpelação dos pobres e oprimidos entendida como um "chamado do Senhor"[51]. Contudo, o ponto de partida da Teologia da Libertação, além do seu aspecto responsorial e experiencial, é também teórico em virtude de a resposta ao apelo teologal envolver um conhecimento pré-científico "radicalmente verdadeiro"[52].

Porque o povo é sujeito coletivo de sua história e de sua cultura, é igualmente produtor de uma sabedoria particular: a carismático-sapiencial. Quando o *ethos* cultural é evangelizado, a sabedoria humano-cristã originada no meio do povo respalda a articulação sapiencial da Teologia na sua condição de etapa espontânea e primária, imediatamente anterior à reflexão teológico-científica. A sabedoria popular cristã concerne a um tipo de conhecimento contemplativo e intuitivo, cuja inteligência (racionalidade) e discurso (*logos*) configuram-se em modo próprio, ou seja, mítico-ético[53].

A sabedoria popular, arraigada na história e na cultura, oferece à Teologia um novo horizonte de compreensão. A partir desse lugar hermenêutico-teológico, é possível acolher a racionalidade sapiencial e, com o seu auxílio, conhecer a realidade e o *modus vivendi* do povo. O sentido teologal desse *logos*, tomado como chave hermenêutica, está no fato de ele firmar-se na Palavra de Deus crida e vivida pelo povo, sob a ação do Espírito. Dessa forma, a leitura da realidade,

---

51. Id., El método de la teología de la liberación, *Theologica Xaveriana*, n. 73 (1984) 369-399, 376 (tradução nossa); cf. ibid., 375.
52. Id., *La teología de la liberación*, 265 (tradução nossa).
53. Cf. id., *La teologia del popolo*, 64, 73, 75, 113-115, 120-121, 123; GERA, *La religione del popolo*, 72-73.

perpassada pela contemplação, oração e ação libertadora, realiza-se plenamente à luz da fé do povo e do teólogo[54].

Os povos dominados não são vítimas passivas da injustiça; amparados pelo conhecimento carismático-sapiencial, erigido à luz da fé, são capazes de perceber os mecanismos da opressão e de projetar o próprio processo de libertação. Na opinião de Gera, tais povos "percebem [a dominação] porque começam a suspeitar"; na verdade, eles são "os 'mestres da suspeita'"[55]. Isso significa que o projeto de libertação não precisa ser pensado primeiramente pelas elites religiosas (hierarquia eclesial e teólogos) e socioculturais e, depois, entregue ao povo. Diversamente, como nota o teólogo argentino,

> seria imaginar que as elites, tanto culturais como eclesiais, tirem do próprio povo o projeto histórico, que depois de ter sido esclarecido, estruturado e articulado segundo a ciência própria das elites, é devolvido ao mesmo povo, estabelecendo assim um diálogo fecundo entre a elite e o povo[56].

Nessa perspectiva, cabe à Igreja, em respeito à sabedoria e às experiências das comunidades locais, acolher, orientar e remodelar, em conjunto, o projeto proposto pelas bases. Em vista disso, torna-se inaceitável a postura antidialógica – assumida por certos grupos "iluminados" da elite teológica e sociocultural – responsável pela disseminação de teorias e ideologias não acordadas com o *sensus fidelium* e a consciência do povo. Em suma, é sempre rejeitável a imposição de propostas alheias às necessidades reais de um povo, bem como o aniquilamento do seu protagonismo[57].

---

54. Cf. SCANNONE, *La teologia del popolo*, 71, 83, 124-125; id., El método de la teología de la liberación, 370-371, 378, 380.
55. GERA, *La religione del popolo*, 78 (tradução nossa); cf. ibid., 79.
56. Ibid., 86-87 (tradução nossa).
57. Cf. ibid., 87, 122-123. No âmbito educativo, essa preocupação encontra-se presente no conceito de *educação bancária* cunhada pelo pedagogo brasileiro Paulo Freire. No seu célebre livro *Pedagogia do oprimido*, escrito no final dos anos

O reconhecimento da sensibilidade sapiencial do povo como mediação para a compreensão da realidade (etapa *ver* do método indutivo) e para a inculturação da reflexão teológica não dispensa o papel mediador e analítico das ciências. O *ver*, embora valorize e acolha a dimensão teologal subsumida na racionalidade carismático-sapiencial, enreda as dimensões ético-antropológica e histórica, colocando em jogo as ciências humanas e sociais (critérios histórico-políticos), a filosofia (critérios éticos) e, por fim, a própria Teologia (critérios teológicos à luz da Revelação e da Tradição)[58].

A passagem da articulação teológico-sapiencial à articulação científica ocorre mediante uma ruptura metodológica: de um discurso teológico-religioso espontâneo, acompanhado da cientificidade das mediações histórica, ética, antropológica e social, passa-se a um discurso qualificado pela sistematicidade crítica informada por parâmetros metodológico-científicos tipicamente teológicos. A articulação científica, ao assumir como mediação a sabedoria (teologal) popular e o aporte das ciências humanas e sociais, estabelece uma relação de continuidade com respeito à articulação sapiencial[59].

Todavia, entre as duas articulações teológicas não ocorre uma relação própria e unicamente linear, mas uma circularidade hermenêutica, visto que a articulação cientí-

---

de 1960, ele apresenta esse conceito nos seguintes termos: "a narração, de que o educador é o sujeito, conduz os educandos à memorização mecânica do conteúdo narrado. Mais ainda, a narração os transforma em 'vasilhas', em recipientes a serem 'enchidos' pelo educador. Quanto mais vá 'enchendo' os recipientes com seus 'depósitos', tanto melhor educador será. Quanto mais se deixem docilmente 'encher', tanto melhores educandos serão" (FREIRE, P., *Pedagogia do oprimido*, São Paulo, Paz e Terra, 2005, 66).

58. Cf. SCANNONE, El método de la teología de la liberación, 373-374; id., *La teologia del popolo*, 25, 52, 139.

59. Cf. SCANNONE, El método de la teología de la liberación, 376, 378-379, 381, 383, 388; id., *La teologia del popolo*, 126, 128.

fica (segunda fase), após integrar a articulação sapiencial (primeira fase) na elaboração do seu discurso, coloca-se a serviço da inteligência da fé e da práxis do povo, com o propósito de animá-las. Se, por um lado, intenta-se a releitura da Revelação com base na realidade histórica e sociocultural de um povo, por outro, essa mesma realidade pode e deve ser relida, teologicamente, à luz da Revelação[60].

Sobre a mediação analítica

A corrente argentina da Teologia da Libertação, por entender o povo como sujeito da história e da cultura e a sua religiosidade como lugar hermenêutico-teológico, privilegia a análise sociocultural, sem negar a validade de certos elementos da análise socioestrutural. No processo de compreensão da realidade de um povo (*ver*), a escolha da mediação analítica acompanha a premissa sociocultural, sendo privilegiadas as ciências endereçadas à verificação crítica dos aspectos histórico-culturais, religiosos e poético-simbólicos, como é o caso, por exemplo, da história e da antropologia[61].

Em meados da década de 1980, ao analisar o método adotado pela Teologia da Libertação, Scannone questiona o posicionamento de Clodovis Boff quanto à interação entre a mediação socioanalítica (com ênfase mais sociológica) e a articulação teológico-científica, já que, no entender do teólogo brasileiro, o resultado da investigação socioanalítica deveria ser literalmente assumido – na qualidade de objeto material – pela reflexão científica realizada à luz da fé (objeto formal). O ponto nevrálgico do questionamento de Scannone está na depreciação da articulação sapiencial diante do trabalho interpretativo das ciências sociais.

---

60. Cf. id., El método de la teología de la liberación, 379, 391; id., *La teologia del popolo*, 79-80, 82, 116-117.
61. Cf. id., *La teologia del popolo*, 63, 70, 81.

A sobrevalorização da mediação socioanalítica provoca, na opinião de Scannone, o negligenciamento da percepção sapiencial do povo, da qual participa a experiência da fé. Como visto, essa última não é um simples dado cultural ou antropológico-religioso, mas um componente determinante no modo de atribuir sentido à existência e de compreender a realidade, a partir da Palavra de Deus acolhida, crida e vivenciada pelo povo. Justamente por isso, a recepção das diversas mediações (especialmente a filosófica) e da racionalidade carismático-sapiencial deve ocorrer de maneira conjunta no momento da articulação teológico-científica[62].

Nesse ponto, é possível aproximar a crítica de Scannone e a de Sung, examinada no primeiro capítulo (seção 2.2.b). Na verdade, a dificuldade para integrar as etapas do *ver* e do *julgar* seria resolvida com o explícito reconhecimento dos critérios evangélicos – e, assim, da sabedoria popular onde estão encarnados – na articulação sapiencial (*ver*), ao lado das mediações analíticas[63]. Destarte, tanto a sobreposição de juízos aventada por Sung, quanto a problemática da neutralidade ético-moral das ciências sociais, pensada por Clodovis Boff, seriam, em grande parte, dirimidas.

Outro elemento metodológico criticado por Scannone e pelos teólogos argentinos da libertação é a adoção das teorias marxistas como mediação analítica. A recusa do marxismo remonta à influência dos teólogos da Universidade de Tubinga (do início do século XIX) na formação de Gera – um dos pioneiros da Teologia do Povo –, quando, nos anos de 1950, encontrava-se na Alemanha como doutorando em Teologia (Universidade de Bonn). Contudo, não é menos relevante o fato de os teólogos de Tubinga

---

62. Cf. SCANNONE, El método de la teología de la liberación, 374-375, 385-389.
63. Cf. GERA, *La religione del popolo*, 105-106.

portarem em sua bagagem cultural o influxo da filosofia nacionalista romântica.

Filósofos e pensadores como Johann G. Herder (1744-1803), Johann Wolfgang Goethe (1749-1832) e Karl Christian F. Krause (1781-1832) refutavam a imitação, por parte da elite governativa local, dos modelos culturais franceses e ingleses, em detrimento da cultura popular alemã. Ante a ameaça de alienação causada pelas políticas econômicas liberais-iluministas, perfilharam uma filosofia atenta à promoção de princípios direcionados ao fortalecimento da cultura popular, tais como a solidariedade comunitária, o patriotismo e o nacionalismo[64].

Na leitura dos nacionalistas românticos, o pensamento de Marx representava a outra face do racionalismo iluminista, dada a natureza tendencialmente absolutista e violenta das suas teorias e estratégias destinadas à transformação sociopolítica. Para eles, o ideário marxista impunha-se como imperativo pedagógico voltado à educação dos mais pobres, a fim de que pudessem decifrar a própria situação de opressão e os mecanismos da cultura dominante. Com tal imposição, os grandes temas relativos à cultura e à tradição popular perdiam espaço e valor[65].

Em estreita sintonia com a inclinação teológica de Gera, Scannone, ao sumariar a posição dos teólogos argentinos, aponta a ideologização como um dos principais riscos na assunção das teorias marxistas. Na mesma senda de Sung, critica a sobrevalorização cientificista da análise marxista, objetando a nítida separação entre os pressupostos científicos e filosóficos. Reafirma a preocupação com a tendên-

---

64. Cf. WHELAN, G., Il metodo teologico e pastorale di Papa Francesco, in: MANDREOLI, F. (org.), *La Teologia di Papa Francesco*, 99-101; KASPER, *Papa Francisco*, 29-32.

65. Cf. WHELAN, Il metodo teologico e pastorale di Papa Francesco, 98, 102; SCANNONE, *La teologia del popolo*, 14, 59; IVEREIGH, *Francisco, o grande reformador*, 154-156.

cia totalitária e violenta do marxismo, sobretudo quando a ideia de luta de classes (segundo os cânones do materialismo histórico) adentra o ambiente e as práticas eclesiais.

O teólogo argentino não nega a possibilidade duma releitura ou remodelação do método marxista, tendo-se por base um "horizonte de compreensão humano-radical"[66]. Porém, independentemente da existência de um substrato sensível às verdades da fé cristã e às experiências histórico-culturais de um povo, a tarefa de releitura pertence, num primeiro momento, às ciências sociais. Dada a inconveniência e a impossibilidade de controlar o andamento desse processo, a Teologia é chamada a assumir análises interpretativas congruentes com a visão cristã de homem e de sociedade[67].

1.2. A oposição polar de Romano Guardini

O pensamento dialético do Papa Francisco tem suas origens na espiritualidade inaciana, cujos traços antitéticos podem ser imediatamente identificados, por exemplo, nas máximas *"non coerceri a maximo, contineri tamen a minimo, divinum est"*[68] e *"Deus semper maior"*[69]. Contudo, após a

---

66. SCANNONE, El método de la teología de la liberación, 392 (tradução nossa).

67. Cf. ibid., 393-394; id., *La teologia del popolo*, 67-68, 114.

68. "É divino não se deixar coagir pelas coisas grandes (não temer ou se assustar diante do grandioso) e, no entanto, deixar-se conter nas menores (ater-se às coisas menores)". A tensão espiritual vivida entre os limites do pequeno e do grande requer o constante discernimento para a apreensão da vontade ou sentir de Deus. A virtude da magnanimidade implica viver voltado ou imerso no grande sem descurar as coisas pequenas. Inversamente, quando se vive voltado ou imerso no pequeno, o grande permanece como horizonte orientador (cf. PAPA FRANCESCO; BERGOGLIO, J. M., Condurre nelle grandi e nelle piccole circostanze, in: GALLO, M. [ed.], *Papa Francesco – Jorge Mario Bergoglio. Pastorale sociale*, Milano, Jaca Book, 2015, 263, 265-266, 268-269; BORGHESI, *Jorge Mario Bergoglio*, 36-38).

69. O discernimento espiritual é um sinal da livre abertura à participação de Deus (sempre maior) nos projetos e processos humanos. Como revela o mistério da encarnação, a despeito da sua imensidão, ele se preocupa com a humanidade

imersão na espiritualidade e pensamento jesuítico[70], a percepção dialética de Bergoglio foi ratificada e aprofundada com o estudo da teoria polar de Romano Guardini (1885-1968), em meados dos anos de 1980[71]. Numa entrevista, ao opinar sobre a tensão política, o agora pontífice declara:

> Guardini, no meu entender, é o homem que entendeu tudo; explica-o em particular no seu livro *Der Gegensatz* [...]. Trata-se do primeiro livro que escreveu sobre a metafísica, em 1923[72], e, também no meu entender, é a sua obra mais importante. Nela expõe o que podemos chamar de sua "filosofia da política"; [...] na base de toda política há a persuasão e a proximidade[73].

---

a ponto de se fazer um em meio a ela (aqui o grande – a transcendência divina – e o pequeno – a imanência – se encontram dialeticamente, segundo a lógica da máxima anteriormente mencionada). As experiências dialéticas vividas na perspectiva espiritual do *magis* (a tensão entre a graça divina superabundante e a liberdade do crente) possuem o seu ponto de "síntese" (reconciliação dos opostos) numa realidade superior: o Deus sempre presente na história e, ao mesmo tempo, maior que todas as capacidades e iniciativas humanas (cf. BERGOGLIO, J. M.; PAPA FRANCESCO, N*el cuore di ogni padre. Alle radici della mia spiritualità*, Milano, Rizzoli, 2016, 28-30; PAPA FRANCESCO – BERGOGLIO, Condurre nelle grandi e nelle piccole circostanze, 266-267; BORGHESI, *Jorge Mario Bergoglio*, 83, 89; COZZI, A verdade de Deus e do homem em Cristo, 48-50, 55-58, 61; MANDREOLI, Un approfondimento sull'orizzonte e su alcune radici "europee" della teologia di Papa Francesco, 44-45, 47, 49, 57; WHELAN, Il metodo teologico e pastorale di Papa Francesco, 91-92).

70. No segundo capítulo da sua biografia, Borghesi apresenta pontualmente a influência de três jesuítas na formação do pensamento dialético de Bergoglio: Erich Przywara, Henri de Lubac e Gaston Fessard. No entanto, já na introdução e no primeiro capítulo, além de se referir a esses jesuítas, o autor destaca a importância fontal dos exercícios espirituais inacianos (cf. BORGHESI, *Jorge Mario Bergoglio*, 23, 39-40, 44-45, 47, 69, 89-103).

71. Cf. ibid., 26, 56, 68, 86, 88, 92, 94, 107, 117, 119, 121, 136, 142; CÁMARA, J.; PFAFFEN, S., *Gli anni oscuri di Bergoglio. Una storia sorprendente*, Milano, Àncora, 2016, 115, 155, 184-185; KASPER, *Papa Francisco*, 34-35; IVEREIGH, *Francisco, o grande reformador*, 260-261, 265-266, 319; SCANNONE, *La teologia del popolo*, 205-206.

72. Embora não invalide a originalidade da argumentação, nesse ponto Papa Francisco se equivoca em relação ao ano de publicação do livro: o correto é 1925 e não 1923.

73. WOLTON, *Papa Francesco con Dominique Wolton*, 28-29 (tradução nossa).

A obra de Guardini sobre a oposição polar, publicada em 1925[74], é o resultado de mais de 20 anos de reflexão, considerado o processo de elaboração dum ensaio de 1914, intitulado: *Oposição e opostos polares: esboço de um sistema da teoria dos tipos*. Inicialmente, o propósito do autor era a formulação de uma teoria do caráter, destinada à tipificação dos processos psíquicos. A partir de 1913-1914, ao extrapolar a análise psicológica (de cunho ontológico-metafísico), dedica-se inteiramente à teoria da oposição polar, tendo por base a tensão entre ideação e realidade vivida[75].

a. A vida como experiência concreta

O ponto de partida da teoria polar de Guardini é a vida humana, o vivente concreto, ou ainda, é o viver humano na sua complexidade e particularidade, fenomenologicamente manifestado nas dimensões anatômico-fisiológica, emotiva, intelectual, volitiva e social. Para o teólogo ítalo-germânico, o termo *vida* não possui um valor universal ou genérico, embora não desconsidere os outros tipos de vida e a relação do ser humano com esses. A sua intenção é pensar o sistema dos opostos a partir daquilo que pode ser diretamente experimentado[76], como observa Gerl-Falkovitz:

> Guardini procura deixar de lado a palavra "dialética", o quanto possível, e delimitar o fenômeno da sua universalidade teorética à vida humana: manifestamente para manter o terreno da experiência sob os seus pés e os do leitor[77].

---

74. Cf. GUARDINI, R., *L'opposizione polare: saggio per una filosofia del concreto vivente*, Brescia Morcelliana, 1997.

75. Cf. BORGHESI, M., *Romano Guardini. Antinomia della vita e conoscenza affettiva*, Milano, Jaca Book, 2018, 37, 40-41, 53, 58; GERL-FALKOVITZ, H., *Romano Guardini. La vita e l'opera*, Brescia, Morcelliana, 2018, 303-304, 309-310, 314.

76. Cf. GUARDINI, *L'opposizione polare*, 29, 141-142, 146-147.

77. GERL, H., Vita che regge alla tensione. La dottrina di Romano Guardini sull'opposizione polare, in: GUARDINI, R., *L'opposizione polare*, 225 (tradução nossa); cf. id., *Romano Guardini*, 312.

A vida humana, caracterizada pela reciprocidade entre corpóreo e espiritual, pelos graus diferenciados de profundidade atinentes às relações entre o imediatamente experimentável e o propriamente intrínseco (onde se encontra um último ponto de interioridade, dito fontal) e pelo constante devir construtivo (impelido por uma força vital e cadenciado por um senso ordenador), é, em si mesma, unidade[78]. Mas como se explica essa unidade vivente, ou ainda, a unidade entre realidades vitais opostas, aparentemente contraditórias ou irreconciliáveis?

A resposta a esse questionamento encontra-se na ordem de opostos pensada por Guardini, ou ainda, na estrutura esquemática constituída por pares polares organizados no interior de três grupos principais: *intraempírico*, *transempírico* e *transcendental*. Desse agrupamento surgem duas séries de opostos que sintetizam "os dois tipos fundamentais da vida"[79]. Mediante a explicitação desses tipos, a oposição se impõe como "'fenômeno originário' da vida"[80] e não como propriedade acidental do vivente, pois, no fim das contas, a vida é, *per se*, uma união de opostos, isto é, oposição polar.

b. Os opostos intraempíricos

Os opostos *intraempíricos*, como sugere a própria formulação do termo, podem ser experimentados nos âmbi-

---
78. Cf. GUARDINI, *L'opposizione polare*, 13-15, 54-55, 57, 66, 78-79, 90, 143-145, 149.
79. Ibid.,154 (tradução nossa); cf. ibid., 146, 152. Como será esclarecido mais adiante, esses dois tipos fundamentais da vida dizem respeito à dinâmica polar propriamente dita. Nesse sentido, a vida transita entre os polos em oposição, ou ainda, é, ao mesmo tempo, ato e estrutura, plenitude e forma, individualidade e totalidade, produção e disposição, originalidade e regra, imanência e transcendência, semelhança e diferença e, finalmente, unidade e multiplicidade.
80. GERL, *Vita che regge alla tensione*, 221 (tradução nossa); cf. id., *Romano Guardini*, 310, 314.

tos corpóreo e psíquico. O grupo *intraempírico* é composto por três pares polares: *ato-estrutura*, *plenitude-forma* e *individualidade-totalidade*. Como adverte Guardini, muitos conceitos utilizados para explicar esses pares são análogos, embora cada par tenha a sua especificidade e não possa ser reduzido a um outro[81]. Algumas definições utilizadas na apresentação desses primeiros pares, por serem de caráter geral, aplicam-se à totalidade do esquema guardiniano.

Conforme anunciado, *ato* e *estrutura* constituem o primeiro par polar do grupo intraempírico. Por *ato* entende-se que a vida é experimentada como movimento, operação ou processo dinâmico. A parte corpórea do ser humano assim testemunha com suas regulares mutações físico-químicas. Tal experiência também se faz presente no mundo psíquico, no qual um turbilhão de pensamentos, sentimentos, tensões, imagens, desejos e estímulos movem-se e interpenetram-se continuamente. A respeito desse dinamismo existencial, observa Guardini:

> O complexo do nosso viver é sentido como um conjunto de atos e processos: ou fazemos alguma coisa ou alguma coisa se faz em nós. A própria vida é sentida como ato ou processo. Sabemos que estamos vivos na medida em que nos sentimos ativos[82].

Todavia, a vida não é feita só de impulso (energia vital) transformador ou de fluxo contínuo. Ela necessita de um ponto de referência estático (durável) que funcione como contrapartida diretiva do *ato*. Esse momento estático da vida corresponde à *estrutura*, isto é, ao polo oposto ao *ato*. Desse modo, é possível falar de uma *estrutura* físico-corporal com ritmados processos orgânicos e de uma *es-*

---

81. Cf. GUARDINI, *L'opposizione polare*, 42, 53.
82. GUARDINI, *L'opposizione polare*, 34 (tradução nossa); cf. ibid., 30, 33, 35-36.

trutura psíquica interior, ambas com caráter permanente em meio à fluidez temporal. Guardini, reportando-se ao aspecto perdurável da existência, explica:

> Temos, portanto, uma experiência de nós mesmos como alguma coisa que permanece; como identidade quiescente no movimento; como fixidade permanente no fluxo, como imagem de fundo que perdura em cada alteração. Essa é exatamente força e garantia vital: não se alterar, superar a transitoriedade da vida; afirmar-se no fluxo; ser igual a si mesmo na alteração[83].

Da mesma forma que a vida concreta não é determinada unilateralmente pelo puro fluir, também não o é pela pura fixidez. A prevalência de um dos polos (*ato* ou *estrutura*) não significa a sua realização plena nem a eliminação do polo oposto. O dinamismo elevado ao extremo pode gerar desordem e relativismo. Já o excesso de força estruturante pode gerar enrijecimento e conservadorismo. Visto que nos dois extremos a vida é comprometida, faz-se necessária uma integração complementária entre os polos, ou seja, entre as direções existencialmente opostas.

Se, num primeiro momento, a tendência é a expansão do significado essencial de um dos polos – a ponto de renegar o significado do polo oposto –, num segundo momento – quando a vida beira ao absurdo –, o polo prevalente precisa reconhecer e acolher minimamente a presença do polo oposto. Esse "jogo" de exclusão e inclusão é a oposição polar propriamente dita. A oposição não é contradição a ser resolvida numa síntese causadora duma terceira grandeza (nos moldes hegelianos[84]), isto é, não é a constituição dum novo inteiro no qual se misturam os polos anteriormente "beligerantes".

---

83. Ibid., 38-39 (tradução nossa); cf. ibid., 37-38.
84. Cf. BORGHESI, *Jorge Mario Bergoglio*, 90-91, 98-99, 102, 107, 134; id., *Romano Guardini*, 55, 65, 81; GERL-FALKOVITZ, *Romano Guardini*, 306-307.

Na oposição polar, cada parte (polo) mantém a sua configuração conteudística ou significação qualitativa específica. O *ato* permanece sempre ato e não pode derivar nem ser reduzido em *estrutura* e vice-versa. A vida é *ato* e, ao mesmo tempo, *estrutura* numa ligação unitiva em tensão. Como acenado, a manutenção das partes e a simultaneidade dos diversos exigem afinidade e regência mútua. Ambas são garantidas por um salto qualitativo que, ao transpor o confim existente entre os campos de significados opostos, viabiliza a inter-relação polar[85]. Segundo Guardini:

> A vida não é "composta" de ato e de estrutura; não é uma mistura de ambos. E menos ainda um terceiro [estágio], no qual ato e estrutura venham "removidos, resolvidos e elevados" (*aufgehoben*), depois de cada um ter existido para si mesmo. Em vez disso, a vida é aquilo que pode existir somente bipartida nessas duas partes. Mas a mesma vida é alguma coisa de uno, de próprio, é mais do que cada uma das duas partes, mais do que a sua soma; e não pode derivar delas[86].

O segundo par polar do grupo dos opostos intraempíricos é composto pela *plenitude* e pela *forma*. O ser humano é capaz de experimentar-se como *forma* vivente e como força formadora. Tanto a estrutura corpórea quanto a psíquica possuem uma forma. O corpo é figurado em termos formais (há uma forma definida) e a vida psíquica pode formar imagens com base nos seus processos internos (como a imagem que uma pessoa tem de si mesma e revela aos outros, seja ela adequada ou não) e na interação com o ambiente externo, onde o ser manifesta-se e expõe-se aos mais variados estímulos.

O ser humano, ao relacionar-se com o meio externo, não se torna apenas vulnerável, mas por meio das suas es-

---

85. Cf. GUARDINI, *L'opposizione polare*, 28-29, 41-42, 47-48, 53, 88-89, 91.
86. Ibid., 90 (tradução nossa).

truturas (corpórea e psíquica) se projeta como força ou ato formador, o que lhe permite "tomar posse" do seu espaço e, assim, deixar o seu vestígio particular no mundo. Nesse sentido, para retomar a primeira díade polar, a *estrutura* possui uma *forma quiescente* (estrutural) e o *ato*, por sua vez, uma *forma de ação* necessitante de direção, medida e ritmo. Portanto, "a vida é forma, formação, um colher a forma. Intensidade de vida é intensidade de forma"[87].

No entanto, a vida não é só forma nem poderia sê-lo integralmente, sem o risco dum formalismo ou rigidez existencial. Nesse seguimento, a vida demanda, inevitavelmente, o polo oposto à forma, isto é, a *plenitude*. Essa tem a ver com o *quid* ou a *quididade*, uma realidade dinâmica, plástica, essencial, vital, profunda, transbordante e fluida; algo difícil de ser apreendido ou precisado, mas diretamente ligado à abundância do viver, à vitalidade. Entretanto, a vida determinada apenas pela *plenitude* é empurrada para o limite da possibilidade, ou ainda, para o caos informe (pré-realidade).

A *plenitude*, para ser vivente – de acordo com a lógica polar –, precisa de um mínimo de *forma* figurativo-ordenadora, ou ainda, toda plasticidade dinâmica requer, minimamente[88], uma configuração (limitação) estrutural.

---

87. Ibid., 44 (tradução nossa).
88. O advérbio pressupõe a dimensão quantitativa da relação polar. A atenção de Guardini a esse respeito advém da ideia de saturação de significado ou de sentido dos polos opostos. Dado que a saturação totalmente realizada resulta na falência vital, o teólogo define o "lado puro" (impossível de ser pensado e praticado) como grandeza ou valor-limite (valor puro representa, positivamente, a expressão máxima de um significado). Considerado o valor-limite de cada polo, as grandezas máximas e mínimas dos componentes opostos (*ato-estrutura, plenitude-forma, produção-disposição* etc.) variam em proporções diversas. Ainda no campo quantitativo, a situação de equilíbrio perfeito (harmonia estável) é considerada um fenômeno temporário, isto é, um momento (uma passagem) no processo de mudança de direção significativa de um polo a outro. Se duradouro, o equilíbrio causa o fim da tensão opositiva vital (pressão e contrapressão) e, por conseguinte, da própria vida, transformando-se noutro valor-limite. As fluídas variações quantitativas, pertinentes às relações entre os pares polares

Apenas desse modo a vida pode ser experimentada simultaneamente como *forma* e como *plenitude*, porquanto, lógica e ontologicamente, "uma é possível somente na outra, em relação à outra, por meio da outra"[89]. Em síntese, correlacionando os pares polares analisados até agora, é legítimo afirmar que a *plenitude* está para o *ato* e a *forma* para a *estrutura*[90].

O último par polar do grupo *intraempírico* é formado pela *individualidade* e pela *totalidade*. Uma das direções vitais é aquela voltada à *totalidade*. Em primeiro lugar, trata-se do impulso à realização total do ser, à plenitude dos seus atos e da sua forma estrutural. Num segundo momento, essa direção sugere a inserção e a subordinação do individual, do singular ou particular na complexidade estrutural, formal e operativa do todo, do universal ou inteiro. Portanto, a vida vem potencializada e conservada sempre em referência à totalidade do mundo circundante.

Todavia, a vida não pode ser conduzida somente em direção à totalidade sem esbarrar nos limites do possível. Em outras palavras, o extremo da totalidade não pode ser vivenciado por se tratar de um valor-limite. A sua realização provocaria uma vinculação indevida do indivíduo com a totalidade do real, convertendo-o em algo genericamente abstrato; em suma, conduziria a um tipo de adesão carente duma especificação singularizante. Logo, é necessária uma direção diametralmente oposta, voltada à particularização e, assim, à preservação da individualidade.

---

e entre os grupos polares (como será explicado mais adiante), seguem um determinado ritmo. O ritmo regra o tempo, a velocidade e a dinâmica das modificações, determinando (enquanto regra quantitativa) o início, o crescimento, a diminuição e o reiniciar cíclico do fluxo variante (cf. GUARDINI, *L'opposizione polare*, 102-103, 105-106, 108-118, 155-157, 205-206; GERL-FALKOVITZ, *Romano Guardini*, 313-314).

89. GUARDINI, *L'opposizione polare*, 47 (tradução nossa).
90. Cf. ibid., 42-46.

A vida orientada na direção da singularidade coloca em relevo os processos, as estruturas e as ações especificantes, ou seja, ela recolhe-se, intensivamente, no aspecto particular do presente. Nessa perspectiva, a totalidade ou universalidade caracteriza-se como "ambiente, terreno nutritivo para o órgão singular; como plano para o andamento do processo; como ponto de apoio estático ou como fonte dinâmica para o ato individual"[91]. Dito de outro modo, a vida necessita de um mínimo de enraizamento contextual, isto é, de *totalidade* para não desembocar no individualismo[92].

c. Os opostos transempíricos

A existência dos opostos *transempíricos* responde à pergunta: "de que modo, do ponto de vista dos opostos, o exterior e o interior requerem-se e se relacionam"[93]? O grupo *transempírico* está diretamente associado à relação entre a profundidade existencial (ponto de interioridade donde emana a força autoedificante do concreto vivente) e as realidades diretamente experimentáveis[94]. Na teoria polar guardiniana esse segundo grupo de opostos também é composto por três pares polares: *produção-disposição*, *originalidade-regra* e *imanência-transcendência*.

O polo *produção* da primeira díade polar releva a capacidade criadora do homem. O ato criativo surge, a princípio, duma fonte interior na forma de pensamentos e impulsos imaginativos. A vida, experimentando essa afluência fecunda de conteúdos interiores, concentra-se na concepção, gestação e parto do "novo". Porém, para a força de originalidade não se dissipar em abstração, é crucial a existência de

---
91. GUARDINI, *L'opposizione polare*, 50 (tradução nossa).
92. Cf. ibid., 48-52.
93. Ibid., 31 (tradução nossa).
94. Cf. ibid., 30-31, 57, 62.

um mínimo de *disposição* organizativa (matéria, estímulos e ambiente) que, após ser "incorporada" no processo criativo, oferece as condições para a ambientação do "novo" gerado.

No campo da *disposição*, a vida é experimentada como força de domínio, organização e redefinição de meios e finalidades existentes. Aqui a lógica da originalidade criativa cede espaço à lógica da observação/atuação crítica, racional, planejadora e calculadora. A vivência dessa lógica sem uma dosagem mínima de *produção* (força criativa) transforma o ato de dispor em formalismo violento contra a realidade disponível[95]. De acordo com Guardini, "planos e métodos tornam-se fins em si mesmos. O ato ordenador e dominador gira sobre si mesmo, no vazio"[96].

O segundo par polar do grupo *transempírico* é integrado pela *originalidade* e pela *regra*. A *originalidade* corresponde à força interior subjacente ao ato criativo. A experiência criativa é espontânea e, portanto, não condicionada por nenhuma regra preexistente e exterior. Ao contrário, ela irrompe interiormente e se impõe a partir de si mesma, com conteúdo semântico próprio, fluidez voluntária, inconstância e rebeldia inovadora. Para conservar-se e não se tornar pura instabilidade, a *originalidade* conatural à ação criativa solicita um mínimo de regra e de previsibilidade.

O polo *regra* expressa ordem, razoabilidade, estabilidade, direcionamento, medida e vinculação contextual. A vida experimentada como *regra* é movimento com direção disciplinada por parâmetros permanentes (duráveis) que oferecem ao ser humano (vivente concreto) um mínimo de visão antecipatória (previsibilidade) em relação ao porvir. Se a *regra* confere durabilidade rítmica ao movimento, o seu excesso cristaliza a dinâmica vital, sufoca a força de *ori-*

---

95. Cf. GUARDINI, *L'opposizione polare*, 57-65.
96. Ibid., 65 (tradução nossa).

ginalidade e impõe uma lógica fria e calculista como medida precautória contra todo tipo de insegurança ameaçadora[97].

Os últimos opostos *transempíricos* são a *imanência* e a *transcendência*. O pressuposto da *imanência* é a experiência ou percepção da vida "como (*in*) habitante em si mesma"[98], isto é, como existente dentro de si mesma. Dessa autopossessão emanam a harmonização e a orientação dos atos e formas (ou dos tipos) vitais. A intensidade do viver depende da atenção dada a essa profundidade central donde tudo se expande e, depois, se recolhe como num movimento de sístole e diástole. Entretanto, a superação do limite da *imanência* causa paralisia, intimismo e ausência de tensão em direção ao exterior.

A *transcendência* é descentramento, é abertura à exterioridade que outorga o adequado senso de passado (o não mais), presente e futuro (o ainda não) à experiência vivente. O fechamento da pessoa em si mesma implicaria a falsa noção de um presente contínuo. Mediante a *transcendência*, a vida se projeta, articula meios para alcançar metas e interage com a realidade socioambiental. Porém, para não se tornarem incomunicantes em relação ao centro de profundidade vital e para não perderem consistência, essas experiências necessitam de um mínimo de contemplação (*imanência*)[99].

d. Os opostos transcendentais

Os opostos *transcendentais*, dispostos em dois pares polares (*semelhança-diferença* e *unidade-multiplicidade*), compendiam o *factum* da oposição: as relações unitárias entre polos opostos e as relações entre as séries de opostos re-

---

97. Cf. ibid., 66-72.
98. Ibid., 72 (tradução nossa).
99. Cf. ibid., 72-79; ROGGIA, G. M., *San Francesco di Sales. Estasi dell'azione e della vita*, Brescia, Morcelliana, 2013, 135-136, 138.

querem, como condição *sine qua non*, *similitude* (afinidade) e *unidade* (conexão) de um lado e, de outro, *diversidade* (distinção) e *multiplicidade* (pluralidade). Em outros termos, os opostos transcendentais elucidam como, no "jogo" de exclusão e inclusão polar, as identidades dos polos se comunicam e se preservam simultaneamente[100].

O primeiro par de opostos *transcendentais* diz respeito à dimensão qualitativa da lógica polar. O polo *semelhança* exprime a afinidade existente entre os elementos que constituem, por exemplo, os processos fisiológico-químicos, psicológicos e sociais. A afinidade, perpassando a singularidade dos elementos, gera conexão e homogeneidade, ou ainda, uma ordem conjunta (unidade complexiva) designada à persecução de finalidades comuns e à relação com outras formas de vida. Contudo, a *semelhança* ao extremo provoca uniformidade ou uniformismo monista.

A manutenção da qualidade singular implica particularização. Nesse sentido, o polo *diferença,* regendo a diversidade e a alteridade, promove a clara distinção das identidades, das atividades, dos valores e dos setores culturais. Tal diferenciação distintiva tem valor se orientada ao centro ordenador responsável pela univocidade diretiva da vida (individual e social). Exatamente por isso, o limite a ser evitado é o autonomismo, o fragmentarismo e a justaposição mecânica das partes sem que haja qualquer união ou comunhão vital. A *diferença* requer um mínimo de *afinidade*[101].

O segundo par de opostos *transcendentais* concerne ao aspecto quantitativo da lógica polar. A relação dos atos entre si, o desenvolvimento das formas e a permanência das estruturas são assegurados por um princípio unitário responsável pela constituição duma coesão contextual. Assim, a vida é experimentada como *unidade*, isto é, "como

---

100. Cf. GUARDINI, *L'opposizione polare*, 32, 79-80, 89.
101. Cf. ibid., 80-86.

continuidade ininterrupta de um único ato onicompreensivo de vida; como revelação duma forma unitária e duma ordem coerente em si"[102]. Contudo, a coesão extrema, caso fosse possível, causaria a supressão das direções e conteúdos opositivos.

Nesse sentido, a *unidade* reclama um mínimo de *multiplicidade* regida por um princípio (articulador) responsável pela distinção quantitativa e rítmica das experiências vitais (*ato, estrutura, originalidade, regra, plenitude, forma* etc.) representadas nos polos em oposição. Mas essa distinção articulada não pode impor-se unilateral e exclusivamente sem redundar em "excesso de tendência divisória"[103] ou autonomismo que desagrega a própria vida (como no caso do polo *diferença*). Por esse motivo, toda pluralidade demanda uma dosagem razoável de coesão (*unidade*)[104].

e. Relações seriais e sistêmicas

Até o momento foram observadas, isoladamente, as relações opositivas entre os polos das díades pertencentes aos grupos *intraempírico, transempírico* e *transcendental*. Contudo, no interior do sistema de oposição polar, as relações envolvem o conjunto dos pares e grupos, extrapolando a singularidade de cada um. Para explicar essa visão orgânica, Guardini propõe dois métodos: o das relações cruzadas[105] e o das relações seriais. Tendo em vista o escopo da análise

---

102. Ibid., 86 (tradução nossa).
103. GUARDINI, *L'opposizione polare*, 88 (tradução nossa).
104. Cf. ibid., 86-88.
105. Inicialmente, cada polo de uma oposição é relacionado não com o seu oposto, mas triangularmente com os polos dos outros pares do mesmo grupo. Por exemplo, o *ato* é colocado em relação com a plenitude e a forma (porque o ato possui algo de ambas); a *estrutura*, em relação com a plenitude e a forma; a *plenitude*, em relação com o ato e a estrutura; a *forma*, em relação com o ato e a estrutura e, assim, sucessivamente. Depois, cada polo *intraempírico* é relacionado com os polos *transempíricos* e vice-versa. O resultado é uma intrincada rede de

(assinalar a influência da teoria polar na percepção socioeconômica de Bergoglio), me deterei no segundo método.

Os polos opostos parificados no interior dos seus respectivos grupos constituem uma ordem serial ou sequencial que, verticalmente analisada, revela a proximidade, a homogeneidade e o intercâmbio de conteúdos e significados entre os elementos sequenciados[106]. As duas séries primárias apresentam uma tipificação fundamental (tipos vitais) presente nos diversos âmbitos da existência concreta: "corporal, psíquico, cultural, pessoal e religioso"[107]. Na tabela abaixo são apresentadas, sucintamente, as aludidas séries opositivas:

Grupos	Série 1	Série 2
Intraempírico	Ato	Estrutura
	Plenitude	Forma
	Individualidade	Totalidade
Transempírico	Produção	Disposição
	Originalidade	Regra
	Imanência	Transcendência
Transcendental	Semelhança	Diferença
	Unidade	Multiplicidade

A partir da primeira série é possível identificar uma linha de coerência entre ato, dinâmica, fluidez e plenitude que expressa a ideia de força ou impulso vital. Inicialmente, esses elementos apresentam-se como diferenciados ou individualizados, impondo-se contra qualquer tipo de oposição. O ato criativo é integrado nesse contexto fluente, informe, genuíno, desregrado e, por isso, original. A originalidade, por sua vez, enlaça-se à interioridade ou imanência, na qual a vida possui a si mesma e inspira. Esses fenômenos, no seu conjunto, são guiados pela afinidade e coesão unitiva.

---

conexões (em tensão) "irrigada", em todas as direções, pela "dialogicidade" inerente aos opostos *transcendentais* (cf. ibid., 92-98, 208-212).
106. Cf. ibid., 98, 100-101.
107. Ibid., 101 (tradução nossa).

Na segunda série observa-se uma afinidade entre fixidez estrutural e determinação formal no contexto complexivo (totalizante) das experiências vitais. Nessa orientação, tais experiências tendem, necessariamente, ao regramento (mensuração), à disposição, à previsibilidade e à conservação. O comportamento dominante – impelido pela autotranscendência ou autodescentramento – é o domínio e o controle das realidades circunscritas, segundo a lógica da diferenciação qualitativa e da articulação quantitativa atinente à multiplicidade[108].

O sistema dos opostos é "um quadro fortemente unitário"[109] ou, mais especificamente, é uma unidade vivente com todos os seus pares e agrupamentos. A despeito dessa unidade, há sempre a predominância de um dos lados da oposição, uma vez que eles não interagem em medida homogênea, como mencionado em precedência (nota de rodapé 88). O excesso de uma determinada força opositiva – portanto, não saturada – no interior de uma unidade vivente possibilita a abertura do sistema a conexões externas com modalidade, intensidade e duração variadas[110].

2. Teologia Moral e Moral Social em Francisco

Antes de adentrar no tema socioeconômico – presente, sobremaneira, na Exortação Apostólica *Evangelii Gaudium* e nas Encíclicas *Laudato Si'* e *Fratelli Tutti* –, convém

---

108. Cf. GUARDINI, *L'opposizione polare*, 98-99. Ao lado das duas séries primárias – conforme salienta Guardini –, outras séries podem ser construídas com base nas relações cruzadas entre os polos. Seguindo o exemplo dado pelo teólogo, a totalidade é preferencialmente determinada pela estrutura formal, mas nada impede que seja determinada pela dinamicidade da plenitude com um direcionamento particularizante. Na realidade, essas relações cruzadas ocorrem quando é considerada a complexidade concreta do vivente e da realidade (cf. ibid., 99-100).
109. Ibid., 122 (tradução nossa).
110. Cf. GUARDINI, *L'opposizione polare*, 122-128.

especificar os traços característicos da moral decorrente duma Teologia a caminho, imediatamente comprometida com uma Igreja missionária, "peripatética" e samaritana. A dissertação sobre a perspectiva moral de Francisco não representa um mero excurso, mas uma premissa medular para a justa passagem da Teologia à Teologia Moral e, dessa, à Teologia Moral Social.

2.1. Continuidade ou originalidade?

A Teologia Moral do Papa Francisco, do ponto de vista doutrinal, não inaugura uma novidade absoluta, dado o seu inconteste enquadramento no Magistério teológico-moral da Igreja Católica. Contudo, o modo como o atual pontífice seleciona, pensa, enfatiza e repropõe determinados temas da tradicional moral cristã autoriza a anuência duma originalidade marcada pela vivacidade reflexiva e aplicativa[111]. A bem da verdade, em sintonia com a filosofia polar de Guardini, trata-se da presença alternante e complementar de dois polos: *continuidade* e *originalidade* magisterial[112].

Um primeiro sinal de continuidade pode ser constatado na harmonia entre a concepção moral de Francisco e o necessário aperfeiçoamento da Teologia Moral sugerido pelo Concílio Vaticano II. Dos quatro critérios elencados no Decreto conciliar *Optatam Totius* (cientificidade, fundamentação bíblica, radicação cristológica e pastoralidade[113]), ao menos dois podem ser imediatamente identifica-

---

111. Cf. CARLOTTI, P., *La morale di papa Francesco*, Bologna, EDB, 2017, 7, 10, 42, 71, 73; CARFORA, A.; TANZARELLA, S., Il metodo di Bergoglio: conseguenze per la teologia, in: MANDREOLI, F. (org.), *La Teologia di Papa Francesco*, 119-120.

112. Cf. CARLOTTI, P., Il Concilio Vaticano II e la teologia morale: le indicazioni sintetiche di *Optatam totius*, *Gregorianum*, n. 97/3 (2016) 449-470, aqui 453-454.

113. Afirma o Decreto: "consagre-se cuidado especial ao aperfeiçoamento da Teologia Moral cuja exposição científica, mais alimentada pela doutrina da Sagrada Escritura, evidencie a sublimidade da vocação dos fiéis em Cristo e sua

dos no primeiro capítulo da Exortação Apostólica *Evangelii Gaudium*, onde o Papa discorre sobre o *coração do Evangelho* no contexto da transformação missionária da Igreja:

> Quando a pregação é fiel ao Evangelho, manifesta-se com clareza a centralidade de algumas verdades e fica claro que a pregação moral cristã não é uma ética estoica, é mais do que uma ascese, não é uma mera filosofia prática nem um catálogo de pecados e erros. O Evangelho convida, antes de tudo, a responder a Deus que nos ama e salva, reconhecendo-O nos outros e saindo de nós mesmos para procurar o bem de todos. Esse convite não há de ser obscurecido em nenhuma circunstância! Todas as virtudes estão a serviço dessa resposta de amor. Se tal convite não refulge com vigor e fascínio, o edifício moral da Igreja corre o risco de se tornar um castelo de cartas[114] [...]

Com base nessas ponderações, depreende-se que a vida moral cristã é radicada numa verdade correspondente ao núcleo central do Evangelho: "a beleza do amor salvífico de Deus manifestado em Jesus Cristo morto e ressuscitado"[115]. Diante dessa verdade nuclear, a vida moral configura-se como resposta a um amor interpelante, a um chamado "prévio à obrigação moral e religiosa"[116]. No fundo, a vida moral é uma resposta de amor dos vocacio-

---

obrigação de produzir frutos na caridade para a vida do mundo" (CONCÍLIO ECUMÊNICO VATICANO II, Decreto *Optatam totius*, 28 out. 1965, in: AAS 58 [1966] 713-727, n. 16).
114. FRANCISCO, *Evangelii gaudium*, n. 39; cf. WOLTON, *Papa Francesco con Dominique Wolton*, 132, 142.
115. FRANCISCO, *Evangelii gaudium*, n. 36.
116. Ibid., n. 165. A esse respeito esclarece Sacco: "na vida moral o crente não está em contato com verdades abstratas, mas é aquele que encontrou o Cristo, o reconheceu como Senhor e nele se sentiu chamado a entrar numa aliança" (SACCO, F., *Il dinamismo della carità. La vita cristiana nel pensiero di sant'Alfonso Maria de Liguori*, Materdomini, Editrice San Gerardo, 2015, 233-234 – tradução nossa). Nesse sentido, a moral cristã "não é a moral do você deve, mas a moral do você pode porque [você] não está sozinho; o Espírito cristifica, impulsiona, a partir de dentro, a viver uma relação de filiação" (ibid., 241 – tradução nossa).

nados a viver uma relação interpessoal de amizade com, em e por Cristo[117]. Dessa reciprocidade fundada no amor desenvolve-se, gradualmente, "uma vida fiel ao Evangelho"[118], fiel ao estilo de vida de Jesus[119].

Se a dimensão responsorial da vida moral evidencia uma clara sintonia do atual Magistério com os critérios bíblico e cristológico indicados no decreto conciliar[120], aquilo que é passível de ser sublinhado como originalidade ou genuína acentuação pode propiciar uma reflexão teórico-prática autenticadora dos critérios de cientificidade e pastoralidade. Em vista disso, é conveniente ter em conta dois aspectos cardinais sugeridos pelo moralista Carlotti quando discorre sobre o modo com o qual Francisco pensa a moral cristã: a centralidade do sujeito moral e a resoluta índole pastoral[121].

2.2. O retorno ao sujeito moral

Embora a Exortação *Amoris Laetitia* atenha-se ao amor na família, do seu conjunto é possível extrair importantes traços do Magistério teológico-moral do Papa Francisco. No início da Exortação, o Papa menciona dois temas exigentes: a aplicação de normas gerais e a elaboração de con-

---

117. Muito eloquente é a definição de fé cristã apresentada no *Instrumentum laboris* do Sínodo dos Bispos de 2012: "a fé cristã não é somente uma doutrina, uma sabedoria, um conjunto de regras morais, uma tradição. A fé cristã é um encontro real, uma relação com Jesus Cristo" (SÍNODO DOS BISPOS, XIII Assembleia Geral Ordinária. *A nova evangelização para a transmissão da fé cristã. Instrumentum laboris*, São Paulo, Paulinas, 2012, n. 18; cf. TOSO, M., *Dimensione sociale della fede*, 26-27; FUMAGALLI, *Camminare nell'amore*, 37-40, 106-107).
118. FRANCISCO, *Evangelii gaudium*, n. 168.
119. Cf. YÁÑEZ, H. M., Tracce di lettura dell'Evangelii Gaudium, in: ID. (org.), *Evangelii gaudium: il testo ci interroga. Chiavi di lettura, testimonianze e prospettive*, Roma, Gregorian & Biblical Press, 2014, 16-17; PIANA, G., O magistério moral do papa Francisco. Entre radicalidade e misericórdia, in: COZZI, A. et al. (orgs.), *Papa Francisco, que teologia?*, 146, 149-150.
120. Cf. FUMAGALLI, *Camminare nell'amore*, 21-23.
121. Cf. CARLOTTI, *La morale di papa Francesco*, 71-72.

clusões excessivas baseadas em reflexões teológicas abstratas e apartadas da realidade vivida[122]. Esses temas, no decorrer da Exortação, são correlacionados com outros de igual envergadura, como as situações de fragilidade, a gradualidade, o bem possível e as circunstâncias atenuantes[123]. O ponto convergente entre eles é a atenção dada ao sujeito moral e à sua real situação. A origem dessa intuição, certamente, não se encontra em Francisco, mas na orientação moral proposta e assumida pelo Concílio Vaticano II, ou ainda, encontra-se na passagem duma perspectiva moral baseada na rigidez da lei e da norma (casuística) a uma compreensão notoriamente personalista, cujo ponto de partida e de chegada é a existência concreta do ser humano concebido como sujeito capaz de habilitar-se, gradativamente, à liberdade virtuosa e responsável [124].

Essa mudança de perspectiva provocou uma alteração no modo de entender a cientificidade da Teologia Moral. Decisivamente, a pré-conciliar, de matriz tridentina, na condição de *scientia confessariorum et peccatorum*, propendia – mediante uma objetiva, particularizada e invariável normatização vinculante – mais à explicitação do mal que à promoção do bem a ser acolhido e praticado. Em outras palavras, era tendenciosamente "sintonizada no negativo e dedicada à pontual determinação do mínimo moral, abaixo do qual aparecia o pecado"[125], objeto de arrependimento e confissão.

---

122. Cf. FRANCISCO, Exortação apostólica *Amoris laetitia*, 19 mar. 2016, in: AAS 108 (2016) 311-446, nn. 2, 36.

123. Cf. ibid., nn. 295-296, 300-302, 308.

124. Cf. BOGNER, D., Un cenno di cambiamento. L'ambivalenza della "gradualità" in Amoris laetitia, in: GOERTZ, S.; WITTING, C. (orgs.), *Amoris Laetitia. Un punto di svolta per la teologia morale?*, Milano, San Paolo, 2017, 165-166; CARLOTTI, *La morale di papa Francesco*, 19; MERKS, K-W., Steccati pieni di buchi? Sulla validità generale delle norme morali, in: GOERTZ, S.; WITTING, C. (orgs.), *Amoris Laetitia*, 133-135, 143-144.

125. CARLOTTI, Il Concilio Vaticano II e la teologia morale, 457 (tradução nossa); cf. ibid., 451, 454.

O resultado imediato era a manutenção duma moral parenética, predicatória, perfeccionista e pragmática pelo fato de ancorar-se em princípios imutáveis dos quais se deduz a concreta aplicação normativa, sem uma reflexão teórico-sistemática sobre os seus fundamentos. Em síntese, tratava-se de uma moral da norma centrada, sobretudo, na noção de lei moral natural. Desse modo, a Teologia Moral pré-conciliar, separada da Teologia Ascética e Mística, era, pejorativamente, reputada a "irmã" ou "parente pobre" das disciplinas teológicas ditas sistemáticas[126].

Tendo em vista esse panorama e o novo paradigma inaugurado pelo último Concílio, vale a pena perguntar: o que significa exatamente o critério de cientificidade proposto pelo decreto *Optatam Totius*? Uma vez assumido, quais são as consequências epistemológicas para a Teologia Moral? De que maneira a ponderação das situações concretas, a valorização da consciência do sujeito moral e o discernimento pessoal estão ligados a esse critério aperfeiçoador? Um esclarecimento propedêutico, como ponto de partida, é oferecido pela professora Sacco:

> Em teologia moral, dizer cientificidade é sinônimo de pesquisa contínua, ser vigilantes e atentos para captar os sinais dos tempos; é escuta confiante da história para ler os sinais de esperança; é abertura para rever as próprias posições; é diálogo construtivo com outras disciplinas teológicas e outras ciências; é atenção à dignidade da pessoa e da cons-

---

126. Para evitar uma visão extremamente negativa da Teologia Moral pré-conciliar, vale a pena recorrer à ponderação de Sacco: "a abordagem metodológica da velha moral não era radicalmente colocada em discussão e sim os limites do método casuístico que não colocava suficientemente em relevo a exigência da atitude interior fundamentalmente boa e julgava formalmente o comportamento da pessoa em relação aos casos. Todavia, o referimento aos casos, ou seja, às situações da vida é indispensável à teologia moral para elaborar os seus critérios normativos" (Sacco, *Il dinamismo della carità*, 28-29 – tradução nossa; cf. ibid., 45-46; Carlotti, Il Concilio Vaticano II e la teologia morale, 451, 454, 457; Merks, Steccati pieni di buchi?, 134, 136).

ciência; é tornar clara a razoabilidade e o caráter interior das normas morais[127].

a. O discernimento das situações concretas

A imprescindibilidade de um referencial normativo a qualquer corrente ético-moral – constituído por valores, princípios vinculantes e regras definidas – não significa a imediata afirmação de um "normativismo" focado no rigor da lei e da norma, como propunha a casuística[128]. De acordo com o Papa Bergoglio, esse tipo de moral, originária da escolástica decadente, por ser sempre binária, isto é, passar dum extremo a outro – do branco ao preto, do poder fazer ao não poder fazer, do legal ao ilegal e vice-versa –, bloqueia a capacidade de discernir as situações concretas[129].

Não por acaso o pontífice dirige duras críticas contra teólogos, pastores e grupos iluminados que, presos na armadilha casuística, desenvolvem e apegam-se, ferrenhamente, à uma Teologia e à uma interpretação doutrinal carentes da luz da fé e, portanto, de misericórdia para com os dramas alheios[130]. Para ele, esses "juízes implacáveis"[131] não facilitam, mas controlam a graça, como se a Igreja fosse uma alfândega[132]. No

---

127. SACCO, *Il dinamismo della carità*, 47 (tradução nossa); cf. CARLOTTI, Il Concilio Vaticano II e la teologia morale, 457-458.
128. Cf. MERKS, Steccati pieni di buchi?, 134-135. Ao discorrer na *Evangelii Gaudium* sobre a deformação ética e o crescente relativismo ético – ambos ligados ao processo de secularização –, Francisco sublinha o fato de a Igreja insistir "na existência de normas morais objetivas, válidas para todos" (FRANCISCO, *Evangelii gaudium*, n. 64).
129. Cf. FRANCESCO, "Avere coraggio e audacia profetica". Dialogo di papa Francesco con i gesuiti riuniti nella 36ª Congregazione Generale, *La Civiltà Cattolica*, v. 4, n. 3.995 (2016) 417-431, aqui 420-421.
130. Cf. FRANCESCO, *La fede non è casistica. Meditazione mattutina nella cappella della Domus Sanctae Marthae* (21 fev. 2014), 2; id., *Dio non è un'equazione. Meditazione mattutina nella cappella della Domus Sanctae Marthae* (20 maio 2016), 2-4; CARLOTTI, *La morale di papa Francesco*, 21, 54-55, 72.
131. FRANCISCO, *Evangelii gaudium*, n. 49.
132. Cf. ibid., n. 47.

fundo, pretendem impor "um conjunto de normas" e "'doutrinar' o Evangelho", transformando-o em "pedras mortas para as jogar contra os outros"[133].

Na visão do Papa, é preciso superar a referência genérica a prescrições normativas na apreciação das ações e comportamentos morais. Como alternativa, ele propõe o repensamento da tensão tomista entre a generalidade dos princípios e normas e a particularidade das situações concretas. Se, por um lado, é verdade que as normas gerais resguardam um bem inegociável e, "na sua formulação, não podem abarcar absolutamente as situações particulares", por outro, também é verdade que "o discernimento prático de uma situação particular não pode ser elevado à categoria de norma"[134].

Até mesmo a lei natural, apreciada como "fonte de inspiração objetiva"[135] no processo de decisão, não deve ser imposta como "rolo compressor" da singularidade do sujeito moral. Em contrapartida, o aspecto subjetivo da moralidade não elimina aquele dado objetivo compartilhado por todas as pessoas: a natureza humana. Essa, por sua vez, é regida por uma lei correspondente à sua objetividade universal: a lei moral natural. Dito de outro modo, "o agir pessoal humano – e a sua moralidade – é tensão entre aquilo que a pessoa é como singular e aquilo que é como natureza"[136].

Papa Francisco, atento à essa tensão, não pretende diminuir a importância objetiva da moralidade, mas sopesá-la adequadamente, levando em conta as circunstâncias e os condicionamentos implícitos na historicidade e dina-

---

133. Id., *Amoris laetitia*, n. 49; cf. ibid., n. 305.
134. Ibid., n. 304; cf. FRANCESCO, "Avere coraggio e audacia profetica", 421-422; PIANA, O magistério moral do papa Francisco, 159-161; MERKS, Steccati pieni di buchi?, 153-156.
135. FRANCISCO, *Amoris laetitia*, n. 305; cf. FUMAGALLI, *Camminare nell'amore*, 92-93.
136. CARLOTTI, *La morale di papa Francesco*, 23 (tradução nossa); cf. ibid., 99.

micidade da experiência moral. Nesse seguimento, o olhar e a razão prática têm de recair, necessariamente, sobre a situação particular do sujeito moral, ou ainda, sobre as efetivas condições para a "encarnação" da lei natural e dos preceitos normativos[137]. Somente com esse olhar complacente, direcionado ao reconhecimento do bem exequível, é possível perceber que:

> Um pequeno passo, no meio de grandes limitações humanas, pode ser mais agradável a Deus do que a vida externamente correta de quem transcorre seus dias sem enfrentar sérias dificuldades. A todos deve chegar a consolação e o estímulo do amor salvífico de Deus, que opera misteriosamente em cada pessoa, para além dos seus defeitos e das suas quedas[138].

No âmbito pastoral, essa delicadeza pedagógica demanda processos de discernimento e acompanhamento sensíveis à capacidade de progressão em direção ao ideal objetivado nas leis e normas morais[139]. Com a lei da gradualidade, entendida como dinâmica de "crescimento gradual no amor"[140] contraposta à estática adequação normativa, não se pretende barganhar um "ideal mais pleno, nem propor menos de quanto Jesus oferece ao ser humano"[141],

---

137. Cf. MERKS, Steccati pieni di buchi?, 146-147, 150-151, 162; BOGNER, Un cenno di cambiamento, 174-176.
138. FRANCISCO, Evangelii gaudium, n. 44. Nessa mesma linha, é igualmente significativo o seguinte trecho da exortação sobre o amor na família: "por pensar que tudo seja branco ou preto, às vezes fechamos o caminho da graça e do crescimento e desencorajamos percursos de santificação que dão glória a Deus" (id., Amoris laetitia, n. 305).
139. Cf. id., Amoris laetitia, nn. 291, 293, 295, 300; id., Evangelii gaudium, n. 153.
140. FUMAGALLI, Camminare nell'amore, 82 (tradução nossa); cf. ibid., 81, 83, 90-92; ZACHARIAS, R., Fundamentalismo ético-moral. Amoris Laetitia: um "não" radical à pretensão fundamentalista, in: MILLEN, M. I. C.; ZACHARIAS, R. (orgs.), Fundamentalismo: desafios à ética teológica, Aparecida, Santuário; São Paulo, SBTM, 2017, 249, 254-255.
141. FRANCISCO, Amoris laetitia, n. 307; cf. PIANA, O magistério moral do papa Francisco, 155-158, 163, 213; MANDREOLI, Un approfondimento sull'orizzonte e su alcune radici "europee" della teologia di Papa Francesco, 55-56; ZA-

mas valorizar, antes de tudo, a realidade concreta do sujeito a ser vivida no amor de Cristo com vista à plenitude do percurso empreendido.

b. A valorização da consciência e o discernimento pessoal

Outro elemento importante na moral de Papa Francisco – estreitamente ligado ao discernimento e ao acompanhamento pastoral personalizado – assinala o retorno ao sujeito moral: a valorização da consciência. Apropriando-se do texto da Constituição Pastoral *Gaudium et Spes*, o pontífice concebe a consciência como "o centro mais secreto", como "o santuário do homem"[142], como o lugar de intimidade, de encontro e de escuta da voz de Deus. De modo especial, dois trechos (complementares entre si) da Exortação pós-sinodal *Amoris Laetitia* aludem à referida valorização:

> Também nos custa deixar espaço à consciência dos fiéis, que muitas vezes respondem da melhor forma que podem ao Evangelho no meio dos seus limites e são capazes de realizar o seu próprio discernimento perante situações em que se rompem todos os esquemas. Somos chamados a formar as consciências, não a pretender substituí-las.
> [...]

CHARIAS, R., Valores e normas. Do cumprimento formal à expressão da interioridade, in: TRASFERETTI, J. A. et al. (orgs.), *Introdução à ética teológica*, São Paulo, Paulus, 2015, 113-114; CARLOTTI, *La morale di papa Francesco*, 78-79, 87-88, 95. A esse respeito, sintetiza o moralista Majorano: "para a teologia moral, não se trata de menosprezar a verdade moral, justificar o desempenho ou o mínimo esforço, legitimar o acordo, mas de sublinhar que a imperatividade moral é, em última análise, uma imperatividade do caminho que projeta com confiança a nossa fraqueza, sob a orientação e força do Espírito, em direção à mesma perfeição misericordiosa do Pai (cf. Mt 4,48; Lc 6,36)" (MAJORANO, S., Aiutare tutti a camminare con gioia nella via del bene. Papa Francesco all'Accademia Alfonsiana, *Studia Moralia*, n. 57/1 [2019] 17-32, 21 – tradução nossa).

142. FRANCISCO, *Amoris laetitia*, n. 222; cf. CONCÍLIO ECUMÊNICO VATICANO II, *Gaudium et spes*, n. 16.

Mas esta consciência pode reconhecer não só que uma situação não corresponde objetivamente à proposta geral do Evangelho, mas reconhecer também, com sinceridade e honestidade, aquilo que, por agora, é a resposta generosa que se pode oferecer a Deus e descobrir com certa segurança moral que esta é a doação que o próprio Deus está a pedir no meio da complexidade concreta dos limites, embora não seja ainda plenamente o ideal objetivo[143].

Uma vez que a moralidade não se reduz à exterioridade dos atos nem à mera correlação deles com uma normatividade extrínseca, a valorização da consciência homologa o primado das intenções e a capacidade pessoal de ajuizamento[144]. A consciência, associada à noção de interioridade, é o *locus* privilegiado onde se encontram a liberdade humana e as solicitações do Espírito. A lei divina – comunicada mediante os "preceitos da lei natural e os mandamentos da lei revelada no Antigo e no Novo Testamento"[145], custodiada pela Tradição e ensinada pelo Magistério da Igreja – ilumina e guia essa convergência coloquial[146].

Não obstante, um adequado discernimento pessoal requer a formação e o amadurecimento da consciência. Para Francisco, o percurso formativo tem como substrato a educação às virtudes, centrada na regulação da vontade e no "desenvolvimento de hábitos bons e tendências afetivas para o bem"[147]. Para tanto, a configuração da conduta moral baseada na escolha e interiorização de valores humanizantes reclama, imperiosamente, a repetição constante

---

143. Francisco, *Amoris laetitia*, n. 37, n. 303.
144. Cf. ibid., n. 304; CARLOTTI, *La morale di papa Francesco*, 24.
145. FUMAGALLI, *Camminare nell'amore*, 112 (tradução nossa).
146. Cf. ibid., 93-96, 111; RÖMELT, J., *La coscienza. Un conflitto delle interpretazioni*, Roma, Editiones Academiae Alphonsianae, 2001, 124-126; AUTIERO, A., *Amoris laetitia* e la coscienza etica. Una questione di prospettiva, in: GOERTZ, S.; WITTING, C. (orgs.), *Amoris Laetitia*, 85-87, 90; ZACHARIAS, Fundamentalismo ético-moral, 251-252.
147. FRANCISCO, *Amoris laetitia*, n. 264; cf. ibid., nn. 263, 303.

de atos e comportamentos, pois sem eles, como explica o Papa, "as motivações ou a atração que sentimos por um determinado valor não se tornam uma virtude [...]"[148].

A concepção da consciência como *locus* hermenêutico de ajuizamento autônomo e "teônomo" – e não como órgão de aplicação e execução de princípios e normas morais conforme o paradigma pré-conciliar[149] – não legitima uma moral da situação nem um subjetivismo arbitrário e relativístico. De fato, à consciência não cabe definir o bem moral, mas elaborar, de acordo com a situação concreta do sujeito moral, um juízo racional, prudente, reto, sensato, prático, confiante na graça de Deus e, ao mesmo tempo, aberto ao amadurecimento gradual[150].

Tendo em vista a tensão entre continuidade e originalidade (inicialmente aventada), o Magistério moral do Papa Francisco, focado no discernimento das situações concretas e na valorização da consciência, pode ser visto, na atualidade, como uma genuína manifestação profética oposta a certas tendências morais que, aparentemente fiéis ao Evangelho e à ortodoxia doutrinal, são, a bem da verda-

---

148. FRANCISCO, *Amoris laetitia*, n. 266; cf. ibid., n. 267; cf. id., *Evangelii gaudium*, n. 171. O teólogo e moralista Zacharias, ao comentar sobre a interiorização do valor moral, explica: "embora não possamos agir contra um valor moral, é importante reconhecermos que nem todos são interiorizados e assumidos da mesma forma e na mesma intensidade em todos os períodos da existência. Isso significa que a nossa 'escala de valores' muda constantemente, que 'hierarquizamos' os valores em virtude do momento histórico que expressa determinado grau de amadurecimento pessoal, de formação da consciência e de efetiva experiência da pluralidade de valores" (ZACHARIAS, Valores e normas, 119; cf. PIANA, O magistério moral do papa Francisco, 158, 162).

149. Cf. AUTIERO, Amoris laetitia e la coscienza etica, 81-82, 84-85, 91; ZACHARIAS, Fundamentalismo ético-moral, 250-251; AZPITARTE, E. L., *Fundamentação da ética cristã*, Paulus, São Paulo, 1995, 79-80.

150. Cf. FRANCISCO, *Amoris laetitia*, nn. 262, 300, 303; ZACHARIAS, Fundamentalismo ético-moral, 249, 252-253, 257, 259; MERKS, Steccati pieni di buchi?, 161; FUMAGALLI, *Camminare nell'amore*, 88, 90, 94, 112-113; CARLOTTI, *La morale di papa Francesco*, 96; id., Il Concilio Vaticano II e la teologia morale, 465-466.

de, fundamentalistas, reacionárias, intolerantes e, assim, contrárias ao espírito renovador do último concílio ecumênico[151]. Nesse caso, talvez seja mais sensato falar duma descontinuidade do atual Magistério em relação a determinadas perspectivas morais recalcitrantes, anacrônicas e pouco humanizantes.

2.3. A Pastoralidade e a dimensão social da Teologia Moral

Se para Francisco é refutável uma "Teologia de gabinete"[152], também o é "uma moral fria de escritório"[153]. No seu entendimento, a Teologia Moral, "animada pela tensão missionária da Igreja 'em saída'"[154], exige dos moralistas uma postura de pastor, visto que "os bons teólogos, assim como os bons pastores, têm o odor do povo e da rua e, com a sua reflexão, derramam azeite e vinho sobre as feridas dos homens"[155]. Entretanto, a índole pastoral compromete a experiência moral de todos os cristãos convocados a "produzir frutos na caridade para a vida do mundo" e não somente a dos moralistas-pastores[156].

A reflexão moral contextualizada e a práxis cristã são antídotos contra a falsa dicotomia entre doutrina e pastoral, fé e vida e, enfim, academicismo e pastoralismo. Mesmo a formulação das verdades reveladas – substancialmen-

---
151. Cf. ZACHARIAS, Fundamentalismo ético-moral, 254, 261.
152. FRANCISCO, Evangelii gaudium, n. 133.
153. Id., Amoris laetitia, n. 312.
154. Id., Discurso aos professores e aos estudantes da Academia Afonsiana – Instituto Superior de Teologia (9 fev. 2019), 2.
155. Id., Carta por ocasião do centenário da faculdade de teologia da Pontifícia Universidade Católica Argentina (3 mar. 2015), 1-2; cf. id., Evangelii gaudium, nn. 24, 171; id., Diálogo com os alunos dos pontifícios colégios e internatos de Roma (12 maio 2014), 7-8.
156. CONCÍLIO ECUMÊNICO VATICANO II, Optatam totius, n. 16; cf. CARLOTTI, La morale di papa Francesco, 13, 15-16, 35-36, 47.

te contidas no corpo dogmático-doutrinal da Igreja –, para não enevoar a mensagem nuclear da Boa-Nova, isto é, a redenção em Jesus Cristo, deve estar atenta às mudanças socioculturais e às aspirações do povo de Deus. Por conseguinte, a fidelidade à doutrina exige a contínua releitura da situação concreta e das experiências dos féis cristãos[157].

O diálogo fluido entre reflexão moral, escuta das urgências interpelantes e vida cristã foi personificado, exemplar e magistralmente, por Afonso de Ligório. Decerto, o santo napolitano efetivou – máxime com a metodologia das missões populares – a práxis pastoral como critério moral[158]. Segundo o atual sucessor de Pedro, "Santo Afonso compreendeu rapidamente que não se tratava de um mundo do qual se defender, e muito menos para condenar, mas para curar e libertar, à imitação do agir de Cristo [...]"[159]. Em completa sintonia, afirma o Redentorista e professor Amarante:

> A experiência missionária de Afonso é uma resposta concreta às periferias existenciais da época, à situação de abandono e de pobreza que encontra fora da cidade de Nápoles.

---

157. Cf. FRANCISCO, *Evangelii gaudium*, nn. 34-36, 41; id., Constituição apostólica *Veritatis Gaudium*, 8 dez. 2017, in: AAS 110 (2018) 1-41, Proêmio nn. 2, 4; PATSCH, Rivelazione, contesto, verità, 50-51, 53-54; BOFF, C., *Teoria do método teológico*, 249-262. Aos participantes de um congresso internacional de Teologia, Papa Francisco esclarece: "a doutrina não é um sistema fechado, privado de dinâmicas capazes de gerar perguntas, dúvidas, interrogações. Ao contrário, a doutrina cristã tem um rosto, um corpo, tem carne, chama-se Jesus Cristo e é a sua Vida que é oferecida de geração em geração a todos os homens e em todos os lugares" (FRANCISCO, *Mensagem ao congresso internacional de teologia – Pontifícia Universidade Católica Argentina* [1-3 set. 2015], 4; cf. ibid., 3, 5).

158. Cf. AMARANTE, A. V., Pastoralità come criterio morale, *Studia Moralia*, n. 53/1 (2015) 37-59, 42, 44, 47, 50-51, 55; MAJORANO, Aiutare tutti a camminare con gioia nella via del bene, 19, 22, 25, 31-32.

159. FRANCISCO, *Discurso aos professores e aos estudantes da Academia Afonsiana – Instituto Superior de Teologia* (9 fev. 2019), 3; cf. ibid., 2-4; AMARANTE, A. V. (org.), La vita morale è un'educazione all'umano e non una retorica degli schemi. Intervista al Santo Padre Francesco per la Rivista Studia Moralia dell'Accademia Alfonsiana, *Studia Moralia*, n. 58/2 [2020] 219-232, aqui 224-225.

Resposta não tanto centrada numa metodologia, mas adequada ao planejamento como tentativa de dar Cristo aos mais abandonados[160].

Tendo em conta a profunda sensibilidade pastoral de Bergoglio – iniciada nos tempos de formação[161] –, não é difícil entender a sua admiração e afinidade com Santo Afonso. O Papa, ao também optar pela pastoralidade como critério moral, não orienta apenas os rumos científicos da reflexão teológica, mas, em coerência com o Evangelho e a Tradição da Igreja, procura impulsionar a experiência moral dos cristãos, realçando as suas consequências sociais[162]. Desse intento pedagógico emergem dois temas nucleares para a Moral Social: o aspecto responsorial do agir social e a centralidade da misericórdia.

a. O sentido responsorial da experiência cristã do social

A compreensão da vida moral como resposta de amor a um amor interpelante não justifica nenhuma espécie de intimismo solipsista e exclusivista. Porquanto toda experiência de bem, verdade e beleza tende à expansão, "qualquer pessoa que viva uma libertação profunda adquire maior sensibilidade perante às necessidades dos outros"[163], a ponto de

---

160. AMARANTE, Pastoralità come criterio morale, 45 (tradução nossa); cf. id., Alfonso M. de Liguori e la pastorale della misericordia, in: WODKA, A. S.; SACCO, F. (orgs.), "Va' e anche tu fa' lo stesso" (Lc 19,37). Misericordia e vita morale, Città del Vaticano, Lateran University Press; Roma, Editiones Academiae Alfonsianae, 2017, 73, 75-77.

161. Cf. IVEREIGH, Francisco, o grande reformador, 90, 105; CÁMARA; PFAFFEN, Gli anni oscuri di Bergoglio, 66-67, 104-105, 153-154, 161, 242-243.

162. Cf. MAJORANO, Aiutare tutti a camminare con gioia nella via del bene, 17-18; CARLOTTI, P., "Un chiarimento decisivo". DSC e teologia morale, in: ID.; TOSO, M. (orgs.), Per un umanesimo degno dell'amore. Il "Compendio della dottrina sociale della Chiesa", Roma, LAS, 2005, 162, 164, 169.

163. FRANCISCO, Evangelii gaudium, n. 9; cf. ibid., nn. 8, 67, 91, 161, 265; id., Mensagem para a celebração do XLVII dia mundial da paz. Fraternidade, fundamento e caminho para a paz (8 dez. 2013), n. 3; id., Diálogo com os alunos dos pontifícios colégios

empenhar-se, fraternalmente, na promoção dos mais frágeis. A qualquer ideologia ou idealismo moral desencarnado da realidade vivida impõe-se, de acordo com Francisco, o realismo do Evangelho com sua densidade "sociorredentora".

Confessar que o Filho de Deus assumiu a nossa carne humana significa que cada pessoa humana foi elevada até o próprio coração de Deus. Confessar que Jesus deu o seu sangue por nós impede-nos de ter qualquer dúvida acerca do amor sem limites que enobrece todo ser humano. A sua redenção tem um sentido social, porque "Deus, em Cristo, não redime somente a pessoa individual, mas também as relações sociais entre os homens"[164].

Se o amor de Deus interpela e suscita uma resposta, também o rosto do irmão – no qual transparecem seus sofrimentos e esperanças – interpela e impele à saída de si compromissada e operosa[165]. A leitura acurada do texto de Mateus sobre os pequeninos (Mt 25,40) e de Lucas sobre a premência da misericórdia (Lc 6,36-38) autoriza Papa Bergoglio a definir o irmão como "o prolongamento permanente da Encarnação"[166]. Dessa maneira, o rosto do

---

e internatos de Roma (12 maio 2014), 10; YÁÑEZ, Tracce di lettura dell'Evangelii Gaudium, 18; PIANA, O magistério moral do papa Francisco, 150-153, 164.

164. FRANCISCO, *Evangelii gaudium*, n. 178. Em outro número dessa mesma exortação, igualmente importante para a Moral Social, Papa Francisco afirma com grande eloquência: "a verdadeira fé no Filho de Deus feito carne é inseparável do dom de si mesmo, da pertença à comunidade, do serviço, da reconciliação com a carne dos outros. Na sua encarnação, o Filho de Deus convidou-nos à revolução da ternura" (ibid., n. 88).

165. Cf. id., *Encontro com os pobres e os refugiados na Igreja de Santa Elizabeth da Hungria* (29 abr. 2023), 1-2. Ao comentar sobre o pleno cumprimento da lei no amor, observa o pontífice: "no meio da densa selva de preceitos e prescrições, Jesus abre uma brecha que permite vislumbrar dois rostos: o do Pai e o do irmão. Não nos dá mais duas fórmulas ou dois preceitos; entrega-nos dois rostos, ou melhor, um só: o de Deus, que se reflete em muitos, porque em cada irmão, especialmente no menor, mais frágil, inerme e necessitado, está presente a própria imagem de Deus" (id., Exortação apostólica *Gaudete et exsultate*, 19 mar. 2018, in: AAS 110 [2018] 1111-1161, n. 61).

166. Id., *Evangelii gaudium*, n. 179; cf. VALLS, La parola significativa, 40-41.

irmão, mormente o do excluído e descartado, é um apelo a "deixar-se amar por Deus" e a amar "com o amor que Ele mesmo nos comunica"[167].

A experiência cristã do social, por esse ângulo, caracteriza-se como participação nas relações de reciprocidade intratrinitária, isto é, como reflexo do amor divino vivido em comunhão no seio da Trindade, o qual, de acordo com a economia da salvação, foi "extravasado" e comunicado na ação redentora do Verbo feito carne, desejada pelo Pai e fortalecida no Espírito[168]. Tal convicção é ratificada por Papa Francisco nos seguintes termos: "o próprio mistério da Trindade nos recorda que somos criados à imagem desta comunhão divina, pelo que não podemos realizar-nos nem salvar-nos sozinhos"[169].

O cristão, na condição de filho do Deus único e trino, é vocacionado a contemplar o âmbito social como terra apta à produção de frutos na caridade, como campo de empenho em prol da fraternidade, da justiça e da paz. Porque envolvido com a causa do Reino – antecipado com o desenvolvimento integral do seu e dos demais povos –, ele é chamado a desvelar e denunciar as causas estruturais da desigualdade; porque *em* e *com* Cristo, ele é capaz de escutar os clamores dos últimos e unir-se a eles para tocar-lhes a carne dolorida; por ser discípulo missionário, é capaz de ternura e misericórdia[170].

---

167. FRANCISCO, *Evangelii gaudium*, n. 178; cf. ibid., nn. 88, 91.
168. Cf. LADARIA, L. F., *O Deus vivo e verdadeiro: mistério da Trindade*, São Paulo, Loyola, 2005, 38-39, 48; MAJORANO, Aiutare tutti a camminare con gioia nella via del bene, 25-26; TOSO, *Dimensione sociale della fede*, 16-17; VALLS, La parola significativa, 35-36; FUMAGALLI, *Camminare nell'amore*, 43-44.
169. FRANCISCO, *Evangelii gaudium*, n. 178; cf. ibid., n. 272; id., Carta encíclica *Fratelli tutti*, 3 out. 2020, in: AAS 112 (2020) 969-1074, nn. 32, 36, 54, 74, 85, 137; id., *Audiência geral. Catequese – "Curar o mundo": fé e dignidade humana* (12 ago. 2020), 2; PIANA, O magistério moral do papa Francisco, 165.
170. Cf. FRANCISCO, *Fratelli tutti*, nn. 94, 115-116, 180; id., *Evangelii gaudium*, nn. 24, 54, 87, 180-181, 270; id., *Encontro com sacerdotes, religiosos, religiosas*

b. A misericórdia como princípio operativo da Moral Social

Embora a *Evangelii Gaudium* possua uma natureza exortativa e programática, no seu quarto capítulo – intitulado *A dimensão social da evangelização* –, é possível individuar alguns elementos importantes para a reflexão e a experiência moral do social. Um desses elementos diz respeito à repercussão sociocomunitária do *querigma* animado pela *caridade*. Nesse ponto, é preciso verificar qual é o valor e a implicação dessa *virtude* no âmbito das relações sociais. O caminho oferecido pela Exortação conduz ao primado/centralidade da misericórdia e ao seu caráter operativo[171].

Após retomar a noção conciliar de hierarquia das verdades doutrinais, Papa Francisco, baseando-se em Tomás de Aquino e no pressuposto paulino da fé atuada pelo amor (cf. Gl 5,6), aplica essa hierarquização às "virtudes e ações que delas procedem"[172]. Dado que as obras de amor revelam a ação interior do Espírito e o cumprimento pleno da Lei está no amor praticado (cf. Rm 13,10), a misericórdia impõe-se como "a maior de todas as virtudes"[173]. Dessarte, o antídoto contra a fé isolacionista e a "moral fria de escritório"[174] é o amor misericordioso, isto é, a caridade traduzida em misericórdia operante.

---

e seminaristas – Bolívia (9 jul. 2015), 2-3; id., *Discurso aos participantes no simpósio nacional sobre "a teologia da ternura de Papa Francisco"* (13 set. 2018), 2-3; id., *Mensagem para a quaresma de 2016. "Prefiro a misericórdia ao sacrifício" (Mt 9,13). As obras de misericórdia no caminho jubilar* (4 out. 2015), 2-4; MAJORANO, *Aiutare tutti a camminare con gioia nella via del bene*, 21; TOSO, *Dimensione sociale della fede*, 65; MERKS, *Steccati pieni di buchi?*, 144-145.

171. Cf. FRANCISCO, *Evangelii gaudium*, nn. 177, 183-184; id., *Amoris laetitia*, n. 311.

172. Id., *Evangelii gaudium*, n. 37; cf. ibid., nn. 36, 38.

173. Ibid., n. 37; cf. id., *Fratelli tutti*, n. 181; id., *Gaudete et exsultate*, n. 60; FUMAGALLI, *Camminare nell'amore*, 109-110, 113-114.

174. FRANCISCO, *Amoris laetitia*, n. 312; cf. id., *Discurso no encontro com o clero da Diocese de Roma* (2 mar. 2017), 1-2, 6, 8.

A exemplo do Pai, cuja misericórdia "não é uma ideia abstrata, mas uma realidade concreta"[175], historicamente comunicada[176], os verdadeiros filhos no Filho também são convocados à operosidade compromissada mediante obras de misericórdia corporal e temporal[177]. Com efeito, a misericórdia não é apenas critério de veracidade filial, mas critério de credibilidade da fé professada pela Igreja. Dessa forma, ela ocupa um lugar nuclear na orientação, aperfeiçoamento e avaliação da vida moral, particularmente no que diz respeito à sua dimensão social[178].

As afirmações: "somos chamados a viver de misericórdia, porque, primeiro, foi usada misericórdia para conosco"[179] e "fui 'misericordiado' e, consequentemente, feito instrumento da misericórdia"[180], reforçam o caráter afetivo e efetivo da misericórdia em contraste com a sua mera teorização[181]. A misericórdia – concebida como "ação concreta do amor"[182] –, exige um olhar fenomenológico aguçado para penetrar a experiência vital e comunicante

---

175. Id., Bula *Misericordiae vultus*, 11 abr. 2015, in: AAS 107 (2015) 399-420, n. 6.
176. Cf. WITASZEK, G., Misericordia fondante dell'opera salvifica (Sal 136), in: GNADA, A.; WITASZEK, G. (orgs.), *Dono per un giusto comportamento morale. Giustizia e misericordia*, Città del Vaticano, Lateran University Press, 2016, 208-209, 211, 219-220; RÖMELT, *La coscienza*, 122-124.
177. Na bula de proclamação do jubileu extraordinário da misericórdia, Papa Francisco se refere a essas obras do seguinte modo: "redescubramos as obras de misericórdia corporal: dar de comer aos famintos, dar de beber aos sedentos, vestir os nus, acolher os peregrinos, dar assistência aos enfermos, visitar os presos, enterrar os mortos. E não esqueçamos as obras de misericórdia espiritual: aconselhar os indecisos, ensinar os ignorantes, admoestar os pecadores, consolar os aflitos, perdoas as ofensas, suportar com paciência as pessoas molestas, rezar a Deus pelos vivos e defuntos" (FRANCISCO, *Misericordiae vultus*, n. 15).
178. Cf. ibid., n. 9; id., *Encontro com os pobres e os refugiados na Igreja de Santa Elizabeth da Hungria* (29 abr. 2023), 2; PIANA, O magistério moral do papa Francisco, 154, 157; CARLOTTI, *La morale di papa Francesco*, 25, 63, 65-66, 69.
179. FRANCISCO, *Misericordiae vultus*, n. 9; cf. id., *Amoris laetitia*, n. 310.
180. Id., Carta apostólica *Misericordia et misera*, 20 nov. 2016, in: AAS 108 (2016) 1311-1327, n. 16.
181. Cf. ibid., n. 20; FUMAGALLI, *Camminare nell'amore*, 31, 46.
182. FRANCISCO, *Misericordia et misera*, n. 2.

do misericordioso e do "misericordiado"[183]. Mais que predicar e descrever, é imperioso envolver-se com verdadeira paixão evangélica.

Se, em Francisco, a misericórdia é eleita e elevada à condição de princípio hermenêutico de todo o edifício teológico, no caso da Teologia Moral, ao orientar cientificamente a reflexão em direção à situação concreta e ao protagonismo consciencial do sujeito moral, ela se estabelece, maiormente, como princípio epistemológico[184]. Esse direcionamento epistêmico insta, nutre e impulsiona a ação pastoral de toda a Igreja no sentido do acompanhamento, do discernimento e da integração das fragilidades, em conformidade com a mística evangélica do Cristo Bom Pastor.

Por esse prisma pastoral, a experiência cristã do social, enquanto ressonância duma moral vivida como "resposta comovida a uma misericórdia surpreendente, imprevisível e, segundo os critérios humanos, até 'injusta'"[185], encontra na virtude da misericórdia o seu princípio fundamental e operativo, a sua causa formal, a sua força motriz ou, laconicamente, o seu *leitmotiv*. Uma vez reconhecida a implicação da misericórdia no âmbito social, isto é, o seu valor social[186], não é forçoso ou impróprio sublinhar a sua valia *hermenêutica*, *evangélica* e *cultural* para a Teologia Moral Social, especialmente se revista em sintonia com a "entonação" bergogliana.

Diz-se *hermenêutica* porque, como ocorre no conjunto da reflexão teológica de Bergoglio, o olhar misericordioso

---

183. Cf. McKeever, M., La fenomenologia e la misericordia, in: Wodka, A. S.; Sacco, F. (orgs.), *"Va' e anche tu fa' lo stesso" (Lc 19,37)*, 13, 15-17; Zamboni, S., Epistemologia della misericordia, in: Wodka, A. S.; Sacco, F. (orgs.), *"Va' e anche tu fa' lo stesso" (Lc 19,37)*, 20-22.
184. Cf. Zamboni, Epistemologia della misericordia, 22-23.
185. Francisco, *Discurso ao movimento comunhão e libertação* (7 mar. 2015), 2.
186. Cf. id., *Misericordia et misera*, nn. 18-19; Cabrera, *La moral social para conocer a Francisco*, 126-128, 246.

guia a leitura do contexto social, a partir das periferias[187].

Evangélica porque, para o Papa latino-americano, a misericórdia é o componente substancial e nuclear da Boa-Nova e do anúncio querigmático. *Cultural* porque, fiel às suas raízes teórico-conceituais e à sua bagagem pastoral, Francisco dedica especial atenção à experiência sociocultural de ser e pertencer a um determinado povo e cultura[188]. Precisamente por isso, o seu pensamento socioeconômico merece ser interpretado em concordância com a *hermenêutica evangélica da cultura*[189].

3. A MORAL SOCIOECONÔMICA DE FRANCISCO

No mesmo ano da sua eleição como Papa, Bergoglio discute enfaticamente o tema da economia na Exortação *Evangelii Gaudium*. Obviamente, o pontífice não escreve um tratado sobre economia ou política econômica, dada a natureza do documento e a competência própria de quem sucede a Pedro[190]. Ainda assim, a abordagem possui uma sistematicidade própria ditada pelo seu enquadramento temático genérico e específico: a crise do compromisso comunitário e a relevância de alguns desafios do mundo atual, dentre os quais a questão econômica figura em primeiro lugar.

As denúncias feitas por Papa Francisco atraíram críticas e acusações acerbas em torno do seu suposto perfil progressista-marxista e da sua suposta ignorância em ma-

---
187. Cf. FRANCISCO, *Fratelli tutti*, n. 215.
188. Cf. id., *Evangelii gaudium*, nn. 268-271; id., *Encontro com os representantes da sociedade civil – Paraguai* (11 jul. 2015), 6; id., *Discurso aos professores e aos estudantes da Academia Afonsiana – Instituto Superior de Teologia* (9 fev. 2019), 3; IVEREIGH, *Francisco, o grande reformador*, 154, 156, 160.
189. LUCIANI, *El Papa Francisco y la teología del pueblo*, 12 (tradução nossa); cf. ibid., 80, 121, 124-125, 148, 151-152, 156, 186; FRANCISCO, *Veritatis Gaudium*, Proêmio n. 3; KASPER, *Papa Francisco*, 110-111.
190. Cf. ALONSO-LASHERAS, D., Evangelizzazione ed economia: denuncia e proposta, in: YÁÑEZ, H. M. (org.), *Evangelii gaudium: il testo ci interroga*, 222.

téria de economia[191]. Para alguns intelectuais e economistas é admissível o fato de a Igreja possuir um apelo ético-social, falar de pobres e motivar a caridade. Inadmissível é a crítica aos incontestes princípios e estruturas do atual ordenamento econômico. As advertências papais, decerto, irritaram ainda mais aqueles que, ideologicamente, continuam a propalar o triunfo absoluto dos dogmas capitalistas após a queda do muro de Berlim[192].

Para a insatisfação dos críticos concentrados no estilo exortativo da *Evangelii Gaudium*, prontos a relativizar as denúncias do Papa, tratando-as como simples opiniões desprovidas de caráter doutrinal, a Exortação foi referendada por duas Encíclicas Sociais: a *Laudato Si'* e a *Fratelli Tutti*. Se na *Evangelii Gaudium* e na *Laudato Si'* os efeitos da última crise financeira (2007-2008) e da degradação ambiental esteavam a crítica às imperfeições da ordem econômica, no caso da *Fratelli Tutti* um novo fenômeno corrobora o realismo analítico de Francisco: a COVID-19.

No que concerne à recepção e à sistematização das críticas e proposições socioeconômicas do Papa Francisco, o método mais apropriado, conforme preanunciado na introdução do capítulo, é o indutivo, tradicionalmente empregado pela Igreja em seu ensinamento social, máxime após o Concílio Vaticano II. A opção por esse método – constituído pelas etapas contemplativo-analítica (*ver*), discernitivo-avaliativa (*julgar*) e propositivo-operativa (*agir*) –, além de salvaguardar o caráter teológico-moral da abordagem[193],

---

191. As principais críticas encontram-se compendiadas nas seguintes obras: TORNIELLI, A.; GALEAZZI, G., *Papa Francesco*. *Questa economia uccide*, Milano, Piemme, 2015, 53, 66, 74-77, 89, 91-93, 101; BORGHESI, *Jorge Mario Bergoglio*, 18, 22, 217-220.
192. Cf. TORNIELLI; GALEAZZI, *Papa Francesco*, 78, 88, 100; RICUPERO, R., *Esperança e ação. A ONU e a busca de desenvolvimento mais justo: um depoimento pessoal*, São Paulo, Paz e Terra, 2002, 103, 227, 261-262.
193. Cf. CARLOTTI, "Un chiarimento decisivo", 158, 170.

garante a devida atenção à sobredita hermenêutica evangélica da cultura.

3.1. Contemplar: uma economia adoecida e homicida

Papa Francisco define a primeira etapa do método indutivo, a contemplativo-analítica, como o momento de "ver a realidade que nos circunda à luz da providência de Deus"[194]. Segundo o pontífice, essa etapa deve ser condicionada pelo olhar do discípulo de Cristo, a fim de se evitar um reducionismo interpretativo de tipo socializante, seja ele de corte liberal ou marxista[195]. Tendo em consideração essa percepção inicial e o escopo específico dessa terceira e última parte, cabe perguntar: como o Papa argentino entende a economia à luz da fé e do discipulado?

A contemplação da realidade econômica à luz da fé cristã é orientada por dois princípios caros ao ensinamento social da Igreja e ao Papa: o bem comum e a destinação universal dos bens[196]. Na base desses princípios encontra-se uma Teologia, segundo a qual a realidade criada, inclusive a humana, é apreendida como dom gratuito oferecido por Deus. Os bens da criação, destinados à satisfação das necessidades e ao desenvolvimento integral dos filhos de Deus – portadores duma mesma dignidade –, são reconhecidos como patrimônio ou "herança comum"[197].

---

194. FRANCESCO, Prefazione, in: ZANZUCCHI, M. (org.), *Potere e denaro. La giustizia sociale secondo Bergoglio*, Roma, Città Nuova, 2018, 9 (tradução nossa).
195. Cf. FRANCISCO, *Discurso aos bispos responsáveis do Conselho Episcopal Latino-Americano (CELAM) por ocasião da reunião geral de coordenação* (28 jul. 2013), 4.
196. Cf. PONTIFÍCIO CONSELHO JUSTIÇA E PAZ, *Compêndio da Doutrina Social da Igreja*, São Paulo, Paulinas, 2008, nn. 164-184.
197. FRANCISCO, Carta encíclica *Laudato si'*, 24 mai. 2015, in AAS 107 (2015), 847-945, n. 93; cf. ibid., nn. 94-95; id., *Fratelli tutti*, nn. 118-119; id., *Mensagem para a celebração do XLVII dia mundial da paz* (8 dez. 2013), n. 9; id., *Audiência geral. Catequese – "Curar o mundo": fé e dignidade humana* (12 ago. 2020), 2; id., *Discurso ao parlamento europeu* (25 nov. 2014), 7.

O princípio da destinação universal dos bens, de modo particular, precede, subordina e relativiza o direito à propriedade privada, sobrelevando-lhe a função social. Por essa razão, como explica o Papa argentino, em sintonia com o tradicional ensinamento da Igreja, "o direito à propriedade privada só pode ser considerado como um direito natural secundário e derivado do princípio do destino universal dos bens criados [...]"[198]. Esse entendimento coloca em movimento uma lógica concentrada na custódia e na administração dos bens criados, tendo em vista a promoção do bem comum.

A atividade econômica, vista à luz da providência divina, alinha-se a esse propósito administrativo. Segundo o Papa, "a economia – como indica o próprio termo – deveria ser a arte de alcançar uma adequada administração da casa comum, que é o mundo inteiro"[199]. Entretanto, onde está e quando surge o imbróglio? O problema está na ambiguidade da prática econômica, isto é, no seu potencial para promover ou defraudar a dignidade humana. A dificuldade surge quando a arte de administrar é contaminada pela lógica utilitarista da eficiência produtiva e da lucratividade a qualquer custo[200].

Do ponto de vista da fé, na base da lógica utilitarista e da atividade econômica sub-humana encontra-se a mesma raiz dos pecados individuais e sociais: a negação da trans-

---

198. Id., *Fratelli tutti*, n. 120; cf. ibid., n. 123; id., *Laudato si'*, n. 93; id., *Participação ao II encontro mundial dos movimentos populares – Bolívia* (9 jul. 2015), 7. Na *Evangelii Gaudium*, Papa Francisco exorta enfaticamente: "a posse privada dos bens justifica-se para cuidar deles e aumentá-los de modo que sirvam melhor o bem comum, pelo que a solidariedade deve ser vivida como a decisão de devolver ao pobre o que lhe corresponde" (id., *Evangelii gaudium*, n. 189).

199. Id., *Evangelii gaudium*, n. 206; cf. id., *Laudato si'*, n. 13; id., *Encontro com a sociedade civil – Equador* (7 jul. 2015), 3; id., *Participação ao II encontro mundial dos movimentos populares – Bolívia* (9 jul. 2015), 6; PAPA FRANCESCO; IVEREIGH, A., *Ritorniamo a sognare. La strada verso un futuro migliore*, Milano, Piemme, 2020, 77.

200. Cf. FRANCISCO, *Laudato si'*, n. 159; FRANCESCO, Prefazione, in: ZANZUCCHI, M. (org.), *Potere e denaro*, 5.

cendência, ou ainda, o afastamento de Deus e do próximo. O homem, negando a sua posição de tutor, administrador e "cocriador", cede à tentação "de querer possuir, de querer dominar os irmãos e irmãs, de pretender possuir e dominar a natureza e o próprio Deus"[201]. Na transição do *homo sapiens* ao *homo oeconomicus* (calculista e egoísta) se dá a perda de harmonia com as realidades criadas e com o *ethos* comum[202].

No fundo, por trás das crises econômicas e das injustiças sociais se esconde uma crise antropológica bipartida em duas negações coligadas: a negação da situação criatural do homem e a negação da subordinação do econômico ao primado do ser humano. Em ambos os casos, o lugar de Deus é usurpado: ou quando o homem erige a si mesmo como o senhor de todas as coisas ou quando, ignorando a ordem de prevalência ontológica pensada originalmente[203], diviniza realidades inferiores, como o dinheiro e o mercado, colocando-as acima do Criador e da dignidade humana.

A consequência dessa atitude pecaminosa é a existência de "uma economia sem rosto e sem um objetivo verdadeiramente humano"[204], de "uma economia doente"[205]. Papa Francisco a denuncia com quatro negações: *não* a uma economia da exclusão, *não* à idolatria do dinheiro, *não* a um dinheiro que governa em vez de servir e *não* à desigualdade social que gera violência[206]. Todos esses *nãos* podem

---

201. FRANCISCO, *Audiência geral. Catequese – "Curar o mundo": o destino universal dos bens e a virtude da esperança* (26 ago. 2020), 1-2; cf. PAPA FRANCESCO; IVEREIGH, *Ritorniamo a sognare*, 8-9, 36, 40.
202. Cf. FRANCISCO, *Audiência geral. Catequese – "Curar o mundo": o destino universal dos bens e a virtude da esperança* (26 ago. 2020), 2; id., *Evangelii gaudium*, nn. 57, 64; id., *Mensagem para a celebração do XLVII dia mundial da paz* (8 dez. 2013), n. 6.
203. Cf. TOSO, *Dimensione sociale della fede*, 494-495.
204. FRANCISCO, *Evangelii gaudium*, n. 55.
205. Id., *Audiência geral. Catequese – "Curar o mundo": o destino universal dos bens e a virtude da esperança* (26 ago. 2020), 1.
206. Cf. id., *Evangelii gaudium*, nn. 53-60.

ser subsumidos sucintamente na idolatria do capital e do mercado decorrente da divinização, sacralização e absolutização dos seus interesses e mecanismos[207].

Todavia, a crítica de Francisco à idolatria do mercado e, por conseguinte, do capital, não é genérica. Na Encíclica *Fratelli Tutti*, o pontífice utiliza um termo clarificador, antes não mencionado na *Evangelii Gaudium* e na *Laudato Si'*: neoliberalismo. Posto isso, a denúncia recai, especificamente, sobre a orientação neoliberal do mercado ou, em outras palavras, sobre a economia de mercado neoliberal. Mas em que consiste a crítica? Ela consiste, substancialmente, na confutação da autonomia absoluta do mercado e da correlata "teoria" da recaída ou gotejamento favorável (também conhecida como *trickle-down effect* ou *trickle down economics*)[208].

De acordo com essa "teoria" (ligada ao enfoque neoliberal dos anos de 1980 e, assim, à economia considerada pelo lado da oferta), o aumento da demanda de mão de obra, da produtividade e dos salários vem sempre a reboque do crescimento econômico determinado pelo dinamismo do livre mercado e por uma política fiscal favorável aos investimentos (*flat tax*). Mesmo que o mercado não elimine as desigualdades extremas, ao menos os investimentos, o consumo e a filantropia dos mais abastados fazem "girar" a economia e gotejar recursos até as camadas sociais mais baixas. Além do mais, o crescimento econômico possibilita ou reforça, hipoteticamente, a capacidade econômica dos Estados para implementar políticas corretivas (embora as imperfeições do mercado sejam sempre negadas ou minimizadas por seus defensores) destinadas

---

207. Cf. ibid., nn. 54, 56-57; id., *Participação ao II encontro mundial dos movimentos populares – Bolívia* (9 jul. 2015), 3; cf. id., *Discurso aos participantes no congresso mundial da Associação Internacional de Direito Penal* (15 nov. 2019), 1-2.
208. Cf. FRANCISCO, *Fratelli tutti*, nn. 109, 168; id., *Evangelii gaudium*, n. 54.

à melhor distribuição dos rendimentos e, assim, à redução da pobreza. De qualquer forma, os estratos inferiores seriam beneficiados e as desigualdades aplacadas[209].

Na opinião contrária do Papa, o excesso de confiança "nas forças cegas e na mão invisível do mercado"[210], isto é, num tipo de capitalismo e liberalismo selvagens (ultraliberalismo), não corrobora, como demonstra a fatualidade das recorrentes crises, a "maior equidade e inclusão social no mundo"[211]. Na prática, o "dogma de fé neoliberal"[212] não se confirma: o simples crescimento econômico esteado no aumento do lucro financeiro, seja ele produtivo ou especulativo, não chega a todos. A torta pode até crescer, mas o tamanho e a distribuição das fatias mantêm-se inalterados[213].

A especulação financeira, no contexto neoliberal, também passa pelo crivo crítico de Francisco uma vez que essa, ao buscar a realização de lucros no curto prazo e ao plasmar uma economia diluída e gasosa, escanteia as exigências da economia real e do bem comum. Os efeitos deletérios da crise do *subprime* (2007-2008) revelam, cabalmente, o poder tirânico e predatório do capital espe-

---

209. Cf. ALONSO-LASHERAS, Evangelizzazione ed economia, 226; FELICE, F., La sfida inclusiva di Papa Francesco, in: I LATERANI, *Evangelii gaudium: una lettura teologico-pastorale*, Città del Vaticano, Lateran University Press, 2015, 86; BECCHETTI, L., *Bergoglionomics. La rivoluzione sobria di Papa Francesco*, Roma, Minium fax, 2020, 7, 92-96; TORNIELLI; GALEAZZI, *Papa Francesco*, 57, 187, 210; COTTARELLI, C., *Chimere. Sogni e fallimenti dell'economia*, Milano, Feltrinelli, 2023, 127-128, 131-133, 137-138, 142-143.
210. FRANCISCO, *Evangelii gaudium*, n. 204.
211. Ibid., n. 54; cf. FRANCESCO, Prefazione, in: ZANZUCCHI, M. (org.), *Potere e denaro*, 6; BERGOGLIO, J. M., Prólogo, in: CARRIQUIRY, G., *Una apuesta por América Latina*, Buenos Aires, Sudamericana, 2005, 7, 10; BERGOGLIO, J.; SKORKA, A., *Il cielo e la terra. Il pensiero di Papa Francisco sulla famiglia, la fede e la missione della Chiesa nel XXI secolo*, Milano, Oscar Mondadori, 2013, 146, 157; BERGOGLIO, J. M., *Dialogos entre Juan Pablo II y Fidel Castro*, Buenos Aires; Ciudad Argentina, Hispania Libros, 2015, 46-47.
212. FRANCISCO, *Fratelli tutti*, n. 168.
213. Cf. id., *Laudato si'*, n. 190; id., *Participação ao II encontro mundial dos movimentos populares – Bolívia* (9 jul. 2015), 7; PAPA FRANCESCO; IVEREIGH, *Ritorniamo a sognare*, 123, 125, 129, 151.

culativo exercido sobre a autonomia política dos governos nacionais. Segundo o Papa, "o capital financeiro global está na origem de crimes graves não só contra a propriedade, mas também contra as pessoas e o ambiente"[214].

A racionalidade neoliberal, ao exacerbar a competitividade elidente, reforça "a lei do mais forte"[215] e a lógica do "salve-se quem puder"[216], a ponto de o outro ser visto quase sempre como concorrente ou inimigo potencial. Numa atmosfera de desconfiança, o individualismo se radicaliza, tornando-se um dos "vírus" mais difíceis de ser derrotado. O importante é a realização imediata e integral dos próprios interesses; tudo o mais, como as necessidades alheias e ambientais, não importa, pode ser relativizado e deixado fora dos "muros" da autopreservação, a cargo do livre mercado[217].

O individualismo não enfraquece somente os vínculos comunitários e as instituições comprometidas com o bem comum, mas engendra uma verdadeira cultura do descarte e do desperdício, seja de recursos naturais, de bens, de resíduos produtivos, de alimentos ou até mesmo de pessoas. Se um membro ou uma parte da sociedade não serve para produzir

---

214. FRANCISCO, *Discurso aos participantes no congresso mundial da Associação Internacional de Direito Penal* (15 nov. 2019), 2; cf. id., *Laudato si'*, nn. 32, 36, 48, 56, 61, 189; id., *Fratelli tutti*, nn. 52, 168, 170; id., *Evangelii gaudium*, nn. 56, 202; id., *Visita a Assis por ocasião do evento "Economy of Francesco"* (24 set. 2022), 1; id., *Discurso aos participantes no Congresso da Uniapac International* (21 out. 2022), 4; id., *Discurso ao conselho por um capitalismo inclusivo* (11 nov. 2019), 1; id., *Audiência geral. Catequese – "Curar o mundo": a opção preferencial pelos pobres e a virtude da caridade* (19 ago. 2020), 2; FRANCESCO, Prefazione, in: ZANZUCCHI, M. (org.), *Potere e denaro*, 6-7; id., *Discorso a un gruppo di imprenditori dalla Spagna* (17 out. 2022), 2; PAPA FRANCESCO; IVEREIGH, *Ritorniamo a sognare*, 53, 126-127; CONGREGAÇÃO PARA A DOUTRINA DA FÉ; DICASTÉRIO PARA O SERVIÇO DO DESENVOLVIMENTO HUMANO INTEGRAL, *Oeconomicae et pecuniariae quaestiones*, in: AAS 110 (2018) 769-795, nn. 14-15, 21, 29.

215. FRANCISCO, *Evangelii gaudium*, n. 53.

216. Id., *Fratelli tutti*, n. 36; cf. PAPA FRANCESCO; IVEREIGH, *Ritorniamo a sognare*, 132.

217. Cf. FRANCISCO, *Laudato si'*, nn. 82, 122-123; id., *Fratelli tutti*, nn. 105, 152; id., *Evangelii gaudium*, nn. 53-54.

e consumir, deve ser rapidamente descartada como se fosse um peso morto. A fim de manter a sua posição e os seus interesses, o indivíduo precisa ser forte, ágil e indiferente à fragilidade dos "inúteis" jogados à beira do caminho[218].

A cultura do descarte e a globalização da indiferença são reforçadas pelo estratégico e continuado estímulo ao consumo. A obsessão consumista, um dos principais motores da aceleração produtiva e da degradação ambiental, provoca, simultaneamente, instabilidade pessoal e social. A primeira é causada pela ânsia voraz de acompanhar o ritmo das inovações ofertadas pelos mecanismos do mercado. A segunda nasce do fato de nem todos terem o direito de consumir. A sedimentação das desigualdades sociais, ao perpetuar injustiças, converte-se em fonte natural de violência[219].

A uma economia idólatra e adoecida, como é a neoliberal, num contexto social igualmente mórbido, com estruturas cambaleantes, corresponde uma dinâmica sacrifical, responsável pela eliminação de milhões de pessoas. A adoração junto aos altares do capital e do mercado é incompatível com a vida digna para todos. Segundo Papa Francisco, a essa economia deve-se dar um basta: "digamos

---

218. Cf. id., *Laudato si'*, nn. 22, 27, 123, 162; id., *Fratelli tutti*, nn. 18, 30-31, 64-65, 71-73, 188; id., *Evangelii gaudium*, nn. 2, 53-54, 67, 74; id., *Discurso aos professores e aos estudantes da Academia Afonsiana – Instituto Superior de Teologia* (9 fev. 2019), 4; id., *Mensagem para a celebração do XLVII dia mundial da paz* (8 dez. 2013), n. 1; id., *Audiência geral. Catequese – "Curar o mundo": fé e dignidade humana* (12 ago. 2020), 1-2; id., *Discurso ao parlamento europeu* (25 nov. 2014), 2, 4; id., *Encontro com a sociedade civil – Equador* (7 jul. 2015), 1.

219. Cf. FRANCISCO, *Laudato si'*, nn. 34, 47, 50, 52, 55, 90, 161, 204; id., *Fratelli tutti*, nn. 13, 222; id., *Evangelii gaudium*, nn. 54, 59-60, 196; id., *Mensagem para a celebração do XLVII dia mundial da paz* (8 dez. 2013), n. 6; id., *Audiência geral. Catequese – "Curar o mundo": fé e dignidade humana* (12 ago. 2020), 2-3; id., *Encontro com sacerdotes, religiosos, religiosas e seminaristas – Bolívia* (9 jul. 2015), 2; id., *Discurso aos participantes no congresso mundial da Associação Internacional de Direito Penal* (15 nov. 2019), 4; id., *Entrega do prêmio Carlo Magno* (6 maio 2016), 6; AMARANTE (org.), *La vita morale è un'educazione all'umano e non una retorica degli schemi*, 223; PAPA FRANCESCO; IVEREIGH, *Ritorniamo a sognare*, 21-23, 79, 113, 125, 127, 144.

não a uma economia de exclusão e desigualdade, onde o dinheiro reina em vez de servir. Esta economia mata. Esta economia exclui. Esta economia destrói a Mãe Terra"[220].

3.2. Discernir: uma economia com rosto humano

Uma vez denunciado um tipo de economia adoecida e homicida, urge discernir para encontrar novos caminhos e alternativas. Mas qual é o significado desse discernimento? Conforme explica Papa Francisco, essa etapa corresponde ao momento de ler os sinais dos tempos (mudanças, fraquezas e possibilidades), recuperar valores e, enfim, julgar a realidade "segundo Jesus Cristo, caminho, verdade e vida"[221], ou ainda, segundo "a gramática do Reino"[222] aplicada no texto das bem-aventuranças (cf. Lc 6,20-26; Mt 5,1-12) e do juízo final (cf. Mt 25,31-46)[223].

Com relação aos critérios para discernir e julgar o modo como se vive a dinâmica do Reino no mundo, o Papa repropõe os princípios da Doutrina Social da Igreja, oriundos da reflexão do Evangelho. Destarte, a aplicação desses princípios requer a análise sistêmica de cada um deles e

---

220. FRANCISCO, *Participação ao II encontro mundial dos movimentos populares – Bolívia* (9 jul. 2015), 6; cf. ibid., 7; id., *Fratelli tutti*, n. 22; id., *Evangelii gaudium*, n. 53; id., *Audiência geral. Catequese – "Curar o mundo": a opção preferencial pelos pobres e a virtude da caridade* (19 ago. 2020), 2; id., *Audiência geral. Catequese – "Curar o mundo": o destino universal dos bens e a virtude da esperança* (26 ago. 2020), 1, 3; id., *Audiência geral. Catequese – "Curar o mundo": a solidariedade e a virtude da fé* (2 set. 2020), 2; id., *Encontro com os representantes da sociedade civil – Paraguai* (11 jul. 2015), 6; id., *Discurso ao conselho por um capitalismo inclusivo* (11 nov. 2019), 1; GASDA, E. E., Essa economia mata (EG, 53): crítica teológica do capitalismo inviável, *Perspectiva Teológica*, v. 49, n. 3 (2017) 573-587, aqui 584.
221. FRANCESCO, Prefazione, in: ZANZUCCHI, M. (org.), *Potere e denaro*, 9 (tradução nossa).
222. PAPA FRANCESCO; IVEREIGH, *Ritorniamo a sognare*, 60 (tradução nossa).
223. Cf. FRANCISCO, *Evangelii gaudium*, nn. 179, 197, 209; id., *Audiência geral. Catequese – "Curar o mundo": a opção preferencial pelos pobres e a virtude da caridade* (19 ago. 2020), 1; PAPA FRANCESCO; IVEREIGH, *Ritorniamo a sognare*, 26, 59-60, 62-63, 66, 68, 121; BERGOGLIO; SKORKA, *Il cielo e la terra*, 153-154.

das suas inter-relações[224]. Porém, uma vez que o conjunto das tensões polares bergoglianas e dos seus princípios deriva "dos grandes postulados da Doutrina Social da Igreja"[225], o seu emprego (sem desmerecer a indicação papal), na condição de critério norteador, permite perfeitamente apreender a maneira com a qual o atual pontífice discerne e julga a questão econômica. A escolha das três tensões polares e dos seus quatro princípios (três dos quais foram propostos por Bergoglio quando ainda era provincial dos jesuítas na Argentina[226]) como critério analítico ampara-se na aplicação prática pensada genuinamente pelo autor: "o desenvolvimento da convivência social e a construção de um povo"[227] harmonizados por um projeto comparticipado em âmbito local e global[228]. O caráter sociocultural e político desse escopo representa a moldura na qual se insere o repensamento da prática econômica iluminada pela hermenêutica evangélica da cultura.

---

224. Cf. PAPA FRANCESCO; IVEREIGH, *Ritorniamo a sognare*, 60, 67-68. Papa Francisco nomeia esses princípios do seguinte modo: princípio da dignidade humana, do bem comum, da destinação universal dos bens, da solidariedade, da subsidiariedade, da opção preferencial pelos pobres e, finalmente, do cuidado da casa comum (cf. FRANCISCO, *Audiência geral. Catequese – "Curar o mundo": introdução* [5 ago. 2020], 2).
225. FRANCISCO, *Evangelii gaudium*, n. 221.
226. Cf. PAPA FRANCESCO; BERGOGLIO, J. M., Una istituzione che vive il suo carisma. Discorso di apertura della congregazione provinciale (18 fev. 1974), in: GALLO, M. (org.), *Papa Francesco – Jorge Mario Bergoglio*, 236-238.
227. FRANCISCO, *Evangelii gaudium*, n. 221. Sobre a diferença entre povo, país e nação-Estado e sobre a confluência das categorias míticas e lógicas na visão de Papa Francisco, conferir: FRANCISCO, *Evangelii gaudium*, n. 220; id., *Fratelli tutti*, nn. 158, 163; PAPA FRANCESCO; IVEREIGH, *Ritorniamo a sognare*, 111-112, 114-116; WOLTON, *Papa Francesco con Dominique Wolton*, 37, 93-94; PAPA FRANCESCO; BERGOGLIO, J. M., Prólogo, in: CARRIQUIRY, G., *El bicentenario de la independencia de los países latinoamericanos*, Madrid, Encuentro, 2012, 8-9; PAPA FRANCESCO; BERGOGLIO, J. M., *Noi come cittadini, noi come popolo. Verso un bicentenario in giustizia e solidarietà 2010-2016*, Città del Vaticano, Libreria Editrice Vaticana; Milano, Jaca Book, 2013, 68.
228. Cf. PAPA FRANCESCO; BERGOGLIO, *Noi come cittadini, noi come popolo*, 59.

a. A tensão entre plenitude e limite

A primeira tensão pensada pelo Papa argentino é constituída pelos polos *plenitude* e *limite*: "a plenitude gera a vontade de possuir tudo e o limite é o muro que nos aparece pela frente"[229]. À *plenitude* está associada a ideia de utopia entendida como horizonte mais amplo e atraente, como meta, ponto de chegada ou causa final (*telos*). Ao *limite* está vinculado o momento presente com seus condicionantes e crises que limitam a plena realização da utopia. De acordo com Bergoglio – à luz de Guardini –, nessa tensão nenhum dos polos "deve ser negado" nem sequer "absorver o outro"[230].

A noção de *plenitude* correlaciona-se também com a categoria *tempo*: "o tempo, considerado em sentido amplo, refere-se à plenitude como expressão do horizonte que se abre diante de nós, e o momento é expressão do limite que se vive num espaço circunscrito"[231]. Segundo Borghesi, a tensão bergogliana *plenitude-limite* identifica-se com os pares *plenitude-forma* e *ato-estrutura* guardinianos (seção 1.2.b, capítulo 2). Contudo, para além dessa legítima identificação, seria mais expressivo considerar a aludida tensão em conformidade com o quadro orgânico das relações seriais (seção 1.2.e, capítulo 2)[232].

A primeira tensão proposta por Bergoglio dá origem a dois princípios: *o tempo é superior ao espaço* e *a unidade prevalece sobre o conflito*. Por se tratar de princípios, neles é indicada uma acentuação específica por meio dos termos *superior, prevalece* e *é mais importante* (no caso do terceiro princípio). Obviamente, o Papa conhece a filosofia polar de Guardini; sabe bem, como citado, que entre os polos

---

229. FRANCISCO, *Evangelii gaudium*, n. 222.
230. PAPA FRANCESCO; BERGOGLIO, *Noi come cittadini, noi come popolo*, 61 (tradução nossa).
231. FRANCISCO, *Evangelii gaudium*, n. 222.
232. Cf. BORGHESI, *Jorge Mario Bergoglio*, 127-129.

opostos existe um diálogo complementar e unitivo, não obstante a prevalência do significado essencial de um deles num determinado momento.

Naturalmente, por trás dos princípios encontra-se uma leitura da condição sociopolítica e cultural hodierna atenta, por exemplo, ao tendencial predomínio do polo *limite* (da tensão *plenitude-limite*) refletido nos polos *espaço* e *conflito* dos dois primeiros princípios. Para que a ordem sociocultural não beire a falência é preciso sublinhar a *plenitude* significada nos polos *tempo* e *unidade*, sem elidir nenhum polo, pois, afinal, a vida social é *tempo* e *espaço*, *unidade* e *conflito*. Cumpre agora examinar como essa dinâmica polar se aplica à economia com vistas ao bem comum.

O tempo é superior ao espaço

Priorizar o tempo significa "ocupar-se mais com iniciar processos do que possuir espaços"[233]. Os processos possíveis de serem realizados em longo prazo requerem convicções claras, determinação, paciência e flexibilidade ante as contrariedades impostas pelos limites conjunturais. O tempo, como nota Francisco, "ordena os espaços, ilumina-os e transforma-os em elos de uma cadeia em constante crescimento, sem marcha atrás"[234]. Ao contrário, privilegiar o espaço é priorizar os resultados imediatos, a cristalização de tendências e a conservação do poder circunscrito num dado momento[235].

---

233. FRANCISCO, *Evangelii gaudium*, n. 223.
234. Ibidem; cf. id., Carta encíclica *Lumen Fidei*, 29 jun. 2013, in: AAS 105 (2013) 555-596, n. 57; PAPA FRANCESCO; BERGOGLIO, *Noi come cittadini, noi come popolo*, 62-63; PAPA FRANCESCO; IVEREIGH, *Ritorniamo a sognare*, 51, 106; CAPPELLETTO, N., I "principi-guida" di Papa Francesco, in: DEL MISSIER, G.; FIDALGO, A. G. (orgs.), *Amoris Laetitia. Il Vangelo dell'amore: un cammino da intraprendere...*, Padova, Messaggero di Sant'Antonio, 2018, 82, 84-85; COZZI, A verdade de Deus e do homem em Cristo, 71-72.
235. Cf. FRANCISCO, *Evangelii gaudium*, nn. 224-225.

A propósito da prática econômica, é necessário indagar qual tipo de economia, na visão de Bergoglio, deve opor-se ao *status quo* denunciado. Somente assim é possível individuar o caminho a ser palmilhado entre a experiência vivida e o horizonte utópico e projetar, esperançosamente, na linha do tempo, a realização de processos factíveis[236]. Evidentemente, o pensamento socioeconômico de Francisco exprime o ensinamento social da Igreja e, por esse ângulo, não é de se esperar uma novidade definitiva. Apesar disso, a ênfase e a clareza das suas posições merecem particular atenção.

Concisamente, o Papa anseia por uma economia "mais humana"[237], "mais materna"[238], isto é, "uma economia do cuidado"[239], inclusiva e, por isso mesmo, comprometida com a sustentação, proteção e regeneração da vida e do ambiente vital[240]. Ele concebe a economia como prática instrumental, em cujo centro se encontra a dignidade humana numa prospectiva ecológica; concebe uma economia a serviço do povo, com um mercado moralmente regulado e inclinado à participação de todos, segundo a lógica do bem comum. Bergoglio, amparando-se mormente em João Paulo II, almeja "uma economia social de mercado"[241].

---

236. Cf. DOWNING, La storia e l'orizzonte aperto del futuro, 94-95, 98.
237. FRANCISCO, *Discurso ao conselho por um capitalismo inclusivo* (11 nov. 2019), 1; cf. ibid., 2.
238. PAPA FRANCESCO; IVEREIGH, *Ritorniamo a sognare*, 73 (tradução nossa).
239. FRANCISCO, *Discurso aos participantes no Congresso da Uniapac International* (21 out. 2022), 3.
240. Cf. ibid., 2; id., *Visita a Assis por ocasião do evento "Economy of Francesco"* (24 set. 2022), 2; FRANCESCO, *Discorso a un gruppo di imprenditori dalla Spagna* (17 out. 2022), 3.
241. PAPA FRANCESCO; IVEREIGH, *Ritorniamo a sognare*, 126 (tradução nossa); cf. ibid., 11, 53, 127, 143; FRANCISCO, *Evangelii gaudium*, n. 55; id., *Entrega do prêmio Carlo Magno* (6 maio 2016), 5-6; id., *Mensagem aos participantes no Fórum da "European House – Ambrosetti"* (27 ago. 2020), 1-3; id., *Carta para o evento "Economy of Francesco"* (1 maio 2019), 1-2; id., *Discurso ao parlamento europeu* (25 nov. 2014), 8; BERGOGLIO, *Dialogos entre Juan Pablo II y Fidel Castro*, 47, 49; WOLTON, *Papa Francesco con Dominique Wolton*, 36, 72-73; JOÃO PAULO II, Carta

Na Exortação *Evangelii Gaudium* e na Encíclica *Laudato Si'*, o Papa aponta o maior entrave para colocar em movimento uma "economia com rosto humano"[242]: a ação sociopolítica animada por metas imediatistas e pela autoconservação dos espaços de poder. Como salienta o pontífice, "o drama de uma política focalizada nos resultados imediatos, apoiada também por populações consumistas, torna necessário produzir crescimento a curto prazo"[243]. Nesse seguimento, comprometer o nível de consumo equivale a pôr em risco a aprovação dos eleitores e a credibilidade dos investidores.

A política movida pela imediatez reforça um gênero de economia fechada concentricamente na eficiência produtiva, no lucro premente, na acumulação insaciável, na especulação financeira e na manutenção e ampliação dos mercados. O progressismo impulsivo impõe o crescimento econômico como escopo primário e modelo de desenvolvimento, malgrado os limites ambientais e as consequências socioculturais[244]. Recrudesce-se a crença num ordenamento que, hipoteticamente, "poderia, por si só, assegurar o futuro e a solução de todos os problemas"[245].

---

encíclica *Centesimus annus*, 1 maio 1991, in: AAS 83 (1991) 793-867, nn. 34-35, 40, 42-43, 48, 52; id., *Discurso al embajador de la República Federal de Alemania* (8 nov. 1990), 2; PONTIFÍCIO CONSELHO JUSTIÇA E PAZ, *Compêndio da Doutrina Social da Igreja*, nn. 347-355; TOSO, *Dimensione sociale della fede*, 316-317, 319-321, 516-517; FELICE, La sfida inclusiva di Papa Francesco, 87, 94-95.
242. FRANCISCO, *Encontro com os representantes da sociedade civil – Paraguai* (11 jul. 2015), 6.
243. Id., *Laudato si'*, n. 178; cf. id., *Evangelii gaudium*, n. 223; id., *Fratelli tutti*, nn. 4, 15-16, 161.
244. Cf. BERGOGLIO, Prólogo, in: CARRIQUIRY, G., *Una apuesta por América Latina*, 10-11; COTTARELLI, C., *Chimere*, 145-147, 149, 159, 167-168. Na *Laudato Si'*, Papa Francisco associa esse progressismo com a "ideia de um crescimento infinito ou ilimitado, que tanto entusiasmou os economistas, os teóricos da finança e da tecnologia. Isto supõe a mentira da disponibilidade infinita dos bens do planeta, que leva a 'esprêmê-lo' até ao limite e para além do mesmo" (FRANCISCO, *Laudato si'*, n. 106; cf. ibid., nn. 60, 78, 210).
245. FRANCISCO, *Fratelli tutti*, n. 167; cf. id., *Audiência geral. Catequese – "Curar o mundo": o destino universal dos bens e a virtude da esperança* (26 ago. 2020),

A unidade prevalece sobre o conflito

O segundo princípio derivante da tensão *plenitude-limite* é constituído pelos polos *unidade* e *conflito*: a *unidade* está para a plenitude e o *conflito* para o limite. De acordo com o Papa Bergoglio, existem três posturas distintas diante do conflito: (1) constatá-lo e evitá-lo, isto é, lavar as mãos como Pilatos; (2) enfrentá-lo e ficar aprisionado nele, sem uma perspectiva mais ampla e, portanto, aberta à "unidade profunda da realidade"[246] e, finalmente, (3) vivê-lo "de tal modo que nos leve a resolvê-lo, a superá-lo, como elo de uma cadeia, em um avanço para a unidade"[247].

Os polos *unidade* e *conflito* podem ser associados aos polos guardinianos *semelhança-diferença* e *unidade-multiplicidade* do grupo transcendental. Como visto na seção 1.2.d, capítulo 2, as relações entre esses opostos sintetizam a dinâmica da oposição polar de Guardini. Não é diferente para Bergoglio quando tem em vista a constituição duma unidade multifacetada resultante da tensão conflitiva: "não é apostar no sincretismo ou na absorção de um no outro, mas na resolução num plano superior que conserva em si as preciosas potencialidades das polaridades em contraste"[248].

No que diz respeito à economia, o segundo princípio bergogliano ajuda a repensar o funcionamento do mercado

---

1; PRODI, M., Fonti, metodo e orizzonte di Papa Francesco a partire dai quattro principi. Applicazioni pratiche per l'oggi, in: MANDREOLI, F. (org.), *La Teologia di Papa Francesco*, 199; ALONSO-LASHERAS, Evangelizzazione ed economia, 233.

246. FRANCISCO, *Evangelii gaudium*, n. 226.

247. FRANCISCO, *Lumen fidei*, n. 55; cf. id., *Evangelii gaudium*, n. 227; PAPA FRANCESCO; BERGOGLIO, *Noi come cittadini, noi come popolo*, 63.

248. FRANCISCO, *Evangelii gaudium*, n. 228; cf. id., *Discurso à Cúria Romana para as felicitações de natal* (21 dez. 2020), nn. 7, 10; PAPA FRANCESCO; IVEREIGH, *Ritorniamo a sognare*, 91-95. Nessa última obra, Francisco comenta a influência de Guardini nos seguintes termos: "Guardini me deu uma nova percepção dos conflitos, para enfrentá-los analisando a complexidade, sem aceitar qualquer reducionismo simplificador. As diferenças de tensão existem, cada uma vai na própria direção, mas coexistem no interior de uma unidade mais ampla" (ibid., 89-90 – tradução nossa).

atualmente orientado, em termos ideológicos, pelo neoliberalismo e, em termos teóricos, pela teoria neoclássica[249]. Diversamente do idealizado e propugnado, no lugar duma perfeita "autorregulação" impera uma concorrência imperfeita coadjuvada por condições assimétricas de participação. A prevalência da lógica darwiniana transforma o âmbito econômico e financeiro num campo de guerra – dentre outros menos perceptíveis –, com repercussões nefastas para o contexto socioambiental[250].

Em face dessa modalidade de competição elidente e tétrica, Francisco propõe "que o Estado regule um pouquinho"[251], isto é, cumpra a sua função reguladora em circunstâncias democráticas. Por certo, o Papa não pretende impor a exclusividade do binômio "mercado-Estado"[252] denunciada por seu predecessor, mas ressaltar o papel pacificador da instituição responsável, em primeiro lugar, pelo resguardo e promoção do bem comum tomado como

---

249. Cf. BRESSER-PEREIRA, L. C., *Globalização e competição. Por que alguns países emergentes têm sucesso e outros não*, Rio de Janeiro, Elsevier, 2009, 27, 29, 33, 219. As referências à teoria neoclássica delineadas no presente e no próximo capítulo concernem ao seu desenvolvimento mais recente, em especial àquele atinente à corrente definida pela defesa incondicional do *laissez-faire* (pró-livre mercado) e do anti-intervencionismo. Os economistas da escola austríaca (fundada por Carl Menger e, em seguida, representada, mormente, por Ludwig von Mises e Friedrich von Hayek) encontram-se ideologicamente alinhados (não tanto por questões metodológicas, mas por orientação política) com essa vertente neoclássica. Todavia, convém ressaltar, juntamente com Chang, que nem todos os neoclássicos pertencem à essa corrente mais radical e atualmente majoritária. Da mesma forma, é justo relevar que nem todos os defensores do livre mercado estão ligados à escola neoclássica (cf. ROSSETTI, J. P., *Introdução à economia*, São Paulo, Atlas, 2007, 63-64; CHANG, H., *Economia. Istruzione per l'uso*, Milano, il Saggiatore, 2015, 122-125, 137).

250. Cf. FRANCISCO, *Mensagem para a celebração do XLVII dia mundial da paz* (8 dez. 2013), n. 1.

251. WOLTON, *Papa Francesco con Dominique Wolton*, 72 (tradução nossa); cf. CONGREGAÇÃO PARA A DOUTRINA DA FÉ; DICASTÉRIO PARA O SERVIÇO DO DESENVOLVIMENTO HUMANO INTEGRAL, *Oeconomicae et pecuniariae quaestiones*, nn. 1, 13, 21.

252. BENTO XVI, Carta encíclica *Caritas in veritate*, 29 jun. 2009, in: AAS 101 (2009) 641-709, n. 39; cf. FRANCISCO, *Laudato si'*, n. 195.

plano superior no qual as tensões do mercado e, em geral, as socioeconômicas encontram solução, conforme a dinâmica da oposição polar.

A capacidade econômico-empresarial – percebida como dom divino no contexto da vocação humana ao desenvolvimento –, não exclui a preocupação com o progresso de todos os homens e do homem todo nem a lógica do dom recíproco, como ensina Bento XVI na Encíclica *Caritas in Veritate*, diversas vezes citada pelo atual pontífice[253]. Por possuir uma finalidade mais ampla, a atividade econômica não se reduz à instituição mercado, não obstante a sua importância. Nessa perspectiva, opina Alonso-Lasheras a respeito da aplicação do princípio *unidade-conflito* no ambiente econômico:

> Economia e ciência econômica são convidadas a ver a profunda unidade dos processos econômicos que deve prevalecer sobre o conflito e sobre a concorrência. O mercado não é somente o lugar no qual entram em concorrência os produtores, os vendedores e os consumidores. O mercado é também expressão de uma comunidade que permite e sustenta o andamento da economia[254].

b. A tensão entre ideia e realidade

O ponto de partida para a compreensão da tensão *ideia-realidade* é apresentado nestes termos: "a realidade simplesmente é, a ideia elabora-se"[255]. No parecer do Papa, idealismos e nominalismos, baseados em definições e classificações abstratas, são expressões duma interação distorcida entre os polos em questão, ou seja, decorrem da auto-

---

253. Cf. FRANCISCO, *Fratelli tutti*, nn. 123, 139, 140; BENTO XVI, *Caritas in veritate*, nn. 6, 8-9, 16-19, 21, 23, 34, 36-37, 39, 61, 68.
254. ALONSO-LASHERAS, *Evangelizzazione ed economia*, 233 (tradução nossa).
255. FRANCISCO, *Evangelii gaudium*, n. 231; cf. PAPA FRANCESCO; BERGOGLIO, *Noi come cittadini, noi come popolo*, 65.

nomia excessiva da *ideia* e da palavra em relação à *realidade*. Dado que a ideia "está a serviço da captação, compreensão e condução da realidade"[256], a *realidade* é mais importante do que a *ideia*. Eis o terceiro princípio.

A tensão *ideia-realidade* e o princípio dela derivante não possuem um equivalente direto nos polos e grupos guardinianos. Apesar disso, convém recordar que a oposição polar de Guardini é, como afirma o subtítulo do livro, um ensaio para uma filosofia do vivente concreto (vide seção 1.2.a, capítulo 2). A esse enfoque experiencial e tangível é possível vincular o realismo expresso na segunda tensão bergogliana. Porém, além dessa apreciação genérica, outro elemento é digno de atenção quando se busca um elo entre mestre e discípulo: a gnosiologia delineada no ensaio filosófico *A oposição polar*[257].

Para Guardini, há uma clara distinção entre o conhecimento científico-conceitual – de caráter racionalista-mecânico, demonstrativo, universal e abstrato-formal –, e o conhecimento intuitivo-vital que concerne a "um modo de conhecer mais próximo da vida"[258], mais contemplativo, místico, simbólico e, por isso mesmo, mais propenso à concretude intelectiva do tocar, do sentir e do ver[259]. O problema não está nos tipos de conhecimento em si, mas no excesso de autonomia de um deles causado pela cisão moderna. A esse respeito, explica o teólogo ítalo-germânico:

---

256. FRANCISCO, *Evangelii gaudium*, n. 232; cf. id., Carta apostólica *Sublimitas et miseria hominis*, 19 jun. 2023, 5; id., *Visita a Assis por ocasião do evento "Economy of Francesco"* (24 set. 2022), 6; PAPA FRANCESCO; BERGOGLIO, *Noi come cittadini, noi come popolo*, 66.

257. Borghesi correlaciona, analogicamente, a tensão *realidade-ideia* de Bergoglio com os pares polares *imanência-transcendência* (grupo transempírico) de Guardini. Porém não vai além dessa analogia por entender que a construção teórica do teólogo em *Der Gegensatz* "dispensa, metodologicamente, o problema da realidade", privando-se "da fundamental tensão entre idealismo e realismo, ideia e realidade, que oportunamente Bergoglio introduz na 'sua' tabela dos opostos" (BORGHESI, *Jorge Mario Bergoglio*, 131 – tradução nossa).

258. GUARDINI, *L'opposizione polare*, 16 (tradução nossa).

259. Cf. ibid., 15-20.

Os atos fundamentais do espírito se separaram da precedente unidade pré-crítica, se tornaram conscientes das suas essências e das suas tarefas particulares e se estabeleceram em "pureza crítica". Com isso, perdeu-se a unidade do vivente, sujeito da cultura, e a ordem dos valores que se sustentam reciprocamente. Em vez de uma autonomia conforme à essência, em relação com a totalidade, se desenvolveria uma absoluta: o autonomismo[260].

Diante disso, como se faz para conciliar os conhecimentos científico e intuitivo sem cair no racionalismo ou no intuicionismo? Guardini atribui ao conhecimento uma estrutura opositiva, negando a possibilidade de pureza (valor-limite) dos polos *lógico-formal* e *intuitivo*. Assim sendo, cada polo da tensão, inicialmente orientado "àquele lado do objeto cognoscível que lhe é particularmente ordenado"[261], após abandonar sua posição máxima de significado, ruma em direção ao do polo oposto (também em movimento) para com esse estabelecer um ponto de equilíbrio temporário.

Tal equilíbrio momentâneo – após o qual cada polo retorna a sua orientação particular, mantendo a tensão – tem como resultado um ato cognitivo concreto, chamado por Guardini de *visão (Anschauung)*[262]. Esse tipo de conhecimento vital, mais adequado à natureza estrutural do vivente concreto, implica um contato mínimo do sujeito conhecedor com a realidade a ser conhecida, de modo a evitar um objetivismo lógico-formal. Em vez de colocar-se defronte ao objeto para explorá-lo, o sujeito, na opinião de Guardini, é chamado a portar-se como:

---

260. Ibid., 23 (tradução nossa); cf. ibid., 21-22.
261. Ibid., 167 (tradução nossa).
262. Cf. ibid., 19, 159-169, 176-178, 184-185, 197. Sobre a definição de saturação de significado dos polos e de equilíbrio provisório, reproponho a nota de rodapé 88.

Um que sente o objeto, ou melhor, sente o equivalente subjetivo desse, a sua representação (o modo de fazer presente o objeto representativamente na consciência) "em si mesmo" e si [mesmo] "nessa" [representação]. [...] ele experimenta vitalmente em si uma "atividade criativa". O objeto – interno! – não "existe" para ele todo acabado e [assim] vem observado; não é sentido como "feito entrar de fora", mas como gerado desde o interior, no processo cognitivo[263].

Segundo Guardini, é preciso educar o pensamento em direção a uma "universalidade orgânica"[264]. Com isso, ele não intenta depreciar o trabalho científico nem a abstração pertinente ao ato de conceituar, mas opor-se ao *espírito de abstração*: "parece que o pensamento tenha esquecido que está em frente a 'coisas', [...] que os seus objetos não são configurações de sinais lógicos, mas realidades formadas, rotundas, por assim dizer, precisamente concretas"[265]. Ora, não estaria essa indignação na base da tensão *realidade-ideia* do Papa argentino e da sua crítica ao paradigma tecnocrático?

Papa Francisco não julga o avanço científico-tecnológico como um problema em si mesmo. A sua crítica dirige-se à deformação antropológica ínsita no paradigma tecnocrático e na sua difusão: "sobressai uma concepção do sujeito que progressivamente, no processo lógico-racional, compreende e assim se apropria do objeto que se encontra fora dele"[266]. Logo, o método científico, a técnica e a tecnologia tornam-se instrumentos para possuir, dominar e transformar, "como se o sujeito tivesse à sua frente a realidade informe totalmente disponível para a manipulação"[267].

---

263. GUARDINI, *L'opposizione polare*, 161 (tradução nossa).
264. Ibid., 190 (tradução nossa).
265. Ibid., 182 (tradução nossa).
266. FRANCISCO, *Laudato si'*, n. 106. No início do terceiro capítulo da referida Encíclica, o Papa questiona: "há um modo desordenado de conceber a vida e a ação do ser humano, que contradiz a realidade até o ponto de arruiná-la. Não poderemos deter-nos a pensar nisto?" (ibid., n. 101).
267. Ibid., n. 106; cf. DOWNING, La storia e l'orizzonte aperto del futuro, 96-97; TOSO, *Dimensione sociale della fede*, 500-501; DE OLIVEIRA, M. A., O novo

O paradigma tecnocrático, responsável pela imposição e reprodução dum *modus vivendi* e *operandi*, ou ainda, duma visão compreensiva "que condiciona a vida das pessoas e o funcionamento da sociedade"[268], tem na economia uma potente aliada: o setor econômico disponibiliza recursos para o desenvolvimento técnico-científico e, ao mesmo tempo, se beneficia com esse progresso traduzido em redução de custos, aumento de produtividade e maximização dos lucros. No final, o controle do capital e da tecnologia delimita a fronteira entre os donos e os dependentes do poder[269].

A economia – ao adotar e impulsionar uma racionalidade tecnicista, instrumentalista e utilitarista – torna-se uma das principais causas do atual mal-estar social, político e ambiental. Segundo o Papa, "não temos suficiente consciência de quais sejam as raízes mais profundas dos desequilíbrios atuais: estes têm a ver com a orientação, os fins, o sentido e o contexto social do crescimento tecnológico e econômico"[270]. A imposição ideológica do "paradigma tecnoeconômico"[271] como única alternativa, além de não resolver, reforça e potencializa os problemas estruturais da realidade[272].

---

humanismo segundo o papa Francisco, in: GUIMARÃES, J. G. M. et al. (orgs.), *O novo humanismo: paradigmas civilizatórios para o século XXI a partir do papa Francisco*, São Paulo, Paulus, 2022, 339-343, 354-355, 359-360.
    268. FRANCISCO, *Laudato si'*, n. 107; cf. ibid., n. 122; id., *Querida Amazônia*, n. 46; id., *Mensagem aos participantes no Fórum da "European House – Ambrosetti"* (27 ago. 2020), 2; PAPA FRANCESCO; IVEREIGH, *Ritorniamo a sognare*, 40-41, 132.
    269. Cf. FRANCISCO, *Laudato si'*, nn. 109, 128, 159, 187, 195; cf. id., *Querida Amazônia*, n. 46.
    270. Id., *Laudato si'*, n. 109; cf. id., *Mensagem para a quaresma de 2016* (4 out. 2015), 3.
    271. Id., *Laudato si'*, n. 53; cf. id., *Querida Amazônia*, n. 52; id., *Mensagem para a celebração do XLVII dia mundial da paz* (8 dez. 2013), n. 10; PIANA, *O magistério moral do papa Francisco*, 146-147, 169-170.
    272. Cf. FRANCISCO, *Laudato si'*, nn. 20, 54, 105, 109; DE OLIVEIRA, *O novo humanismo segundo o papa Francisco*, 344-347, 350-351, 360-361, 366.

Outra característica da evolução científico-tecnológica citada pelo Papa é a fragmentação do saber e a perda do "sentido da totalidade, das relações que existem entre as coisas, do horizonte alargado"[273]. As ciências econômicas, ao se isolarem nos seus pressupostos ideológicos e teóricos extremados – máxime os neoliberais e neoclássicos –, participam e nutrem essa fragmentação. As "receitas dogmáticas"[274] provenientes desses pressupostos apartam-se da concretude existencial e das demais áreas do saber (como a ético-moral). Fatalmente, a ideia torna-se superior à realidade.

Por esse ângulo, o princípio bergogliano derivado da tensão *realidade-ideia* – em sintonia com a filosofia do vivente concreto de Guardini – convida, oportunamente, as ciências econômicas a alargarem a visão, a superarem a miopia técnico-cientificista e a saírem do ambiente acadêmico, a fim de andarem nas periferias, deixando que a economia dessas realidades "também informe o próprio trabalho científico"[275]. Essa espécie de ciência itinerante emparelha-se com uma Teologia Moral, outrossim, a caminho, sensível às vicissitudes e clamores vindos da realidade sociocultural e econômica.

c. A tensão entre globalização e localização

Papa Francisco, referindo-se à terceira e última tensão (*globalização-localização*), conclui: "é preciso prestar

---

273. FRANCISCO, *Laudato si'*, n. 110; cf. ibid., nn. 138, 201; id., *Fratelli tutti*, nn. 204, 275; id., *Evangelii gaudium*, n. 243; DE OLIVEIRA, O novo humanismo segundo o papa Francisco, 358-359.
274. FRANCISCO, *Fratelli tutti*, n. 168; cf. id., *Laudato si'*, n. 195; FRECHINA, E. L., *Una economía que mata. El Papa Francisco y el dinero*, Madrid, PPC, 2015, 193, 197, 200; PRODI, Fonti, metodo e orizzonte di Papa Francesco a partire dai quattro principi, 197, 200.
275. ALONSO-LASHERAS, Evangelizzazione ed economia, 228 (tradução nossa); cf. ibid., 233; FRANCISCO, *Fratelli tutti*, n. 29; id., *Sublimitas et miseria hominis*, 5; AMARANTE (org.), La vita morale è un'educazione all'umano e non una retorica degli schemi, 223, 225-226; PAPA FRANCESCO; IVEREIGH, *Ritorniamo a sognare*, 15, 17, 20-23, 27, 62, 128-129, 136, 143-144.

atenção à dimensão global para não cair em uma mesquinha cotidianidade. Ao mesmo tempo, convém não perder de vista o que é local, que nos faz caminhar com os pés por terra"[276]. Os dois extremos a serem evitados (valores-limite) são o "universalismo abstrato e globalizante"[277] e o "localismo folclorista ou anárquico"[278], ou seja, o aniquilamento das realidades locais e o narcisismo hermético delas. Dessa tensão surge o quarto princípio: o todo é superior à parte[279].

Mas o que significa o termo *todo*? Uma leitura precipitada do princípio poderia levar à falsa ideia de apoio incondicional ao atual processo de globalização. Pelo contrário, na opinião de Bergoglio, é inaceitável um tipo de globalização propensa ao nivelamento e à supressão das diferenças e particularidades[280]. Do mesmo modo, é inconcebível a compreensão do *todo* como simples somatória das partes[281]. Para ele, a totalidade desejada está presente num modelo geométrico definido pela confluência de diversas partes e pela preservação das suas especificidades:

> o poliedro, que é a união de todas as parcialidades, que na unidade mantém a originalidade de cada parcialidade. É, por exemplo, a união dos povos que, na ordem universal,

---

276. FRANCISCO, *Evangelii gaudium*, n. 234; cf. id., *Fratelli tutti*, nn. 142-143.
277. Id., *Evangelii gaudium*, n. 234.
278. PAPA FRANCESCO; BERGOGLIO, *Noi come cittadini, noi come popolo*, 67 (tradução nossa); cf. FRANCISCO, *Fratelli tutti*, nn. 142, 146-148.
279. A terceira tensão bergogliana e o seu princípio podem ser correlacionados diretamente, como sugere Borghesi, com a díade guardiniana *individualidade-totalidade* pertencente ao grupo intraempírico (cf. BORGHESI, *Jorge Mario Bergoglio*, 132). Contudo, se se observa o aspecto quantitativo e qualitativo da tensão *globalização-localização* é possível correlacioná-la também com os polos *semelhança-diferença* e *unidade-multiplicidade* pertencentes ao grupo transcendental (seção 1.2.d, capítulo 2).
280. Cf. PAPA FRANCESCO; BERGOGLIO, *Noi come cittadini, noi come popolo*, 67.
281. Cf. FRANCISCO, *Evangelii gaudium*, n. 235; id., *Fratelli tutti*, n. 149; id., *Entrega do prêmio Carlo Magno* (6 maio 2016), 3.

mantêm a sua peculiaridade como povo; é a união das pessoas em uma sociedade que procura o bem comum[282].

Quanto ao aspecto econômico da globalização, Francisco critica a liberdade ilimitada do poder econômico e a volatilidade do capital indiferente a conflitos e necessidades locais. A voracidade especulativa e a globalização do paradigma tecnoeconômico tendem, quase sempre, à uniformização cultural, política e econômica útil à imposição de estilos de vida (como o consumista) alheios aos valores, tradições e história de um povo. O Papa chama esse fenômeno alienante – oriundo de uma "concepção imperial de globalização"[283] – de "colonização cultural"[284]. Para ele:

> O avanço deste globalismo favorece normalmente a identidade dos mais fortes que se protegem a si mesmos, mas procura dissolver as identidades das regiões mais frágeis e pobres, tornando-as mais vulneráveis e dependentes. Desta forma, a política torna-se cada vez mais frágil perante os poderes econômicos transnacionais que aplicam o lema "divide e reinarás"[285].

A tensão *globalização-localização* e o seu princípio-guia facultam o acesso da crítica de Bergoglio às diversas esfe-

---

282. PAPA FRANCESCO; BERGOGLIO, *Noi come cittadini, noi come popolo*, 68 (tradução nossa); cf. FRANCISCO, *Laudato si'*, n. 236; id., *Fratelli tutti*, nn. 145, 215; BERGOGLIO; SKORKA, *Il cielo e la terra*, 143.

283. BERGOGLIO, Prólogo, in: CARRIQUIRY, G., *Una apuesta por América Latina*, 10 (tradução nossa); cf. FRANCISCO, *Discurso ao parlamento europeu* (25 nov. 2014), 6; BERGOGLIO; SKORKA, *Il cielo e la terra*, 144.

284. FRANCISCO, *Fratelli tutti*, n. 14; cf. ibid., nn. 36, 51-53, 144; id., *Laudato si'*, n. 144; id., *Evangelii gaudium*, n. 62; id., *Querida Amazônia*, nn. 14, 16, 33, 39; WOLTON, *Papa Francesco con Dominique Wolton*, 167-168; LUCIANI, *El Papa Francisco y la teología del pueblo*, 49-51, 59-60, 135-137, 157. Na Encíclica *Fratelli Tutti*, observa o Santo Padre: "[...] em alguns países ou em certos setores deles, verifica-se um desprezo dos pobres e da sua cultura, bem como um viver com o olhar voltado para fora, como se um projeto de país importado procurasse ocupar o seu lugar" (FRANCISCO, *Fratelli tutti*, n. 73).

285. FRANCISCO, *Fratelli tutti*, n. 12; cf. ibid., nn. 17, 100.

ras do poder (local, nacional, regional e global) e aos diversos cenários situados entre o pequeno e o grande, entre o estrutural/sistêmico e o setorial/ordinário[286]. Ao mesmo tempo que denuncia o atual sistema socioeconômico como "injusto na sua raiz"[287], ele motiva iniciativas mais concretas, como os movimentos populares e as economias alternativas[288]. Sem dúvida, o seu discernimento, centrado no bem comum, não se dissipa no global nem se confina no local:

> Queremos uma mudança nas nossas vidas, nos nossos bairros, no vilarejo, na nossa realidade mais próxima; mas uma mudança que toque também o mundo inteiro, porque hoje a interdependência global requer respostas globais para os problemas locais. A globalização da esperança, que nasce dos povos e cresce entre os pobres, deve substituir esta globalização da exclusão e da indiferença[289].

Por fim, a justa relação entre *o todo* e *a parte* ajuda a distinguir o desenvolvimento sustentável e integral do crescimento econômico focado na maximização dos lucros e na acumulação. Tomar a parte (nesse caso o crescimen-

---

286. Cf. PAPA FRANCESCO; BERGOGLIO, *Noi come cittadini, noi come popolo*, 68; FRANCISCO, *Fratelli tutti*, nn. 78, 126.
287. FRANCISCO, *Evangelii gaudium*, n. 59; cf. ibid., nn. 188-189, 202; id., *Fratelli tutti*, n. 137; id., *Participação ao II encontro mundial dos movimentos populares – Bolívia* (9 jul. 2015), 4, 7; id., *Audiência geral. Catequese – "Curar o mundo": introdução* (5 ago. 2020), 1; id., *Audiência geral. Catequese – "Curar o mundo": a opção preferencial pelos pobres e a virtude da caridade* (19 ago. 2020), 2; id., *Audiência geral. Catequese – "Curar o mundo": a solidariedade e a virtude da fé* (2 set. 2020), 3; id., *Carta para o evento "Economy of Francesco"* (1 maio 2019), 1; id., *Visita a Assis por ocasião do evento "Economy of Francesco"* (24 set. 2022), 4-5; LUCIANI, *El Papa Francisco y la teología del pueblo*, 65-66.
288. Cf. FRANCISCO, *Laudato si'*, nn. 6, 129, 180, 183; id., *Fratelli tutti*, n. 169; id., *Querida Amazônia*, n. 17; id., *Participação ao II encontro mundial dos movimentos populares – Bolívia* (9 jul. 2015), 3-4, 7, 11; PAPA FRANCESCO; IVEREIGH, *Ritorniamo a sognare*, 53, 137, 148; PIANA, *O magistério moral do papa Francisco*, 170-173.
289. FRANCISCO, *Participação ao II encontro mundial dos movimentos populares – Bolívia* (9 jul. 2015), 2; cf. id., *Evangelii gaudium*, n. 206; PAPA FRANCESCO; IVEREIGH, *Ritorniamo a sognare*, 120.

to econômico) como se fosse o todo é cair numa concepção economicista e inautêntica de desenvolvimento. Papa Francisco, ao considerar a economia a partir dum prisma ecológico-integral, corrobora o ensinamento de Paulo VI: "o desenvolvimento não se reduz a um simples crescimento econômico. Para ser autêntico, deve ser integral, quer dizer, promover todos os homens e o homem todo"[290].

3.3. Propor: ecologia integral, política econômica e cultura do encontro

A última etapa do método indutivo concerne ao "agir concretamente para cuidar e reparar"[291], a partir da elaboração de um consenso assentado na defesa da dignidade e do bem de todos os homens e povos. Relativamente ao âmbito econômico, urge questionar *como se faz para*: (1) dissociar a reflexão econômica do paradigma técnico-científico; (2) aviar uma economia de mercado mais humana, cujas tensões sejam reguladas com vistas à integração e ao bem comum e, enfim, (3) viabilizar uma globalização poliédrica responsável pelo desenvolvimento integral e sustentável.

---

290. PAULO VI, Carta encíclica *Populorum progressio*, 26 mar. 1967, in: AAS 59 (1967) 257-299, n. 14; cf. FRANCISCO, *Evangelii gaudium*, nn. 181, 186, 188, 203-204, 219, 238, 240; id., *Laudato si'*, nn. 6, 13, 18, 46, 50, 109, 116, 141, 159, 176, 185, 190-194, 231; id., *Fratelli tutti*, nn. 21, 31, 118, 122, 129, 133, 138, 183-184, 235, 257, 276; id., *Discurso aos participantes no Congresso da Uniapac International* (21 out. 2022), 2; id., *Discurso ao conselho por um capitalismo inclusivo* (11 nov. 2019), 2; id., *Mensagem para a quaresma de 2016* (4 out. 2015), 3; id., *Encontro com a sociedade civil – Equador* (7 jul. 2015), 3; id., *Encontro com os representantes da sociedade civil – Paraguai* (11 jul. 2015), 5; id., *Mensagem aos participantes no Fórum da "European House – Ambrosetti"* (27 ago. 2020), 2; id., *Discurso aos professores e aos estudantes da Academia Afonsiana – Instituto Superior de Teologia* (9 fev. 2019), 4; PAPA FRANCESCO; IVEREIGH, *Ritorniamo a sognare*, 69, 126-127; FELICE, *La sfida inclusiva di Papa Francesco*, 87, 91.

291. PAPA FRANCESCO; IVEREIGH, *Ritorniamo a sognare*, 59 (tradução nossa); cf. ibid., 145, 151; FRANCESCO, Prefazione, in: ZANZUCCHI, M. (org.), *Potere e denaro*, 9.

A moral socioeconômica do Papa Francisco, em harmonia com o Magistério da Igreja, não apresenta uma fórmula econômica a ser "aplicável igualmente por todos"[292]. Ele mesmo reconhece que "nem o Papa nem a Igreja têm o monopólio da interpretação da realidade social e da proposta de soluções para problemas contemporâneos"[293]. Nada obstante, alguns percursos sugeridos tocam significativamente o universo econômico, tais como a conversão à ecologia integral, a anteposição da política à economia e a valorização do aporte integrativo oriundo da cultura do encontro.

a. A ecologia integral

De acordo com o Papa Francisco, interpretar a *Laudato Si'* como se fosse uma encíclica ecológica ou verde significa deturpar o seu autêntico valor. A sua insistência em destacar a natureza social do documento conduz à inevitável análise da inter-relação entre os elementos ambientais, culturais e socioeconômicos[294]. O fio condutor do texto, responsável pela interligação desses elementos, é a noção de ecologia integral. Sendo assim, com base nessa cosmovisão, é legítimo classificar a *Laudato Si'* como uma encíclica ecológico-integral voltada ao cuidado da casa comum[295].

No entendimento do Papa, não existe uma crise ambiental e uma crise social, mas uma única crise, a socioambiental. Porque tudo está interconectado, "a crise ecológica é uma expressão ou uma manifestação da crise ética,

---

292. FRANCISCO, *Fratelli tutti*, n. 165; cf. id., *Laudato si'*, n. 180.
293. Id., *Participação ao II encontro mundial dos movimentos populares – Bolívia* (9 jul. 2015), 6.
294. Cf. FRANCISCO, *Laudato si'*, nn. 3, 13, 15; FRANCESCO, "Avere coraggio e audacia profetica", 426; WOLTON, *Papa Francesco con Dominique Wolton*, 202.
295. Cf. ZAMAGNI, S., Un'ecologia integrale: civilizzare l'economia e custodire il creato, in: SASSI, P. (org.), *Cultura d'impresa ed ecologia integrale. L'enciclica Laudato si' per un dialogo tra economia e Chiesa*, Città del Vaticano, Libreria Editrice Vaticana, 2015, 46; BECCHETTI, *Bergoglionomics*, 17, 23-25, 31.

cultural e espiritual da modernidade"²⁹⁶. De modo complementar, a degradação ambiental implica uma degradação social, cujas consequências negativas afligem duramente os mais frágeis. Portanto, a preocupação com o meio ambiente está diretamente ligada à "justiça para com os pobres"²⁹⁷ e descartados, posto que o clamor dos últimos está unido ao clamor da terra²⁹⁸.

Segundo Francisco, a atual crise socioambiental demanda "um olhar diferente, uma política, um programa educativo, um estilo de vida e uma espiritualidade que oponham resistência ao avanço do paradigma tecnocrático"²⁹⁹. Dessarte, a conversão à ecologia integral apresenta-se como alternativa capaz de gerar uma convergente "comunhão universal"³⁰⁰ necessitante, outrossim, dum equilíbrio holístico: interior (consigo mesmo), transcendental-horizontal (com os outros), natural (com os demais seres vivos) e transcendental-vertical (com o próprio Deus)³⁰¹.

O conceito de ecologia integral oferece à atividade econômica um enquadramento preciso, direcionando-a à sua finalidade precípua: desenvolver-se como prática me-

---

296. FRANCISCO, *Laudato si'*, n. 119.
297. Ibid., n. 10.
298. Cf. ibid., nn. 16, 48-49, 53, 61, 91, 117, 122, 137, 139, 196, 201, 204, 214; id., *Querida Amazônia*, nn. 8, 52; id., *Visita a Assis por ocasião do evento "Economy of Francesco"* (24 set. 2022), 3; id., *Discurso aos membros da Fundação Centesimus Annus pro pontefice* (5 jun. 2023), 2; SÍNODO DOS BISPOS, *Assembleia Especial para a Região Panamazônica. Documento final* (26 out. 2019), nn. 10, 17, 65-66; ZAMBONI, S., L'ecologia integrale nel sinodo per l'Amazzonia, *Studia Moralia*, n. 58/1 (2020) 27-40, 30, 32-33, 36, 38; ZAMAGNI, Un'ecologia integrale, 49; TOSO, *Dimensione sociale della fede*, 485-488, 498, 506; DE OLIVEIRA, O novo humanismo segundo o papa Francisco, 346, 351-353, 356-357, 364-365.
299. FRANCISCO, *Laudato si'*, n. 111.
300. FRANCISCO, *Laudato si'*, n. 220.
301. Cf. ibid., n. 210; FRANCESCO, *Discorso a un gruppo di imprenditori dalla Spagna* (17 out. 2022), 2; SÍNODO DOS BISPOS, *Assembleia Especial para a Região Panamazônica. Documento final* (26 out. 2019), n. 9; ZAMBONI, L'ecologia integrale nel sinodo per l'Amazzonia, 29, 32, 37; CABRERA, *La moral social para conocer a Francisco*, 231, 233, 300, 318-319.

diadora. Por conseguinte, os "modelos de desenvolvimento, produção e consumo"[302], por impactarem o ambiente e a vida social, também participam da visão ecológica integral e estão ao seu serviço. A esse modo de conceber a ecologia condiz uma "economia solidária e sustentável, circular e ecológica, tanto a nível local como internacional, no âmbito da pesquisa e no campo de ação, nos setores formal e informal"[303].

b. A política econômica

A política para o Papa é "uma sublime vocação, é uma das formas mais preciosas da caridade, porque busca o bem comum"[304]. Essa busca é orientada – ou deveria ser – para a garantia de oportunidades necessárias à plena realização das pessoas concebidas não só como sujeitos de direito, mas como agentes históricos portadores duma dignidade inalienável. Assim, a grande política firma-se como a arte de viabilizar o acesso ao trabalho e a recursos e serviços basilares, como educação, saúde, tecnologia, saneamento e habitação; ela ocupa-se, em primeira mão, das desigualdades sociais[305].

O serviço ao bem do povo – e, desse modo, à democracia –, realizado pela política, não é uma prerrogativa do aparato estatal nem dos políticos profissionais, porquanto "toda a sociedade – e, nela, especialmente o Estado – tem

---

302. FRANCISCO, *Laudato si'*, n. 138; cf. id., *Carta para o evento "Economy of Francesco"* (1 maio 2019), 1.
303. SÍNODO DOS BISPOS, *Assembleia Especial para a Região Panamazônica. Documento final* (26 out. 2019), n. 73; cf. ibid., nn. 65, 68, 71; FRANCISCO, *Laudato si'*, nn. 141-142; ZAMAGNI, *Un'ecologia integrale*, 49.
304. FRANCISCO, *Evangelii gaudium*, n. 205; cf. id., *Fratelli tutti*, nn. 180, 232; BERGOGLIO; SKORKA, *Il cielo e la terra*, 129.
305. Cf. FRANCISCO, *Evangelii gaudium*, nn. 178, 205; id., *Mensagem para a celebração do XLVII dia mundial da paz* (8 dez. 2013), n. 5; PAPA FRANCESCO; IVEREIGH, *Ritorniamo a sognare*, 128, 151.

obrigação de defender e promover o bem comum"[306]. Ao Estado cabe coordenar, planificar e tutelar a ação política em harmonia com a sociedade civil, a fim de construir um diálogo consensual entre os seus diferentes atores, representantes, organismos e instituições. Essa atuação moderadora possui como princípios norteadores a solidariedade e a subsidiariedade[307].

Um grande problema aventado por Papa Francisco é a submissão e, até mesmo, a substituição da política e do Estado pela economia. Os ditames e imediatismos do domínio econômico, sobretudo financeiro, invadem os espaços de poder e a autonomia das instituições, enfraquecendo-as[308]. Quando a dignidade humana e o bem comum saem do horizonte da política, a sociedade é pensada "como um componente da economia" e a democracia "como uma função do mercado"[309]. No lugar da política econômica, resta "uma economia sem política"[310] ou, no máximo, uma pseudoeconomia política.

---

306. FRANCISCO, *Laudato si'*, n. 157.
307. Cf. FRANCISCO, *Laudato si'*, nn. 157-158, 177, 179, 183; id., *Fratelli tutti*, nn. 77, 175; id., *Evangelii gaudium*, nn. 56, 240; PIANA, O magistério moral do papa Francisco, 178-180. A propósito do princípio da subsidiariedade, explica o Compêndio da Doutrina Social da Igreja: "todas as sociedades de ordem superior devem pôr-se em atitude de ajuda (*'subsidium'*) – e, portanto, de apoio, promoção e incremento – em relação às menores. Desse modo os corpos sociais intermédios podem cumprir adequadamente as funções que lhes competem sem que tenham de cedê-las injustamente a outras agremiações sociais de nível superior, pelas quais acabariam por ser absorvidos e substituídos, e por verem ser-lhes negadas, ao fim e ao cabo, dignidade própria e espaço vital" (PONTIFÍCIO CONSELHO JUSTIÇA E PAZ, *Compêndio da Doutrina Social da Igreja*, n. 186).
308. Cf. FRANCISCO, *Laudato si'*, nn. 181, 189; id., *Fratelli tutti*, nn. 176-177; CONGREGAÇÃO PARA A DOUTRINA DA FÉ; DICASTÉRIO PARA O SERVIÇO DO DESENVOLVIMENTO HUMANO INTEGRAL, *Oeconomicae et pecuniariae quaestiones*, nn. 12, 17; GASDA, Essa economia mata (EG, 53), 581-582, 584.
309. PAPA FRANCESCO; IVEREIGH, *Ritorniamo a sognare*, 127 (tradução nossa); cf. ibid., 133.
310. FRANCISCO, *Laudato si'*, n. 196; cf. TOSO, *Dimensione sociale della fede*, 513-515, 518.

Em vista disso, o atual pontífice recomenda uma política "que pense com visão ampla e leve em frente uma reformulação integral"[311] direcionada, mormente, ao fortalecimento das instituições da sociedade civil e ao enquadramento da prática econômica "num projeto político, social, cultural e popular que vise o bem comum"[312]. Sempre atento a esse último elemento e à dignidade humana, Papa Bergoglio, ao vislumbrar a interação entre política e economia, defende, enfaticamente, a prevalência da primeira e, portanto, a existência duma "política econômica ativa"[313].

No que concerne à política econômica global, o Papa repropõe uma "organização mundial mais eficiente"[314] baseada em "padrões reguladores globais"[315] ou, mais precisamente, num "ordenamento jurídico, político e econômico mundial"[316]. Ademais, Francisco sugere a reforma e o fortalecimento das instituições internacionais (nomeadamente a

---

311. FRANCISCO, *Laudato si'*, n. 197.
312. Id., *Fratelli tutti*, n. 179; cf. PAPA FRANCESCO; IVEREIGH, *Ritorniamo a sognare*, 54-55, 129; PIANA, O magistério moral do papa Francisco, 173-176.
313. FRANCISCO, *Fratelli tutti*, n. 168; cf. id., *Evangelii gaudium*, n. 203; CONGREGAÇÃO PARA A DOUTRINA DA FÉ; DICASTÉRIO PARA O SERVIÇO DO DESENVOLVIMENTO HUMANO INTEGRAL, *Oeconomicae et pecuniariae quaestiones*, nn. 12, 21; DE OLIVEIRA, O novo humanismo segundo o papa Francisco, 370-372.
314. FRANCISCO, *Fratelli tutti*, n. 165; cf. id., *Laudato si'*, n. 175. Nessa mesma direção, explica Papa Bento XVI na Encíclica sobre o desenvolvimento humano integral na caridade e na verdade: "para o governo da economia mundial, para sanar as economias atingidas pela crise de modo a prevenir seu agravamento e em consequência maiores desequilíbrios, para realizar um oportuno e integral desarmamento, a segurança alimentar e a paz, para garantir a salvaguarda do ambiente e para regulamentar os fluxos migratórios urge a presença de uma verdadeira *Autoridade política mundial*, delineada já pelo meu predecessor, o Beato João XXIII" (BENTO XVI, *Caritas in veritate*, n. 67).
315. FRANCISCO, *Laudato si'*, n. 173.
316. Id., *Fratelli tutti*, n. 138; CONGREGAÇÃO PARA A DOUTRINA DA FÉ; DICASTÉRIO PARA O SERVIÇO DO DESENVOLVIMENTO HUMANO INTEGRAL, *Oeconomicae et pecuniariae quaestiones*, nn. 19, 21, 25; TOSO, *Per una nuova democrazia*, Città del Vaticano, Libreria Editrice Vaticana, 2016, 36, 67-69, 93-94; ZAMAGNI, Un'ecologia integrale, 50, 52.

ONU)³¹⁷, bem como o emprego de estratégias multilaterais (para além dos acordos bilaterais) orientado à regulação do capital especulativo, à justa utilização dos "bens comuns globais"³¹⁸ e à promoção do bem comum universal³¹⁹.

c. A cultura do encontro

O êxito da política econômica nacional e internacional depende, em grande parte, de dois pressupostos: a abertura à diversidade e a predisposição ao consenso. Com efeito, esses pressupostos, ao confundirem-se na "arte do encontro"³²⁰, dão vida a uma lógica alternativa à globalização da indiferença; à "cultura dos muros"³²¹, do descarte e do confronto; ao globalismo; aos "nacionalismos fechados"³²² ou "narcisismos bairristas"³²³ e à "intolerância fundamentalista"³²⁴. Deveras, uma nova cultura desponta: a cultura do encontro, do diálogo, "da tolerância, da convivência e da paz"³²⁵.

A efetividade do encontro e do diálogo requer o acolhimento do outro como "interlocutor válido"³²⁶, como sujeito corroborativo, portador de "algo para dar"³²⁷, para oferecer. Esse algo, ao extrapolar a esfera econômico-financeira,

---
317. Cf. FRANCISCO, *Fratelli tutti*, nn. 172-173.
318. Id., *Laudato si'*, n. 174; cf. BECCHETTI, *Bergoglionomics*, 19, 45-47, 55.
319. Cf. FRANCISCO, *Fratelli tutti*, n. 174.
320. Ibid., n. 215.
321. Ibid., n. 27; cf. ibid., nn. 31, 152.
322. Ibid., n. 11; cf. ibid., nn. 86, 141.
323. Ibid., n. 146; cf. ibid., n. 202.
324. Ibid., n. 191.
325. Ibid., n. 192; cf. ibid., n. 30; id., *Evangelii gaudium*, nn. 238-239; id., *Participação ao II encontro mundial dos movimentos populares – Bolívia* (9 jul. 2015), 5; id., *Encontro com os representantes da sociedade civil – Paraguai* (11 jul. 2015), 3; JORQUERA, E. O., La cultura del encuentro y de la reciprocidad como camino de conversión económica y pastoral del papa Francisco, *Razón, Amor y Trascendencia*, n. 5 (2017) 7-14, 12, 13.
326. FRANCISCO, *Entrega do prêmio Carlo Magno* (6 maio 2016), 4; cf. id., *Fratelli tutti*, n. 218.
327. Id., *Fratelli tutti*, n. 203; cf. ibid., nn. 221, 228.

agrega novas perspectivas, conhecimentos e experiências. O autêntico encontro e o diálogo dele resultante robustecem "a convicção de que é possível chegar a algumas verdades fundamentais que devem e deverão ser sempre defendidas", ou ainda, corroboram a possibilidade duma ética pautada em "valores permanentes"[328].

No mundo da economia, a capacidade de encontro e de diálogo não se limita à negociação e à celebração de contratos vantajosos. Se exercido, proveitosamente, em uma perspectiva mais ampla, o diálogo torna-se um dispositivo notável para o reconhecimento de anseios e interesses comuns, não obstante as diferenças entre as partes dialogantes. Exatamente por isso, como salienta o Papa argentino, "dialogar não é negociar. Negociar significa garantir o meu pedaço. Ver como tiro proveito [...]. Deve-se procurar o bem comum para todos. Discutir, pensar uma melhor solução para todos"[329].

Com a proposição da cultura do encontro não se pretende suprimir, ingenuamente, o aspecto concorrencial da economia de mercado, mas lançar novas bases para superar os entraves político-econômicos "através do diálogo e de negociações transparentes, sinceras e pacientes"[330]. Não representa uma novidade absoluta a ideia do Papa Francisco sobre uma integração alicerçada na solidariedade, sobretudo em momentos de crise[331]. Nessa direção, um exemplo eloquente é a cooperação internacional vivida durante o pós-Segunda Guerra Mundial.

---

328. Ibid., n. 211; cf. id., *Encontro com a sociedade civil – Equador* (7 jul. 2015), 4.
329. Id., *Encontro com os representantes da sociedade civil – Paraguai* (11 jul. 2015), 4; cf. id., *Encontro com os participantes do V Congresso da Igreja Italiana* (10 nov. 2015), 8; FRANCESCO, *Discorso ai membri del "Consejo Empresarial de América Latina"* (1 jun. 2023), 1.
330. FRANCISCO, *Fratelli tutti*, n. 244.
331. Cf. id., *Entrega do prêmio Carlo Magno* (6 maio 2016), 2-3; id., *Audiência geral. Catequese – "Curar o mundo": a solidariedade e a virtude da fé* (2 set. 2020), 3.

A solidariedade e a fraternidade predicadas pelo Papa não dizem respeito a uma generosidade esporádica[332], mas a uma nova mentalidade "que pense em termos de comunidade, de prioridade da vida de todos sobre a apropriação dos bens por parte de alguns"[333]. De acordo com o atual pontífice, são necessárias três capacidades para fundar um novo humanismo: a capacidade de *integrar*, de *dialogar* e de *gerar*[334]. Por esse ângulo, a *geração* duma ordem econômica com rosto humano passa, impreterivelmente, por uma *integração* mais solidária a ser construída sobre as bases do *encontro* e do *diálogo*[335].

Em linhas gerais, as descrições e análises apresentadas nos três núcleos temáticos do presente capítulo colocam em evidência os fundamentos, o realismo e a pertinência da crítica do Papa Francisco à orientação neoliberal da economia de mercado[336]. A evolução tortuosa da economia mundial nas últimas décadas e a hodierna crise socioambiental são persuasivas e praticamente incontestáveis. Todavia, uma vez apresentados os principais traços da moral socioeconômica do pontífice argentino, cumpre averiguar se a sua proposta é factível, ou ainda, se é capaz de corroborar a existência duma economia próspera, produtiva e competitiva, porém relativa pelo fato de subordinar o valor econômico ao valor inestimável da dignidade humana.

---

332. Cf. id., *Audiência geral. Catequese – "Curar o mundo": a solidariedade e a virtude da fé* (2 set. 2020), 1-2.
333. Id., *Evangelii gaudium*, n. 188; cf. id., *Mensagem aos participantes no Fórum da "European House – Ambrosetti"* (27 ago. 2020), 1, 3; id., *Discurso aos membros da Fundação Centesimus Annus pro pontefice* (5 jun. 2023), 2.
334. Cf. FRANCISCO, *Entrega do prêmio Carlo Magno* (6 maio 2016), 3; id., *Audiência geral. Catequese – "Curar o mundo": a solidariedade e a virtude da fé* (2 set. 2020), 3.
335. Cf. DE OLIVEIRA, *O novo humanismo segundo o papa Francisco*, 361-366, 374.
336. Cf. TORNIELLI; GALEAZZI, *Papa Francesco*, 186-188.

CAPÍTULO III

A opção pelos últimos como critério teológico-moral e hermenêutico para o repensamento da prática econômica

Nas últimas três décadas do século XX, a ordem econômica mundial passou por uma expressiva mudança ideológica e prática: de uma orientação keynesiano-liberal a uma orientação neoliberal e neoclássica mais agressiva. Essa mudança não foi improvisada; antes, foi gestada e gradualmente impulsionada, desde o final da Segunda Guerra Mundial, por alguns expoentes, como Friedrich von Hayek (escola austríaca) e Milton Friedman (Universidade de Chicago). Após anos de "incubação", o receituário neoliberal ganhou a ribalta nos anos de 1970, com a promessa de superar a estagflação (estagnação combinada com inflação) e realinhar a economia global[1].

---

1. Cf. KLEIN, N., *La Doctrina del Shock. El auge del capitalismo del desastre*, Barcelona, Paidós, 2007, 28, 79-81, 84-85, 142, 324; PITA, F.; SIRLIN, E., El capitalismo neoliberal, in: MARCAIDA, E. V., (org.), *Historia económica mundial contemporánea. De la revolución industrial a la globalización neoliberal*, Buenos Aires, Dialektik, 2007, 300-305; GAUTHIER, A., *L'economia mondiale dal 1945 ad oggi*, Bologna, il Mulino, 1998, 256, 259.

A queda do muro de Berlim, a dissolução do bloco socialista e o malogro do planejamento centralizado corroboraram a investida neoliberal e a noção de vitória incondicional do capitalismo na sua versão indômita, isto é, livre das distorções intervencionistas[2]. No cenário norte-americano, essa interpretação ufanista foi promovida por um grupo de intelectuais – representados por Michael Novak, George Weigel, Richard Neuhaus e Robert Sirico – e assumida pela ala católica conservadora, numa espécie de aliança "ecumênica" com um tipo de protestantismo separatista e belicoso[3].

O pacto entre fundamentalismo protestante e ideologia neoliberal nos anos de 1970 foi possibilitado, de acordo com Hinkelammert, por "uma posição comum em relação à percepção da política e do Estado, por um lado, e da importância da busca do lucro e dos mercados, por outro"[4]. Em poucas palavras, tratava-se de uma concepção política a serviço da prática econômica e não do bem comum, segundo os ditames de uma ética individualista e privada. Por uma questão pragmática, o fundamentalismo protestante foi absorvido e incorporado no âmbito político, mesmo que, tradicionalmente, fosse avesso à política e aos assuntos relacionados ao Estado[5].

A migração de católicos estadunidenses em direção à tendência neoconservadora foi motivada pelas assim consideradas iniciativas liberais e laicistas do partido democrático – relacionadas grandemente à legalização do aborto em 1973 – durante a presidência de Jimmy Carter

---

2. Cf. PARSI, V. E., *Titanic. Naufragio o cambio di rotta per l'ordine liberale*, Bologna, il Mulino, ²2022, 31, 42, 56-60.
3. Cf. BORGHESI, M., *Francesco. La Chiesa tra ideologia teocon e "ospedale da campo"*, Milano, Jaca Book, 2021, 21-22, 64, 78-79.
4. ASSMANN; HINKELAMMERT, *A idolatria do mercado*, 99; cf. ibid., 97, 104-105.
5. Cf. ASSMANN; HINKELAMMERT, *A idolatria do mercado*, 98, 108-111, 263, 277-278.

(1977-1981). Não obstante o heterogêneo cenário católico norte-americano, a eleição do republicano Ronald Reagan (1981-1989) estimulou a polarização entre dois grupos oponentes: o catolicismo liberal-progressista, ligado ao partido democrático, e o catolicismo conservador, alinhado ao partido republicano[6].

Após os ataques de 11 de setembro de 2001, o messianismo beligerante do governo Bush (2001-2009), contrário ao regime de Saddam Hussein e ao mundo islâmico, reverberou no grupo católico ideologicamente comprometido com os propósitos republicanos. A radicalização político-religiosa produziu um catolicismo autocentrado, identitário-nacionalista, individualista, racista, conflitivo e ocidentalista. A defesa do cristianismo e das raízes ocidentais, bem como o combate ao niilismo progressista e ao relativismo ético, tornaram-se palavras de ordem[7].

A alternância de poder com a eleição de Barack Obama (2009-2017) não representou o fim do neoconservadorismo. A chegada de Donald Trump à Casa Branca em 2017 significou o recrudescimento das aspirações neoconservadoras sintetizadas no exercício dum *hard power* baseado na força econômico-militar e na primazia americana. Nesse ambiente e para além dele, acentuou-se e amplificou-se um intransigente maniqueísmo político-religioso responsável pela divisão da realidade (inclusive a eclesial) em direita e esquerda, nós e eles, bons e corrompidos[8].

---

6. Cf. BORGHESI, *Francesco*, 30, 48, 61, 65- 66; FAGGIOLI, M., Cattolici negli USA di Donald Trump, in: SPADARO, A., *Il nuovo mondo di Francesco. Come il Vaticano sta cambiando la politica globale*, Venezia, Marsilio Nodi, 2018, 135-136, 142.
7. Cf. BORGHESI, *Francesco*, 23, 25-27, 30-32, 95, 103-104; ROSSI, L., *La geopolitica di Francesco. Missione per l'ecumene cristiano*, Salerno, Francesco D'Amato, 2019, 79-80, 83-84, 86-87, 92-93.
8. Cf. ROSSI, *La geopolitica di Francesco*, 40, 282, 294; FRANCO, M., Il caso nordamericano, in: RICCARDI, A. (org.), *Il cristianesimo al tempo di papa Francesco*, Bari, GLF Editori Laterza, 2018, 26, 28; BORGHESI, *Francesco*, 16, 18, 258, 262; FAGGIOLI, Cattolici negli USA di Donald Trump, 137, 140.

Do ponto de vista ideológico-económico, a atividade intelectual e a militância do mencionado grupo de pensadores norte-americanos (Novak e companhia) redundaram no chamado "catocapitalismo". O forçado consórcio entre catolicismo e capitalismo baseou-se, acima de tudo, na interpretação distorcida da Carta Encíclica *Centesimus Annus* de João Paulo II, especialmente quando o pontífice analisa a suposta vitória do capitalismo e a plausibilidade da sua assunção por parte das economias em reconstrução e do "Terceiro Mundo", após a debacle do comunismo[9]. Pondera o Papa polonês:

A resposta apresenta-se obviamente complexa. Se por "capitalismo" se indica um sistema económico que reconhece o papel fundamental e positivo da empresa, do mercado, da propriedade privada e da consequente responsabilidade pelos meios de produção, da livre criatividade humana no setor da economia, a resposta é certamente positiva, embora talvez fosse mais apropriado falar de "economia de empresa", ou de "economia de mercado", ou simplesmente de "economia livre". Mas se por "capitalismo" se entende um sistema onde a liberdade no setor da economia não está enquadrada num sólido contexto jurídico que a coloque ao serviço da liberdade humana integral e a considere como uma particular dimensão desta liberdade, cujo centro seja ético e religioso, então a resposta é sem dúvida negativa[10].

---

9. Cf. BORGHESI, *Francesco*, 22, 68, 79.
10. JOÃO PAULO II, *Centesimus annus*, n. 42. Ao discorrer sobre uma sociedade organizada em torno do trabalho livre, da empresa e da participação, sublinha o pontífice: "esta não se contrapõe ao livre mercado, mas requer que ele seja oportunamente controlado pelas forças sociais e estatais, de modo a garantir a satisfação das exigências fundamentais de toda a sociedade" (ibid., n. 35). Segundo João Paulo II, "é inaceitável a afirmação de que a derrocada do denominado 'socialismo real' deixe o capitalismo como único modelo de organização económica" (ibidem). Nessa mesma Encíclica, adverte sobre o "risco de uma 'idolatria' do mercado, que ignora a existência de bens que, pela sua natureza, não são nem podem ser simples mercadorias" (ibid., n. 40).

Os neoconservadores apropriaram-se da primeira parte da explicação de João Paulo II, interpretando-a como um *sim* incondicional ao capitalismo e uma justificação doutrinal para as ambições neoliberais. A regulação da economia de mercado, a promoção da liberdade humana integral e a valorização da dimensão éticoreligiosa são transcuradas, para não dizer asfixiadas, por uma hermenêutica tendenciosa e pervertida. João Paulo II é convertido num Papa capitalista, no grande revisor da inclinação anticapitalista historicamente sustentada pela Doutrina Social da Igreja[11].

A despeito do empenho magisterial de João Paulo II com as Encíclicas Sociais *Laborem Exercens* (1981), *Sollicitudo Rei Socialis* (1987) e *Centesimus Annus* (1991), no final dos anos de 1980 a incidência da Igreja no campo político e socioeconômico foi exíguo. Na visão do professor Borghesi, a Igreja – implicada num forte processo de secularização e globalização – refugiou-se em si mesma, clericalizando-se. A sua Doutrina Social, enquanto contraproposta ao referencial marxista e ao capitalismo voraz, não logrou a renovação da consciência e o efetivo compromisso sociopolítico dos fiéis[12].

No contexto latino-americano, a Teologia da Libertação ligada à corrente de Gutiérrez não se ressentiu apenas da falência do comunismo, mas também da ausência de uma amistosa orientação teórico-prática – atenta aos seus aspectos positivos –, após as contundentes notificações romanas[13]. Via de regra, na América Latina e no restante Ocidente católico prevaleceu uma passividade eclesiástica ante o "catocapitalismo novakiano", intransigente no to-

---

11. Cf. BORGHESI, *Francesco*, 59, 70-71, 73-77, 100.
12. Cf. ibid., 45-46, 48.
13. Sobre as Instruções *Libertatis Nuntius* e *Libertatis Conscientia*, sugere-se a revisitação da seção 2.2.c do primeiro capítulo.

cante à ética *pro-life*, porém perfeitamente condescendente com a funesta lógica do descarte econômico[14].

Tendo em conta esse legado histórico – marcado pelo predomínio do ímpeto neoliberal a partir dos anos de 1970, pela difusão da ideologia neoconservadora, pela apropriação, distorção e seleção tendenciosa de textos magisteriais e, não menos importante, pelo arrefecimento da força profética do ensinamento social da Igreja – e a atual situação de pobreza e miséria vivida por milhões de pessoas em diversas partes do mundo, convém reiterar, em uma visão de conjunto, a significatividade do Magistério Social do Papa Francisco e da reflexão teológico-moral de Jung Mo Sung.

Com o intuito de elucidar essa conveniência, propõe-se, nesse último capítulo, uma estrutura analítico-propositiva composta por três partes. Na primeira parte, será analisada a opção preferencial pelos últimos (ou, como é tradicionalmente chamada, opção preferencial pelos pobres) assumida por Papa Francisco e Sung num macrocontexto em comum: o latino-americano. Nesse percurso, a análise acurada dos Documentos Finais das quatro últimas Conferências Gerais do Episcopado Latino-americano e do Caribe (Medellín, Puebla, Santo Domingo e Aparecida) será de capital importância.

Na segunda parte, buscar-se-á demonstrar como essa opção preferencial manifesta-se e integra-se, na condição de critério hermenêutico, num projeto de economia centrada na dignidade humana, isto é, na promoção de uma prática econômica com rosto humano. Para tanto, serão propostas três exigências primordiais: a reconciliação entre ética e economia, a reconciliação entre política e economia

---

14. Cf. FAGGIOLI, Cattolici negli USA di Donald Trump, 138, 140; BORGHESI, *Francesco*, 45-47, 49-51.

e, finalmente, a promoção de uma educação à sensibilidade socioeconômica atenta ao papel positivo das virtudes na conformação qualitativa dos comportamentos morais.

A terceira e última parte representa um "arremate" das etapas precedentemente estruturadas no âmbito teórico-conceitual. Nela será apresentada a experiência do jovem economista Giandonato Salvia que, a partir do difuso *café suspenso*, engenhou-se na idealização e concretização de uma ampla e fidedigna rede de relações em favor dos últimos. A denominada *Economia Suspensa*, nutrida por uma consistente convicção evangélico-espiritual, evidencia o significado inclusivo do valor econômico, irredutível ao preço e à dinâmica do mercado neoliberal.

1. Papa Francisco e Jung Mo Sung: uma opção preferencial e um macrocontexto em comum

Se fosse possível "condensar" o pensamento teológico-moral e socioeconômico do Papa Bergoglio e de Jung Mo Sung num mínimo denominador comum – consideradas as particularidades biográficas, contextuais, intelectuais e formativas de cada um –, certamente o resultado indicaria uma opção, ou melhor, a opção preferencial pelos últimos formalizada e assumida (na qualidade de categoria teológico-pastoral), predominantemente, pela Igreja latino-americana e caribenha. A respeito do caráter eclesiológico-identitário dessa opção, afirma o teólogo Manzatto:

> Trata-se da grande contribuição da teologia do continente ao patrimônio teológico da Igreja Universal, formulando e tornando evidente um comprometimento que vem do coração do Evangelho de Jesus [...]. Além disso, a opção pelos pobres é mais que simples estratégia pastoral,

tornando-se chave hermenêutica para a leitura da revelação de Deus na história[15].

Dentre as principais fontes para a compreensão da opção preferencial pelos últimos nesse macrocontexto continental estão os Documentos Conclusivos das Conferências Gerais do Episcopado Latino-americano e do Caribe. A primeira delas ocorreu no Brasil (na cidade de São Sebastião do Rio de Janeiro), de 25 de julho a 4 de agosto de 1955. Tendo por base a Teologia e a eclesiologia da época, a I Conferência preocupou-se, sobremaneira, com a defesa e o incremento da fé católica. A escassez de clero, seguida da ameaça do protestantismo e dos movimentos anticatólicos, foi elencada como um problema fundamental[16].

Todavia, uma acentuada sensibilidade social fez-se presente nas palestras realizadas por bispos e especialistas durante a Conferência do Rio de Janeiro[17]. Embora os termos *pobre* e *pobreza* não constem explicitamente no Documento Conclusivo, a oitava seção foi reservada aos problemas sociais; a nona, às missões, aos indígenas e à "gente de cor", e a décima, à imigração e ao povo do mar[18]. Numa declaração coletiva, os prelados denunciaram a situação angustiante e injusta daqueles que não podem desfrutar

---

15. MANZATTO, A., Opção preferencial pelos pobres, in: BRIGHENTI, A.; PASSOS, J. D. (orgs.), *Compêndio das conferências dos bispos da América Latina e Caribe*, São Paulo, Paulinas; Paulus, 2018, 303; cf. ibid., 312.

16. Cf. CELAM, I Conferência Geral do Episcopado Latino-americano, Documento Conclusivo, in: *Documentos do CELAM: conclusões das Conferências do Rio de Janeiro, Medellín, Puebla e Santo Domingo*, São Paulo, Paulus, 2004, Preâmbulo; nn. 69-78; MANZATTO, Opção preferencial pelos pobres, 303-304; VILLAS BOAS, A., Documentos das cinco conferências gerais e gênero textual, in: A. BRIGHENTI, A.; PASSOS, J. D. (orgs.), *Compêndio das conferências dos bispos da América Latina e Caribe*, 257-258.

17. Cf. DE ALMEIDA, A. J., A primeira conferência geral dos bispos da América Latina: Rio de Janeiro, 1955, in: BRIGHENTI, A.; PASSOS, J. D. (orgs.), *Compêndio das conferências dos bispos da América Latina e Caribe*, 33-34.

18. Cf. CELAM, I Conferência Geral, Documento Conclusivo, nn. 79-89, 90-96.

dos bens dispostos pela Providência, mormente os trabalhadores do campo e da cidade[19].

A fim de garantir uma presença significativa da Igreja na vida social, os bispos propuseram, basicamente, três medidas de natureza dedutiva: (1) *iluminação* da realidade mediante a difusão da Doutrina Social da Igreja; (2) *educação* dos católicos orientada ao cumprimento do dever social e (3) *ação* dos católicos laicos direcionada à animação do ambiente socioeconômico[20]. Não obstante louvar as obras de caridade cristã e as diversas iniciativas arraigadas nos princípios da justiça social, a Conferência do Rio de Janeiro mostrou-se preocupada com os rumos da ação social:

> [A Conferência] proclama a urgência de orientar e intensificar o trabalho social, tomando como causa as iniciativas dirigidas à própria raiz dos males que hão de se remediar e dando à ação social católica o espírito e as formas de coordenação comunitária que exige a gravidade da situação[21].

Sem embargo, a questão da justiça social e, concomitantemente, a opção preferencial pelos últimos ganharão contornos claros e marcantes a partir da II Conferência. Como acenado brevemente no primeiro capítulo (seção 2.1), as conferências, atividades e documentos do Conse-

---

19. Cf. CELAM, I Conferência Geral, Declaração dos cardeais, arcebispos, bispos e demais prelados representantes da hierarquia da América Latina reunidos na Conferência Episcopal do Rio de Janeiro, in: *Documentos do CELAM: conclusões das Conferências do Rio de Janeiro, Medellín, Puebla e Santo Domingo* n. 3; id., I Conferência Geral, Documento Conclusivo, n. 79. Para uma perspectiva mais crítica sobre a desconsideração da situação política do continente no Documento final (especialmente no que toca às ditaduras e relações internacionais), conferir: DE SOUZA, N., Notas sobre os antecedentes históricos da Conferência de Medellín, in: ID.; SBARDELOTTI, E. (orgs.), *Medellín: memória, profetismo e esperança na América Latina*, Petrópolis (RJ), Vozes, 2018, 29.
20. Cf. CELAM, I Conferência Geral, Declaração dos cardeais, arcebispos, bispos e demais prelados, n. 3; id., I Conferência Geral, Documento Conclusivo, nn. 82-83.
21. Id., I Conferência Geral, Documento Conclusivo, n. 80.

lho Episcopal Latino-americano (CELAM) "trarão a marca da teologia, da preocupação e da abordagem realizadas pelo Concílio Vaticano II, e construirão o que será a identidade da Igreja latino-americana"[22]. Desse modo, especial atenção deve ser dada às Conferências de Medellín, Puebla, Santo Domingo e Aparecida.

1.1. De Medellín a Aparecida

O estudo atento das quatro últimas Conferências Gerais do Episcopado Latino-americano e do Caribe revela que a evolução da opção preferencial pelos últimos (ou pelos pobres), a despeito do seu sólido esteio evangélico, não foi retilínea ou sem percalços. Justamente por isso, a compreensão desse percurso evolutivo requer não só a análise dos Documentos Conclusivos, mas a diligente consideração – com o auxílio de teólogos, historiadores e especialistas – da conjuntura social, política e econômica subjacente à celebração das Conferências.

a. A Conferência de Medellín

A II Conferência Geral do Episcopado Latino-americano aconteceu na cidade de Medellín (Colômbia), de 26 de agosto a 6 de setembro de 1968. Um clima de efervescência cultural, política e social antecedeu esse encontro. Na esfera cultural, a crítica às instituições, estruturas, modelos culturais e convenções sociais julgadas obsoletas e o desejo de um *status quo* igualitário, antiautoritário e libertário deram vida ao famigerado "Maio francês de 68". Na América Latina, esse elã renovador foi assimila-

---

22. MANZATTO, Opção preferencial pelos pobres, 304; cf. DE MELO, A. A., Opção preferencial pelos pobres e excluídos: do Concílio Vaticano II ao Documento de Aparecida, *Revista Eclesiástica Brasileira*, v. 68, n. 269 (2008) 21-39, 32, 36.

do, sobremaneira, pela classe média, juvenil, universitária e intelectual.

No âmbito político, desde os anos 50, vários países latino-americanos viveram os chamados "anos de chumbo", definidos pela militarização política, repressão das liberdades e uso institucionalizado da violência. Por outro lado, o ímpeto insurgente no campo social, em alguns casos traduzidos em guerrilha (como ocorrido na Guatemala, Nicarágua e Colômbia, sob o impulso da experiência cubana), deslocou a ênfase política do populismo ao revolucionário. Contudo, essa resistência não significou, necessariamente, a assunção da revolução socialista como único caminho[23].

O tema escolhido para a Conferência de Medellín – *A Igreja na atual transformação da América Latina à luz do Concílio Vaticano II* – sugere o reposicionamento pastoral da Igreja latino-americana em meio a tensões sociopolíticas e culturais, propondo-a como interlocutora nos grandes debates necessitados de uma dinâmica renovadora e emancipatória[24]. Nessa nova perspectiva, de primeira importância foi a sensibilidade social de Paulo VI em relação às situações de injustiça vividas pelos então denominados países do Terceiro Mundo. De acordo com Brighenti:

> Nesse particular, a influência mais direta sobre Medellín foi a da encíclica *Populorum Progressio* (1967). Esta era fruto de

---

23. Cf. MEALLA, E., Medellín: contexto y proyección, in: SCANNONE, J. C. et al. (orgs.), *Actualidad de Medellín: una relectura para el presente y el futuro de los pueblos latinoamericanos*, Buenos Aires, Ediciones CICCUS, 2020, 23-25; DE PIERO, S., Medellín en el contexto político de los años 60, in: SCANNONE, J. C. et al. (orgs.), *Actualidad de Medellín*, 45-46, 48-49; GRISALES, G. C., Medellín: un camino de fe eclesial concreta, *Theologica Xaveriana*, n. 89 (1988) 327-340, 333; SCATENA, S., A Conferência de Medellín: contexto, preparação, realização, conclusões e recepção, in: BRIGHENTI, A.; PASSOS, J. D. (orgs.), *Compêndio das conferências dos bispos da América Latina e Caribe*, 71, 74-75.

24. Cf. CELAM, II Conferência Geral do Episcopado Latino-americano, Documento Conclusivo, in: *Documentos do CELAM: conclusões das Conferências do Rio de Janeiro, Medellín, Puebla e Santo Domingo*, Introdução n. 8; DE PIERO, Medellín en el contexto político de los años 60, 53-54.

uma promessa de Paulo VI de aterrissar de forma mais concreta na questão dos pobres que, por diversas razões, não tinha sido suficientemente assumida pelo Concílio. Nessa encíclica, entre outros, assume-se de maneira contundente a irrupção dos pobres, a problemática do neocolonialismo vigente nos países do Terceiro Mundo, a necessidade de uma nova ordem econômica mundial e a necessária inter-relação entre "justiça" e "paz"[25].

Já no primeiro parágrafo do Documento Conclusivo de Medellín é possível individuar a atenção preliminar da Conferência: compreender, à luz de Cristo, quem é o homem latino-americano e qual é o momento histórico no qual está inserido[26]. Esse ponto de partida revela tanto o método aplicado nos trabalhos das comissões – cujas redações foram transformadas nos capítulos do Documento Conclusivo –, isto é, o método indutivo *ver, julgar* e *agir*, quanto a urgência de uma evangelização encarnada na realidade, ou ainda, "relacionada com os 'sinais dos tempos'"[27].

O Documento Conclusivo de Medellín, desde a sua introdução, desvela e qualifica a América Latina como um continente participante de um amplo processo de transformação e desenvolvimento que "afeta todos os níveis do homem, desde o econômico até o religioso"[28]. Nessa direção, os dualismos corpo-alma e espiritual-mundano não têm razão de ser, pois a salvação, oferecida por Deus e mediada pela Igreja, é de fato integral. Logo, os campos

---
25. BRIGHENTI, A., A justiça em Medellín e as categorias da tradição eclesial libertadora, in: DE SOUZA, N.; SBARDELOTTI, E. (orgs.), *Medellín*, 153; cf. PRADA, O. E., Grandes "hitos" eclesiales, *Imágenes de la fe*, n. 501 (2016) 18-25, aqui 20; NEIROTTI, N., Derivaciones sociales y políticas de Medellín. El sinuoso camino hacia una sociedad más justa, in: SCANNONE, J. C. et al. (orgs.), *Actualidad de Medellín*, 61, 68-69; SCATENA, A Conferência de Medellín, 74; DE MELO, Opção preferencial pelos pobres e excluídos, 25-26, 28.
26. Cf. CELAM, II Conferência Geral, Documento Conclusivo, Introdução n. 1.
27. Ibid., n. 7.13; cf. SCATENA, A Conferência de Medellín, 72-73.
28. CELAM, II Conferência Geral, Documento Conclusivo, Introdução n. 4.

socioeconômico e político convertem-se em lugares teológicos abertos a libertação, emancipação, maturação e integração coletiva[29].

A situação do homem e da realidade latino-americana (marco situacional) é tratada efetivamente nos capítulos dedicados à justiça e à paz, ambos pertencentes ao eixo *promoção humana*[30]. A primeira constatação é a situação de miséria vivida pela maioria da população do continente. O homem latino-americano – mergulhado num "clima de angústia coletiva"[31], faminto e sedento por justiça –, ganha rostos concretos: as famílias, a juventude, a mulher, os camponeses, os produtores, a classe média, os pequenos artesãos e industriais, os trabalhadores e os indígenas[32].

Os capítulos sobre a justiça e a paz (os dois primeiros do Documento Conclusivo) não descrevem apenas a situação de injustiça social, mas apontam as suas causas. Na raiz do subdesenvolvimento, das desigualdades excessivas, da marginalização, das aspirações frustradas e da violência institucionalizada estão o colonialismo interno – resultante da opressão e da repressão exercida por grupos e setores dominantes –, o imperialismo ou neocolonialismo externo – causador de dependência político-econômica –, a instabilidade política, a debilidade institucional e as estruturas injustas[33].

---

29. Cf. ibid., Introdução nn. 4-5, 7, n. 1.5; DE MELO, Opção preferencial pelos pobres e excluídos, 27; GRISALES, Medellín: un camino de fe eclesial concreta, 337-338.

30. O Documento Conclusivo de Medellín é dividido em três grandes partes ou eixos: promoção humana, evangelização e crescimento da fé e, por último, Igreja visível e suas estruturas (cf. CELAM, II Conferência Geral, Documento Conclusivo, Introdução n. 8).

31. Ibid., n. 1.1.

32. Cf. CELAM, II Conferência Geral, Documento Conclusivo, nn. 1.1, 1.3, 1.11, 1.14.

33. Cf. ibid., nn. 1.2, 1.13, 2.1-2.6, 2.8, 2.10. No décimo capítulo do Documento Conclusivo (sobre os movimentos leigos) é oferecida uma acurada síntese contextual, pertencente ao momento do *ver* ou constatar: "recordemos mais uma

Do ponto de vista econômico, a crítica recai sobre os sistemas orientados segundo os interesses dos setores mais abastados. Quanto aos fatores responsáveis pelo empobrecimento dos países periféricos e pelas tensões internas e externas, são citados: a crescente distorção do comércio internacional, a fuga de capitais e recursos humanos em direção ao estrangeiro, a evasão de impostos, o progressivo endividamento externo, os monopólios internacionais e o imperialismo internacional do dinheiro. Frente a esse cenário, torna-se urgente uma "economia verdadeiramente humana"[34].

Em perfeita harmonia com o Magistério do Papa Montini e com as orientações da *Gaudium et Spes,* a Conferência de Medellín vincula fortemente a justiça à paz e vice-versa: "'se o desenvolvimento é o novo nome da paz', o subdesenvolvimento latino-americano, com características próprias nos diversos países, é uma injusta situação promotora de tensões que conspiram contra a paz"[35]. Mais adiante, afirma o texto final: "se o cristão acredita na fecundidade da paz como meio de chegar à justiça, acredita também que a justiça é condição imprescindível para a paz"[36].

Embora não conste no Documento Conclusivo a formulação *opção preferencial pelos pobres,* é da vinculação imbricada entre justiça e paz que emerge o imperativo de "defender segundo o mandato evangélico o direito dos pobres e oprimidos [...]"[37] e de "denunciar energicamente os abusos e as injustiças, consequências das desigualdades excessivas

---

vez que o momento histórico atual de nossos povos se caracteriza na ordem social, e do ponto de vista objetivo, por uma situação de subdesenvolvimento, revelada por fenômenos maciços de marginalidade, alienação e pobreza, e condicionada, em última instância, por estruturas de dependência econômica, política e cultural em relação às metrópoles industrializadas, que detêm o monopólio da tecnologia e da ciência" (ibid., n. 10.2).

34. Ibid., n. 1.10; cf. ibid., nn. 1.2, 2.9.
35. Ibid., n. 2.1.
36. Ibid., n. 2.16; cf. ibid., nn. 2.14, 2.20.
37. Ibid., n. 2.22.

entre ricos e pobres, entre poderosos e fracos, favorecendo a integração"[38]. Nas orientações pastorais do capítulo dedicado à pobreza da Igreja (o qual será retomado mais adiante) encontram-se dois números expressivos pelo teor enfático:

> O mandato particular do Senhor, que prevê a evangelização dos pobres, deve levar-nos a uma distribuição tal de esforços e de pessoal apostólico, que deve visar, preferencialmente, os setores mais pobres e necessitados e os povos segregados por uma causa ou outra, estimulando e acelerando as iniciativas e estudos que com esse fim se realizem.
> [...]
> Devemos tornar mais aguda a consciência do dever de solidariedade para com os pobres; exigência da caridade. Esta solidariedade implica em tornar nossos seus problemas e suas lutas e em saber falar por eles[39].

Sob a assistência renovadora do Espírito Santo, a II Conferência representou um momento privilegiado de encontro compromissado da Igreja latino-americana com a dura realidade política e socioeconômica vivida pelos diversos povos do continente, de modo especial pelos mais pobres e oprimidos. Nesse sentido, Medellín forjou uma nova identidade carismática e o início duma tradição eclesial libertadora que transmontou os limites continentais, ecoando na Igreja universal[40]. Em síntese, a Igreja da América Latina deixou de ser apenas um reflexo para se tornar uma Igreja fonte[41].

---

38. CELAM, II Conferência Geral, Documento Conclusivo, n. 2.23.
39. Ibid., n. 14.9, n. 14.10.
40. Sobre os ecos da II Conferência, dentro e fora do continente, produzidos pela reflexão dos teólogos latino-americanos e pela participação dos bispos nos sínodos romanos, conferir: PASSOS, J. D., 50 anos de Medellín: carisma vivo na história em mudança, in: DE SOUZA, N.; SBARDELOTTI, E. (orgs.), *Medellín*, 134-135.
41. Cf. GRISALES, Medellín: un camino de fe eclesial concreta, 328; DE SOUZA, Notas sobre os antecedentes históricos da Conferência de Medellín, 34; PASSOS, 50 anos de Medellín, 122-123, 128, 139, 143-144; cf. MEALLA, Medel-

b. A Conferência de Puebla

A III Conferência Geral do Episcopado Latino-americano ocorreu na cidade de Puebla de Los Angeles (México), de 27 de janeiro a 13 de fevereiro de 1979. Inicialmente, o decurso da conferência foi definido entre 12 e 28 de outubro de 1978, mas com o falecimento dos Papas Paulo VI e João Paulo I e a sucessiva eleição de João Paulo II (16 de outubro de 1978), a data do encontro foi postergada para o ano seguinte. Todavia, o tema, originalmente indicado por Paulo VI, foi conservado: *Evangelização no presente e no futuro da América Latina*.

Os anos que separam as Conferências de Medellín e Puebla são marcados pela deterioração do quadro político, econômico e social na maioria dos países latino-americanos. Conforme o Documento Conclusivo, "neles se sente o peso de crises institucionais e econômicas e claros sintomas de corrupção e violência"[42]. Conquanto sejam mencionados em diversas partes do sobredito documento, esses elementos contextuais são particularmente tratados no segundo capítulo (*Visão pastoral do contexto sociocultural*) da primeira parte (*Visão pastoral da realidade latino-americana*).

Na visão dos bispos e demais participantes da Conferência de Puebla, a situação de extrema pobreza e a crescente desigualdade entre pobres e ricos – determinantes da violação dos direitos fundamentais e, consequentemente, da dignidade humana – estão arraigadas em determinadas "estruturas econômicas, sociais e políticas"[43] impregnadas de valores materialistas. A crítica condição social e econô-

---

lín: contexto y proyección, 36; NEIROTTI, Derivaciones sociales y políticas de Medellín, 76.

42. CELAM, III Conferência Geral do Episcopado Latino-americano, Documento Conclusivo, in: *Documentos do CELAM: conclusões das Conferências do Rio de Janeiro, Medellín, Puebla e Santo Domingo*, n. 508; cf. ibid., n. 487.

43. Ibid., n. 30; cf. ibid., nn. 41, 64, 66, 70.

mica do povo latino-americano – definida como verdadeira "situação de pecado social"⁴⁴ – é enfática e profeticamente denunciada nos seguintes termos:

> Comprovamos, pois, como o mais devastador e humilhante flagelo, a situação de pobreza desumana em que vivem milhões de latino-americanos e que se exprime, por exemplo, em mortalidade infantil, em falta de moradia adequada, em problemas de saúde, salários de fome, desemprego e subemprego, desnutrição, instabilidade no trabalho, migrações maciças, forçadas e sem proteção⁴⁵.

No que concerne ao contexto político, o interstício entre Medellín e Puebla foi marcado pela ampliação e recrudescimento dos regimes ditatoriais. Esses, por sua vez, institucionalizaram práticas e "mecanismos repressores em nome da segurança nacional"⁴⁶: exílio, tortura, assassinato e ocultamento. A Igreja latino-americana e caribenha não ficou alheia a essa realidade, sofrendo as consequências da sua resistência profética: "ataques difamatórios, invasões, prisões, torturas, mortes, sequestros, processos, intimações, expulsões, censura, proibições e falsificações"⁴⁷.

Em seu Documento Conclusivo, a III Conferência manifestou-se contrária não só ao abuso de poder inerente às práticas autoritárias e totalitárias dos regimes de força – cujo esteio ideológico, como acenado anteriormente, encontra-se na noção absolutizada de segurança nacional

---

44. Ibid., n. 28; cf. ibid., n. 70.
45. Ibid., n. 29; cf. ibid., n. 26.
46. Passos, J. D., O contexto histórico-eclesial de/em Puebla, in: De Souza, N.; Sbardelotti, E. (orgs.), *Puebla: Igreja na América Latina e no Caribe. Opção pelos pobres, libertação e resistência*, Petrópolis (RJ), Vozes, 2019, 159; cf. Keller, M. Á., A Conferência de Puebla: contexto, preparação, realização, conclusões, recepção, in: Brighenti, A.; Passos, J. D. (orgs.), *Compêndio das conferências dos bispos da América Latina e Caribe*, 83-84.
47. Coutinho, S. R., "Uma igreja em estado de perseguição". Uma década de opressão e resistência, entre Medellín e Puebla (1968-1979), in: De Souza, N.; Sbardelotti, E. (orgs.), *Puebla*, 85; cf. ibid., 83-84.

–, como também à violência e às angústias provocadas pelas estratégias extremistas, nomeadamente, a guerrilha, o terrorismo e os sequestros. Segundo o texto final, "quando uma ideologia apela para a violência, reconhece com isso a própria insuficiência e debilidade"[48].

Em relação ao ambiente eclesial, a década posterior à Conferência de Medellín foi assinalada por um clima de polarização entre a incipiente e progressista tendência teológico-pastoral da América Latina e a tendência conservadora influenciada pelos ideais emanados de alguns setores da Cúria Romana insatisfeitos com os rumos do Concílio Vaticano II[49]. Por conseguinte, uma hermenêutica da suspeita e um discurso revisionista pairaram, genericamente, sobre as deliberações e aplicações de Medellín, bem como sobre os trabalhos preparatórios da III Conferência[50].

A tendência mais preocupada com a "retidão" teológico-pastoral está presente em diversos números do Documento de Puebla, sempre contrários à influência de concepções impróprias nos âmbitos cristológico, eclesiológico

---

48. CELAM, III Conferência Geral, Documento Conclusivo, n. 532; cf. ibid., nn. 42-43, 46, 49, 500, 510, 531, 547, 549; FERREIRA, R., Puebla: uma visão sociocultural da realidade latino-americana, ontem e hoje!, in: DE SOUZA, N.; SBARDELOTTI, E. (orgs.), *Puebla*, 189-190.
49. Quanto às correntes teológico-pastorais presentes no cenário latinoamericano nesse período (catolicismo *conservador, progressista, libertador* e *de esquerda*), conferir: KELLER, A Conferência de Puebla, 84.
50. Cf. FERREIRA, Puebla, 185; DE SOUZA, N., Puebla, antecedentes e evento, in: ID.; SBARDELOTTI, E. (orgs.), *Puebla*, 71, 73, 75-76; PASSOS, O contexto histórico-eclesial de/em Puebla, 162-163. A respeito do papel desempenhado por João Paulo II nesse contexto polarizado, Passos apresenta uma apreciação com tonalidades fortes e, talvez, um tanto "abreviativa", porém sintomática, merecedora de atenção e aprofundamento: "será ele o condutor de uma política restauradora da Igreja Católica, de uma guerra fria interna entre os renovadores do Vaticano II e os restauradores da ordem eclesial anterior, o que, na América Latina, traduzia-se politicamente como luta entre heterodoxia e ortodoxia. A primeira protagonizada pela TdL (Medellín, CEBs, Conferências Episcopais) de viés fantasmagórico marxista e a segunda pelos fiéis a Roma (ao Magistério, à doutrina e à tradição) de viés tridentino" (ibid., 157).

e antropológico[51]. No campo antropológico, por exemplo, fala-se das visões determinista, psicologista, economicista, estatista e cientificista[52]. Na esfera socioeconômica, são mencionados, repetidamente, os riscos das ideologias liberais e marxistas[53]. Para muitas dessas admoestações, o extenso discurso inaugural do Papa João Paulo II serviu de "bússola" orientadora[54].

Apesar dessas tendências em oposição, as urgências e os clamores oriundos da realidade latino-americana – facilmente confirmados por uma diligente análise histórico-factual – eram inegáveis. Para além das polarizações eclesiais e teológico-pastorais, a consciência da situação crítica dos povos do continente e a prevalência de um clima de diálogo fraterno salvaguardaram, em Puebla, "uma linha de continuidade com a Conferência de Medellín, de modo particular na temática da opção pelos pobres"[55], objeto de reflexão, formulação e maior comprometimento.

A *opção preferencial pelos pobres*, expressamente formulada em Puebla, deve ser analisada em conformidade com o tema gerador da Conferência, o qual é inteiramente centrado na evangelização da América Latina, uma evangelização integral, libertadora e, portanto, compromissada com

---

51. Cf. CELAM, III Conferência Geral, Documento Conclusivo, nn. 170-315.
52. Cf. ibid., nn. 305-315.
53. Cf. CELAM, III Conferência Geral, Documento Conclusivo, nn. 47-48, 495, 497, 542-546, 550, 559.
54. Cf. JOÃO PAULO II, Discurso inaugural (28 jan. 1979), in: *Documentos do CELAM: conclusões das Conferências do Rio de Janeiro, Medellín, Puebla e Santo Domingo*, Introdução; nn. 1.4-1.5, 1.7-1.9, 3.2, 3.4, 3.6.
55. PASSOS, O contexto histórico-eclesial de/em Puebla, 168; cf. ibid., 156, 160, 162, 164-165; KELLER, A Conferência de Puebla, 86; MANZATTO, A., Opção preferencial pelos pobres, in: DE SOUZA, N.; SBARDELOTTI, E. (orgs.), *Puebla*, 455, 459. Dentre os fatores determinantes desse processo de continuidade, Passos destaca "o tom social e profético dos discursos de João Paulo II que permitia a legitimação da opção pelos pobres e a afirmação da justiça social como uma das chaves de leitura da realidade" (PASSOS, O contexto histórico-eclesial de/em Puebla, 165).

a promoção do humano e da justiça. No capítulo sobre o conteúdo da evangelização (o primeiro da segunda parte), o Documento Conclusivo apresenta uma síntese teológico-trinitária fundamental para estabelecer uma devida inter-relação entre evangelização, libertação e promoção:

> A Igreja da AL quer anunciar, portanto, a verdadeira face de Cristo, porque nele resplandecem a glória e a bondade do Pai que tudo prevê e a força do Espírito Santo que anuncia a libertação verdadeira e integral de todos e de cada um dos homens do nosso povo[56].

Já o primeiro capítulo da quarta parte (intitulada *Igreja missionária a serviço da evangelização na AL*) é inteiramente dedicado à opção preferencial. O ponto de partida é a reafirmação da "clara e profética opção preferencial e solidária pelos pobres"[57] feita em Medellín. Sem meias palavras, os pastores e demais participantes da III Conferência advogam "a necessidade de conversão de toda a Igreja para a opção preferencial pelos pobres, no intuito de sua integral libertação"[58]. No seu conjunto, o capítulo apresenta duas motivações primordiais para esse compromisso[59].

A primeira motivação, pertencente à reflexão doutrinal, é de ordem teológico-cristológica, cuja fonte primeva é o Evangelho de Jesus Cristo. Por essa razão, a opção preferencial pelos pobres é interpretada como questão de fidelidade evangélica, ou ainda, de fidelidade ao Cristo encarnado e solidário com os homens de seu tempo, mormente com os mais necessitados[60]. A sua pobreza e frater-

---

56. CELAM, III Conferência Geral, *Documento Conclusivo*, n. 189; cf. ibid., nn. 338, 476, 485, 515, 827.
57. Ibid., n. 1134.
58. CELAM, III Conferência Geral, Documento Conclusivo, 1134.
59. Cf. GALLO, L. A., *Il cammino del Vangelo nel continente della speranza*, Roma, LAS, 2016, 141, 143; KELLER, A Conferência de Puebla, 90-91.
60. A referência ao mistério da encarnação, enquanto elemento central da sobredita motivação teológico-cristológica, evita algumas releituras reducionis-

nidade fundamentam a acolhida e a dedicação aos últimos por parte dos discípulos. Exatamente por isso, "o serviço dos pobres é medida privilegiada, embora não exclusiva, de nosso seguimento de Cristo"[61].

A segunda motivação, de cunho mais histórico e sociológico, encontra-se em sintonia com a visão pastoral da realidade latino-americana versada na primeira parte do texto final de Puebla. Nesse sentido, é rememorada a condição de pobreza extrema e até mesmo de miséria vivida pelos povos da América Latina e do Caribe. O olhar atento da Igreja lançado sobre essa periclitante situação não só acolhe os sinais dos tempos, como encoraja o emprego de todos os esforços "para conhecer e denunciar os mecanismos geradores dessa pobreza"[62].

Mas quem são os pobres em favor dos quais se reafirmou a opção preferencial em Puebla? Na análise pastoral do contexto sociocultural (primeira parte), o Documento Conclusivo elenca uma série de fisionomias nas quais é imperioso "reconhecer as feições sofredoras de Cristo"[63]: crianças, jovens, indígenas, afro-americanos, camponeses, marginalizados e amontoados, operários, subempregados, desempregados e anciãos[64]. Nesses casos, como assinalado, tanto os direitos fundamentais quanto a dignidade humana foram ne-

---
tas do Evangelho e do mistério de Cristo que, ao enfatizarem a realidade humana e histórica do Filho de Deus, acabam obnubilando a sua divindade. O Documento Conclusivo de Puebla, reiterando as orientações de João Paulo II em seu discurso inaugural, admoesta: "não podemos desfigurar, parcializar ou ideologizar a pessoa de Jesus Cristo, nem fazendo dele um político, um líder, um revolucionário ou um simples profeta, nem reduzindo ao campo do meramente privado Aquele que é o Senhor da História" (CELAM, III Conferência Geral, Documento Conclusivo, n. 178; cf. ibid., n. 175; JOÃO PAULO II, Discurso inaugural [28 jan. 1979], nn. 1.4-1.5).
   61. CELAM, III Conferência Geral, Documento Conclusivo, n. 1145; cf. ibid., nn. 1141-1142.
   62. Ibid., n. 1160; cf. ibid., nn. 1129, 1135, 1159.
   63. Ibid., n. 31.
   64. Cf. ibid., nn. 32-39.

gligenciados, pois a pobreza, ao extrapolar a dimensão econômica, radicou-se firmemente na tessitura social e cultural[65].

Por fim, vale notar que, em Puebla, a opção preferencial pelos pobres não tem um significado exclusivista. Ao contrário, representa um ponto de partida prioritário donde irradia os esforços em proveito da evangelização e da humanização integral de toda a pessoa e de todas as pessoas. O texto final da III Conferência exprime esse propósito irrestrito logo nos primeiros números: "preocupam-nos as angústias de todos os membros do povo, qualquer que seja a sua condição social [...] e mais especialmente queremos, hoje, compartilhar as angústias que nascem da sua pobreza"[66].

c. A Conferência de Santo Domingo

A IV Conferência do Episcopado Latino-americano e do Caribe foi celebrada em Santo Domingo (República Dominicana), de 12 a 28 de outubro de 1992. A data, a preparação e o desenvolvimento da Conferência estavam atrelados à comemoração do 5° centenário da chegada do Evangelho no "novo mundo". As opiniões eram divergentes, pois não era claro se se tratava dum momento de ação de graças ou duma celebração contestatória, duma ocasião festiva ou dum evento expiatório[67]. De qualquer modo, o tema definido foi: *Nova evangelização, promoção humana, cultura cristã*.

---

65. Cf. CELAM, III Conferência Geral, Documento Conclusivo, n. 41; GALLO, *Il cammino del Vangelo nel continente della speranza*, 142; MANZATTO, Opção preferencial pelos pobres, in: DE SOUZA, N.; SBARDELOTTI, E. (orgs.), *Puebla*, 457-458.

66. CELAM, III Conferência Geral, Documento Conclusivo, n. 27; cf. id., Mensagem aos povos da América Latina, in: *Documentos do CELAM: conclusões das Conferências do Rio de Janeiro, Medellín, Puebla e Santo Domingo*, n. 3; KELLER, A Conferência de Puebla, 90.

67. Cf. ARROYO, F. M., A IV Conferência de Santo Domingo: entre a suspeita e a esperança, in: BRIGHENTI, A.; PASSOS, J. D. (orgs.), *Compêndio das conferências dos bispos da América Latina e Caribe*, 96-97.

No contexto internacional, os eventos de maior relevância – tendo-se em conta, sobretudo, a fase preparatória de Santo Domingo – foram a queda do muro de Berlim, o fim da guerra fria e a reconfiguração geopolítica da Europa. No cenário latino-americano, os anos transcorridos após a III Conferência foram marcados pelo retorno da democracia em alguns países, pelo arrocho das políticas econômicas, pela inflação desenfreada, pelo *déficit* fiscal, pela excessiva dívida externa, pela limitação da ação estatal, pela carência de recursos financeiros e pela deterioração das condições sociais[68].

No tocante ao ambiente eclesial, a polarização entre concepções teológicas, eclesiais e pastorais divergentes acentuou-se notadamente. A Cúria Romana passou a desempenhar um papel mais ativo, propenso à garantia da ortodoxia doutrinal. As Conferências Episcopais ganharam, pouco a pouco, uma nova configuração com a presença de bispos mais propensos à manutenção do *status quo* e ao pronto acatamento das orientações romanas. À parte a justificabilidade ou não do "temor" romano, vale a pena considerar o parecer crítico de Arroyo:

> A figura de João Paulo II era excessivamente predominante e seu abundante Magistério permeava todas as expressões da vida eclesial. Iniciava-se o gérmen de uma involução restauracionista, de temor injustificado e de censura aberta ou simulada aos teólogos mais críticos, em concreto aos latino-americanos[69].

A tendência à centralização institucional e ao dirigismo fez-se presente nos trabalhos preparatórios e no próprio an-

---

68. Cf. CELAM, IV Conferência Geral do Episcopado Latino-americano, Documento Conclusivo, in: *Documentos do CELAM: conclusões das Conferências do Rio de Janeiro, Medellín, Puebla e Santo Domingo*, nn. 196-198; ARROYO, A IV Conferência de Santo Domingo, 95-96.
69. ARROYO, A IV Conferência de Santo Domingo, 96; cf. ibid., 97-98.

damento da IV Conferência, a ponto de colocar em risco a colegialidade. Afinal, tratava-se duma assembleia realizada pelos bispos ou para os bispos? Tratava-se de "uma instância autônoma para decidir, ou [de] uma instância subalterna para aprovar"[70], conforme o modelo sinodal? No Documento Conclusivo, chama a atenção as constantes alusões ao sucessor de Pedro, ao seu magistério, ao Magistério da Igreja, à comunhão e à vinculação hierárquica[71].

Mas afinal de contas, o que significou Santo Domingo? Antes de mais nada, é necessário superar o contexto polarizante (sem ignorá-lo) e evitar uma leitura enviesada ou objetivista do texto final, aceitando, à luz da unidade dos opostos, os seus limites e discrepâncias[72]. O resgate dos valores positivos e essenciais da IV Conferência requer um olhar de fé e, por isso mesmo, teologal, capaz de entrever a presença de Deus e a assistência do Espírito em um momento particular da Igreja latino-americana e caribenha, celebrado por mais de quatrocentos bispos[73].

---

70. VALENTINI, L. D., A Conferência de Santo Domingo. Depoimento Pessoal, *Revista Eclesiástica Brasileira*, v. 53, n. 209 (1993) 5-18, 8, 13-14.

71. Cf. CELAM, IV Conferência Geral, Documento Conclusivo, nn. 11, 33, 55, 58, 63, 67, 73, 85, 93, 101, 143, 157-158, 182, 190, 220, 232, 240, 278, 294, 301; MURAD, A., Documento de Santo Domingo: princípios hermenêuticos de leitura, *Perspectiva Teológica*, n. 65 (1993) 11-29, 20, 22; CATÃO, F., *Santo Domingo: significação e silêncios. A IV Conferência do Episcopado Latino-americano, 1992: leitura de um ponto de vista leigo*, São Paulo, Paulinas, 1993, 67.

72. A imagem utilizada por Dom Vital João para a IV Conferência – da qual participou presencialmente – pode ser aplicada, salvaguardada as devidas proporções, ao Documento Final: "E Santo Domingo? Não me saí da cabeça a comparação com um mosaico. Em grande parte, as pequenas pedras já tinham sido escolhidas. Os participantes dos vários países e igrejas locais carregavam, também eles, alguns mais, outros menos, as pedras variegadas de suas preocupações e expectativas, que foram buriladas nos vários grupos de trabalho. Tudo isto para ser disposto num conjunto que pudesse satisfazer a todos. Foi um trabalho difícil. Provisoriamente colocadas, as peças não combinavam no tamanho e no colorido" (WILDERINK, V. J. G., O mosaico de Santo Domingo, *Revista Eclesiástica Brasileira*, v. 53, n. 209 [1993] 154-157, aqui 155).

73. Cf. ARROYO, A IV Conferência de Santo Domingo, 99, 101; CATÃO, *Santo Domingo: significação e silêncios*, 8.

Apesar de não existir um consenso sobre o real significado da IV Conferência, não seria justo interpretá-la como uma ruptura completa e sim como uma descontinuidade no processo de renovação eclesial e teológico-pastoral suscitado pelo Vaticano II. Dito de outro modo, em Santo Domingo manifestaram-se forças contestatórias quanto às descontinuidades incitadas pelo último Concílio e assumidas pelas Conferências de Medellín e Puebla. Em síntese, houve um esforço para interromper essas descontinuidades em nome duma continuidade com forte tonalidade institucional e doutrinal.

A pura continuidade, ao visar o fortalecimento identitário e, assim, a conservação da missão ou razão de ser eclesial, pode levar a Igreja a curvar-se e fechar-se em si mesma. Porém, em Santo Domingo, a tendência continuativa não foi absoluta, coexistindo com a força oposta, a renovadora-profética. Se fosse absoluta e perene teria redundado num completo continuísmo ou conservadorismo. Nessa dialética de opostos, a força predominante da continuidade foi "relativizada", abrindo espaço à manutenção do processo de descontinuidade vivido desde Medellín[74].

Não obstante essa dinâmica opositiva e uma certa ruptura procedimental observada durante a IV Conferência – constatada, por exemplo, no abandono do Documento de Trabalho e na substituição do método indutivo pelo dedutivo[75] –, o Documento Conclusivo apresenta significa-

---

74. Cf. MURAD, Documento de Santo Domingo, 14, 16; VALENTINI, A Conferência de Santo Domingo, 15; CATÃO, *Santo Domingo: significação e silêncios*, 7, 9, 13-14.
75. Em relação ao Documento de Trabalho, defendeu-se que as palestras ou comunicações realizadas inicialmente para os bispos (as *"ponencias"*), acerca dos temas principais da Conferência, fossem o ponto de partida para as discussões nos grupos de trabalho. Quanto ao método, foi abandonado o esquema *ver, julgar* e *agir* utilizado em Medellín e Puebla. A primeira parte do Documento Conclusivo inicia-se com uma profissão de fé em *Jesus Cristo, Evangelho do Pai*. A segunda e a terceira parte (respectivamente intituladas *Jesus Cristo evangelizador vivo em sua Igreja* e *Jesus Cristo, vida e esperança da América Latina: linhas pastorais prioritárias*)

tivos traços de continuidade em referência às Conferências precedentes. O desejo de prosseguimento é manifestado pelos bispos logo no início, isto é, no primeiro número do texto final. Contudo, a declaração mais contundente encontra-se no introito da terceira e última parte:

> Renovamos nossa intenção de levar adiante as orientações pastorais do Concílio Vaticano II, aplicadas nas Conferências Gerais de Medellín e Puebla, atualizando-as através das linhas pastorais traçadas na presente Conferência[76].

A opção preferencial pelos pobres constitui um importante elemento desse intento continuativo. A principal suspeita dizia respeito à possível legitimação de interpretações e posturas inspiradas na ideologia de luta de classes marxista; temia-se que a orientação pastoral da Igreja contemplasse somente os pobres e oprimidos, deixando de lado as outras classes sociais. Essa preocupação justifica o uso de termos especificativos atrelados à opção preferencial, tais como: *evangélica, não exclusiva* e *não excludente*. De qualquer forma, a reafirmação da opção preferencial pelos pobres foi categórica:

> Fazemos nosso o clamor dos pobres. Assumimos com renovado ardor a opção evangélica preferencial pelos pobres, em continuidade com Medellín e Puebla. Esta opção não exclusiva nem excludente, iluminará, à imitação de Jesus Cristo, toda nossa ação evangelizadora[77].

Em Santo Domingo, o perfil do pobre assume contornos novos e mais amplos: não se trata apenas do subde-

---

seguem, em linhas gerais, o seguinte esquema: iluminação doutrinal, situação ou desafios e linhas pastorais (cf. GALLO, *Il cammino del Vangelo nel continente della speranza*, 187-188; VALENTINI, A Conferência de Santo Domingo, 7-9).
76. CELAM, IV Conferência Geral, Documento Conclusivo, n. 290; cf. ibid., n. 1.
77. CELAM, IV Conferência Geral, Documento Conclusivo, n. 296; cf. ibid., nn. 178, 180; ISNARD, C. J. C.; Santo Domingo, in *Revista Eclesiástica Brasileira*, v. 53, n. 209 (1993) 150-153, aqui 152.

senvolvido, oprimido, explorado e lutador dos tempos de Medellín e Puebla. Os rostos das crianças, das mulheres, dos camponeses, dos indígenas, dos afro-americanos, dos trabalhadores e jovens violentados em seus direitos, dos desfigurados pela fome, dos desiludidos politicamente, dos humilhados em razão da própria cultura, dos menores abandonados, dos imigrantes, dos anciãos, dos desempregados e dos trabalhadores informais conformam-se num único rosto: o rosto do excluído[78].

O liame entre a opção preferencial pelos pobres e a conjuntura socioeconômica encontra-se, *stricto sensu*, no capítulo dedicado à promoção humana (o segundo da segunda parte do texto final)[79]. Com a adoção do método dedutivo (iluminação doutrinal, situação conjuntural e linhas de ação pastoral), a opção preferencial, anteriormente associada à leitura da realidade à luz da fé, tornou-se um tanto circunscrita, perdendo o *status* de elemento estruturante ou de eixo integrador de todo o Documento, como se observa nas Conferências de Medellín e Puebla[80].

Mesmo assim, o alcance profético da opção preferencial pelos pobres – em resposta ao aumento do empobrecimento e da miséria, à "agudização da brecha entre ricos e

---

78. Cf. CELAM, IV Conferência Geral, Documento Conclusivo, nn. 112, 167, 178, 179, 181, 183, 199, 203, 218; BOFF, C., O "Evangelho" de Santo Domingo. Os 10 temas-eixo do Documento da IV CELAM, *Revista Eclesiástica Brasileira*, v. 53, n. 212 (1993) 791-800, aqui 795-796.
79. Nota-se que a opção preferencial foi estendida, concretamente, à situação dos povos indígenas, afro-americanos e mestiços na condição de oprimidos, indefesos e marginalizados. Ela adentrou, portanto, no âmbito específico da *unidade e pluralidade das culturas* (marcadas historicamente pela evangelização cristã) tratado no terceiro capítulo da segunda parte do texto final (cf. CELAM, IV Conferência Geral, Documento Conclusivo, nn. 243-251; cf. WILDERINK, O mosaico de Santo Domingo, 155).
80. Cf. MANZATTO, A., Opção preferencial pelos pobres, in SOUZA, N.; SBARDELOTTI, E. (orgs.), *Puebla*, 455-456; MURAD, Documento de Santo Domingo, 24-25.

pobres"[81] e às "diversas formas de exclusão social, étnica e cultural"[82] sofridas pelos povos latino-americanos – não foi inteiramente comprometido. Tampouco a crítica à entonação neoliberal da economia de mercado e aos reducionismos antropológico e sociológico dela derivantes deixou de ser enfática. A esse respeito, o texto conclusivo questiona seriamente:

> Conscientes da gestação de uma nova ordem econômica mundial que afeta a América Latina, a Igreja a partir de sua perspectiva é obrigada a fazer sério esforço de discernimento. Temos de nos perguntar: aonde deve chegar a liberdade de mercado? Que características deve ter para que sirva ao desenvolvimento das grandes maiorias[83]?

De acordo com a IV Conferência, a promoção da dignidade e dos direitos humanos requer inevitavelmente: uma economia de mercado criativa e, ao mesmo tempo, moderada pela atuação dos Estados em favor dos mais necessitados[84]; "uma economia solidária, real e eficiente"[85]; uma educação voltada aos valores e princípios da Doutrina Social da Igreja, entendida como objeto de conhecimento, difusão e prática[86] e, por fim, a atuação política dos leigos orientada "ao saneamento e ao aperfeiçoamento da democracia", bem como "ao serviço efetivo da comunidade"[87].

d. A Conferência de Aparecida

A V Conferência Geral do Episcopado Latino-americano e do Caribe foi celebrada no Brasil, na cidade de Apa-

---

81. CELAM, IV Conferência Geral, Documento Conclusivo, n. 199; cf. ibid., n. 167.
82. Ibid., n. 179.
83. CELAM, IV Conferência Geral, Documento Conclusivo, n. 194; cf. ibid., nn. 179, 199, 202.
84. Cf. ibid., nn. 181, 194, 200-201.
85. Ibid., n. 201; cf. ibid., n. 181.
86. Cf. ibid., nn. 168, 200.
87. Ibid., n. 193; cf. ibid., n. 203.

recida, de 13 a 31 de maio de 2007. O tema escolhido foi: *Discípulos e missionários de Jesus Cristo, para que nele nossos povos tenham vida*. A retomada do método *ver, julgar* e *agir* marcou o andamento dos trabalhos e a redação do Documento Conclusivo. De fato, esse último possui três partes análogas às fases do método: *A vida dos nossos povos hoje, A vida de Jesus Cristo nos discípulos missionários* e *A vida de Jesus Cristo para nossos povos*[88].

A situação social, política e econômica da América Latina e do Caribe, após Santo Domingo, é descrita, com acuidade, na primeira parte do Documento de Aparecida. Nela, a realidade latino-americana e caribenha é abordada como parte integrante de um complexo contexto de mudanças, cujo alcance, por ser global, abrange "todos os campos de atividade da vida social"[89]. Em outras palavras, o fenômeno da globalização é eleito como principal chave interpretativa das multifacetadas dimensões sociais, incluindo a política e a econômica.

Do ponto de vista econômico, os bispos denunciam genericamente: a falta de acesso, por parte das grandes maiorias, aos bens básicos e essenciais à manutenção da vida; a concentração de poder, riqueza, informação, conhecimento, tecnologia e recursos humanos nas mãos de uma minoria; a constante exclusão, desigualdade e pobreza que assola expressiva parte dos povos latino-americano e caribenho e, por fim, a ausência de valores objetivamente con-

---

88. Cf. CALIMAN, C., A Conferência de Aparecida: do contexto à recepção, in: BRIGHENTI, A.; PASSOS, J. D. (orgs.), *Compêndio das conferências dos bispos da América Latina e Caribe*, 105, 107-109; HERRÁN, G. L. E., Necesidad de impregnar con el Evangelio los ámbitos político, económico y cultural, in: PONTIFICIA COMMISSIO PRO AMERICA LATINA, *Aparecida 2007. Luces para América Latina*, Città del Vaticano, Libreria Editrice Vaticana, 2008, 348.

89. CELAM, V Conferência Geral do Episcopado Latino-americano, Documento Conclusivo, in: *Documento de Aparecida: texto conclusivo da V Conferência Geral do Episcopado Latino-americano e do Caribe*, São Paulo, Paulus; Paulinas; Brasília, CNBB, 2007, n. 34; cf. ibid., nn. 33, 35, 43, 61; HERRÁN, Necesidad de impregnar con el Evangelio los ámbitos político, económico y cultural, 347.

trapostos à predominância da eficácia produtiva inerente à lógica do mercado absolutizado[90].

De modo pontual, os bispos concentram-se em algumas particularidades, tais como: a debilidade da ação estatal ante as pressões globais; o desrespeito dos direitos sociais, culturais, ambientais e econômicos das populações locais; as condições assimétricas nos tratados comerciais; a dívida externa e interna dos países mais pobres; a especulação financeira; a corrupção no setor público e privado, envolvendo o narcotráfico, o crime organizado e os grupos paramilitares; a situação de subemprego, desemprego e trabalho informal; a dificuldade de acesso à terra concentrada nos grandes latifúndios e, finalmente, o desafio do processo migratório[91].

Após a abordagem socioeconômica, reveladora da face insolidária da globalização[92], encontra-se a leitura da realidade política. Nela, os bispos reconhecem um certo avanço no processo democrático, mas preocupam-se com as "diversas formas de regressão autoritária por via democrática que, em certas ocasiões, resultam em regimes de corte neopopulista"[93]. Por essa razão, defendem o fortalecimento da sociedade civil e a ampliação dos espaços de participação

---

90. Cf. CELAM, V Conferência Geral, Documento Conclusivo, nn. 45, 54, 61-62, 65.

91. Cf. ibid., nn. 66-67, 69-70, 72-73, 77-78, 81, 90, 406c, 422, 425.

92. Os bispos e peritos não se concentraram somente nos aspectos negativos da globalização. Seguindo o discurso inaugural de Bento XVI, destacaram: o aspecto positivo do crescimento econômico e do desenvolvimento urbano oportunizados pela abertura dos mercados, do comércio e das finanças; o papel determinante das novas tecnologias na evolução da comunicação; a integração regional no seu caráter cultural, econômico e institucional; a promoção dos direitos humanos; o combate aos crimes contra a humanidade e, finalmente, a aspiração humana à unidade. Além disso, reconheceram o "esforço dos Estados em definir e aplicar políticas públicas nos campos da saúde, educação, segurridade alimentar, previdência social, acesso à terra e à moradia, promoção eficaz da economia para a criação de empregos e leis que favoreçam as organizações solidárias" (ibid., n. 76; cf. ibid., nn. 34, 60-61, 82, 523).

93. Ibid., n. 74.

política, a fim de se consolidar uma democracia eticamente empenhada na promoção dos direitos humanos[94].

Antes da abordagem do tema relativo à opção preferencial pelos últimos na Conferência de Aparecida, convém notar que a polarização entre concepções teológico-pastorais e eclesiais divergentes não deixou de existir nem às vésperas nem durante o encontro. Segundo Brighenti, no Documento de Participação à V Conferência – uma espécie de texto preparatório – é perceptível uma clara entonação conservadora e pré-conciliar. Ainda na opinião do teólogo, o texto de síntese das contribuições recebidas não contemplava, efetivamente, os anseios das Igrejas locais[95].

Em todo caso, esses anseios chegaram até Aparecida por intermédio dos delegados, tanto que os trabalhos foram iniciados com a partilha feita pelos presidentes das Conferências Episcopais e pelos representantes e convidados de diversos segmentos eclesiais. Nessa ocasião, percebeu-se uma assembleia menos conservadora; propensa a tensões, mas não à acareação explícita das diferenças. Talvez esse clima fraterno seja uma das heranças mais valiosas de Santo Domingo, quando a Igreja latino-americana se colocou no "caminho do consenso evangélico a partir da legítima diversidade"[96].

---
94. Cf. CELAM, V Conferência Geral, Documento Conclusivo, nn. 74-75, 80, 406a.
95. Cf. BRIGHENTI, A., Documento de Aparecida. O contexto do texto, *Revista Eclesiástica Brasileira*, v. 67, n. 268 (2007) 772-800, 778, 794.
96. ARROYO, A IV Conferência de Santo Domingo, 101; cf. BRIGHENTI, Documento de Aparecida, 779-780, 785-786. O teólogo da libertação João Batista Libanio tem um olhar mais crítico e, provavelmente, mais parcial sobre o mencionado consenso, fundamentando a sua interpretação na lógica corporativa. Segundo Libanio, o discurso corporativo – presente, sobretudo, no Documento Conclusivo – vela os conflitos e tensões em nome da unanimidade e da comunhão. No texto final, prevalece a justaposição de tendências e perspectivas conflitantes sem nenhuma síntese resolutiva. Para o teólogo, "o consenso se fez à custa do profetismo. Alguns observadores presentes constataram que houve silêncios, subtração de textos, modificações semânticas, resistências – na Comissão de Redação – a sugestões vindas das comissões. Sob a aparência de co-

O próprio discurso inaugural de Bento XVI não reforçou a tendência conservadora como se conjecturara; antes, apresentou elementos voltados mais à comunhão que à segmentação ideológico-partidária. Dois deles merecem destaque: a continuidade e a opção preferencial pelos pobres[97]. Quanto ao primeiro elemento, o pontífice afirmou categoricamente: "esta V Conferência Geral se celebra em continuidade com as outras que a precederam no Rio de Janeiro, Medellín, Puebla e Santo Domingo"[98]. Tal continuidade foi integralmente ratificada no Documento Conclusivo[99].

No tocante à opção preferencial, Bento XVI – após reiterar o indissociável vínculo entre o encontro com Deus e com os irmãos – declarou: "a opção preferencial pelos pobres está implícita na fé cristológica naquele Deus que se fez pobre por nós, para enriquecer-nos com sua pobreza (cf. 2Cor 8,9)"[100].

O texto final de Aparecida apoiou-se nessa asserção[101], evidenciando, em várias passagens, o seu caráter teocêntrico e cristológico: optar pelos pobres é, na verdade, optar pelo

---

munhão, houve momento de entrevero linguístico e semântico" (LIBANIO, J. B., *Conferências Gerais do Episcopado Latino-americano: do Rio de Janeiro a Aparecida*, São Paulo, Paulus, 2007, 131; cf. ibid., 108-109, 115, 117).

97. Cf. CALIMAN, A Conferência de Aparecida, 109, 112; BRIGHENTI, Documento de Aparecida,788-790.

98. BENTO XVI, Discurso inaugural (13 maio 2007), in: *Documento de Aparecida: texto conclusivo da V Conferência Geral do Episcopado Latino-americano e do Caribe*, 270.

99. Cf. CELAM, V Conferência Geral, Documento Conclusivo, nn. 9, 16. No entanto, nesse mesmo Documento encontra-se uma autocrítica em relação à descontinuidade processual: "reconhecemos que [...] nos tem faltado valentia, persistência e docilidade à graça de prosseguir, fiel à Igreja de sempre, à renovação iniciada pelo Concílio Vaticano II, impulsionada pelas Conferências Gerais anteriores, e para assegurar o rosto latino-americano e caribenho de nossa Igreja" (ibid., n. 100h).

100. BENTO XVI, Discurso inaugural (13 maio 2007), 273. As implicações epistemológicas e teológicas dessa afirmação serão explanadas na seção 1.3.b, capítulo 3.

101. Cf. CELAM, V Conferência Geral, Documento Conclusivo, n. 392.

Deus de Jesus Cristo, pelo "Deus de rosto humano"[102], pelo Deus pobremente encarnado "que nunca abandona"[103]. Nesse sentido, a autenticidade discipular e a "missionariedade" – traduzidas numa evangelização atenta à promoção humana e à libertação integral – requerem, como condição *sine qua non*, a opção preferencial pelos últimos[104]. Dito de outra forma, essa opção não é facultativa para o discípulo missionário[105]. Por esse motivo, o Documento de Aparecida trata a questão da opção preferencial pelos pobres e excluídos no seu oitavo capítulo (terceira parte) intitulado *Reino de Deus e promoção da dignidade humana*, sancionando o nexo imprescindível entre fé cristológica e empenho social[106].

Afinal, quem são os pobres, em cujos rostos os discípulos missionários são chamados a contemplar o rosto de Cristo[107]? O Documento Conclusivo da V Conferência aponta a existência de novos rostos sofredores em meio às turbulências políticas e socioeconômicas das últimas décadas ocasionadas, em grande parte, pelo lado sombrio da globalização. Desse modo, a lista dos excluídos em Apa-

---

102. Ibid., n. 22.
103. Ibid., n. 30; cf. ibid., nn. 29, 52, 107, 529; GUTIÉRREZ MERINO, G., Bento XVI e a opção pelo pobre, *Revista Eclesiástica Brasileira*, v. 67, n. 268 (2007) 1032-1038, 1032-1034; SAVINO, J. L. U., El compromiso social de la Iglesia: expresión del rostro humano de Dios y el rostro divino del hombre, in: PONTIFICIA COMMISSIO PRO AMERICA LATINA, *Aparecida 2007. Luces para América Latina*, 337-339.
104. Cf. CELAM, V Conferência Geral, Documento Conclusivo, n. 399; SAVINO, El compromiso social de la Iglesia, 341.
105. O texto final de Aparecida é claro nessa matéria: "tudo o que tenha relação com Cristo tem relação com os pobres e tudo o que está relacionado com os pobres clama por Jesus Cristo" (CELAM, V Conferência Geral, Documento Conclusivo, n. 393; cf. GUTIÉRREZ MERINO, Bento XVI e a opção pelo pobre, 1034, 1038).
106. Cf. CELAM, V Conferência Geral, Documento Conclusivo, nn. 380-430; MANZATTO, Opção preferencial pelos pobres, in: BRIGHENTI, A.; PASSOS, J. D. (orgs.), *Compêndio das conferências dos bispos da América Latina e Caribe*, 311-313; DE MELO, Opção preferencial pelos pobres e excluídos, 33; CALIMAN, A Conferência de Aparecida, 110.
107. Cf. CELAM, V Conferência Geral, Documento Conclusivo, n. 393.

recida é mais abrangente, superando em complexidade os elencos apresentados anteriormente[108]. O número abaixo citado expõe, sinteticamente, esses antigos e novos rostos:

> Os migrantes, as vítimas da violência, os deslocados e refugiados, as vítimas do tráfico de pessoas e sequestros, os desaparecidos, os enfermos de HIV e de enfermidades endêmicas, os toxicodependentes, idosos, meninos e meninas que são vítimas da prostituição, pornografia e violência ou do trabalho infantil, mulheres maltratadas, vítimas da exclusão e do tráfico para exploração sexual, pessoas com capacidades diferentes, grandes grupos de desempregados/as, os excluídos pelo analfabetismo tecnológico, as pessoas que vivem na rua das grandes cidades, os indígenas e afro-americanos, agricultores sem-terra e os mineiros[109].

Em um dos momentos de autocrítica, os bispos reunidos em Aparecida reconhecem com humildade: "lamentamos [...] nossas débeis vivências da opção preferencial pelos pobres"[110]. Essa declaração indica que a opção preferencial de Cristo, da sua Igreja e dos seus discípulos pelos últimos e excluídos não pode ser apenas documental, teórica, retórica e emotiva. Longe disso, ela implica atitudes concretas de atenção, predileção, proximidade, escuta, acompanhamento, criatividade e dedicação efetiva ao enfrentamento e superação da pobreza nas suas mais variadas expressões[111].

---

108. Cf. LIBANIO, *Conferências Gerais do Episcopado Latino-americano*, 112, 136.
109. CELAM, V Conferência Geral, Documento Conclusivo, n. 402; cf. ibid., nn. 407-426. O número supracitado não menciona algumas situações tratadas em outras partes do Documento Conclusivo, como a dos jovens sem oportunidade de progressão nos estudos e de inserção no mercado de trabalho, a dos trabalhadores informais, a das crianças abortadas, a das vítimas do terrorismo, a dos conflitos armados, a da violência urbana e, por fim, a dos detidos em prisões (cf. ibid., nn. 65, 427-430).
110. Ibid., n. 100b.
111. Cf. ibid., nn. 397-398, 409; GUTIÉRREZ MERINO, Bento XVI e a opção pelo pobre, 1035.

1.2. Papa Francisco: a Igreja pobre, para os pobres e dos pobres

Após sua eleição, ao explicar a escolha do nome *Francisco* na primeira entrevista coletiva, o atual pontífice exclamou: "ah, como eu queria uma Igreja pobre e para os pobres"[112]. Mais tarde, na Exortação Apostólica *Evangelii Gaudium*, reiterou: "desejo uma Igreja pobre para os pobres"[113]. Esse anelo, na divisão interna da aludida exortação, pertence, não por acaso, ao subtítulo *o lugar privilegiado dos pobres no povo de Deus*. Não é fácil indicar com exatidão as origens dessa aspiração. Uma das vias plausíveis é o resgate da história eclesial contemporânea e a análise do seu provável influxo no modo com o qual Papa Bergoglio pensa, decide e age.

a. Antecedentes históricos imediatos

Na mensagem radiofônica a um mês da abertura do Concílio Vaticano II, João XXIII afirmou: "pensando nos países subdesenvolvidos, a Igreja se apresenta e quer realmente ser a Igreja de todos, em particular, a Igreja dos pobres"[114]. Durante o Concílio, um grupo informal de padres conciliares – denominado *Grupo da Igreja dos Pobres* –, sob a articulação de Paul Gauthier – um padre operário de Nazaré –, sensibilizou-se com o tema da pobreza, procurando

---

112. FRANCISCO, *Encontro com os representantes dos meios de comunicação social* (16 mar. 2013), 3; cf. SOUZA NETO, M. O.; DE MORAES, E. A. R., Papa Francisco: perspectivas eclesiais e eclesiológicas, in: DA SILVA, J. M. (org.), *Papa Francisco: perspectivas e expectativas de um papado*, Petrópolis (RJ), Vozes, 2014, 164-165.
113. FRANCISCO, *Evangelii gaudium*, n. 198.
114. JOÃO XXIII, Mensagem radiofônica a todos os fiéis católicos, a um mês da abertura do Concílio (11 set. 1962), in: VATICANO II, *Mensagens, discursos e documentos*, São Paulo, Paulinas, ²2007, 23; cf. DE SOUZA, N., "Pobreza da Igreja": história e teologia do Documento 14 da Conferência de Medellín, *Caminhos*, v. 17, n. 2 (2019) 727-740, aqui 728-729, 737-738; SOUZA NETO; DE MORAES, Papa Francisco: perspectivas eclesiais e eclesiológicas, 165.

pautá-lo nas sessões conciliares[115]. No final da primeira sessão, a intervenção do Cardeal Lercaro, porta-voz do referido grupo, foi incisiva:

> Onde procuraremos este impulso vital, esta alma, digamos sinceramente, esta plenitude do Espírito? Se não realmente nisso: num ato sobrenatural de docilidade de cada um de nós e de todo o concílio à indicação que parece fazer-se sempre mais clara e imperativa: esta é a hora dos pobres, dos milhões de pobres sobre toda a terra; esta é a hora do mistério da Igreja mãe dos pobres; esta é a hora do mistério de Cristo, sobretudo, no pobre[116].

O tema do concílio é a Igreja, enquanto particularmente Igreja dos pobres, de todos os milhões e milhões de homens pobres e, coletivamente, dos povos pobres de toda a terra[117].

Para Lercaro, a *Igreja dos pobres* não é um tema adicional, mas um argumento elucidador, sintetizador e unificador das temáticas conciliares[118]. A centralidade dos pobres tem como substrato primário o mistério de Cristo nos pobres, o qual está estreitamente relacionado ao mistério de Cristo na Igreja, seu sacramento visível. Consequentemente, para o cardeal bolonhês, a presença de Cristo nos pobres está associada, ontologicamente, a duas expressões do mistério de Cristo na Igreja: à Eucaristia (que a funda e constitui) e à hierarquia (que ensina e organiza)[119].

---

115. Cf. DE SOUZA, N., Lercaro e a Igreja dos Pobres, *Revista de Cultura Teológica*, n. 99 (2021) 11-23, aqui 17; DE ANDRADE, P. F. C., Opção pelos pobres no Magistério. Pensamento social católico do Vaticano II à Conferência de Aparecida, *Concilium*, n. 361 (2015) 27-37, aqui 30; LOREFICE, C., La Chiesa povera e dei poveri. L'eredità del Concilio Vaticano II e la morale terapeutica per l'umanità di oggi, *Studia Moralia*, n. 54/2 (2016) 173-197, aqui 176-177.
116. LERCARO, G., Chiesa e povertà (6 dez. 1962), in: MAROTTA, S. (org.), *Per la forza dello Spirito. Discorsi conciliari*, Bologna, EDB, 2014, 112 (tradução nossa).
117. Ibid., 116 (tradução nossa); cf. ibid., 111-112.
118. Cf. ibid., 111-112, 115-116, 119.
119. Cf. LERCARO, Chiesa e povertà (6 dez. 1962), 113-114, 117; LOREFICE, La Chiesa povera e dei poveri, 179.

Na opinião de Lercaro – em sintonia com as observações dos cardeais Suenens e Montini sobre o andamento dos trabalhos conciliares –, o mistério de Cristo nos pobres e as correlatas doutrinas evangélicas "da divina pobreza de Cristo na Igreja"[120] e "da eminente dignidade dos pobres como membros da Igreja"[121] deveriam ocupar um lugar privilegiado, ou melhor, central na elaboração doutrinal do Concílio, iluminando, mormente, os esquemas das constituições dogmáticas[122]. Por conseguinte, a centralidade dos pobres ganharia um *status* dogmático, tornando-se matéria de ortodoxia teológica e não só de ortopraxia eclesial, como salienta Aquino Júnior:

> Falar de "Igreja dos pobres" é falar de um aspecto ou de uma dimensão essencial da revelação e da fé cristãs, enquanto determinante do mistério da Igreja. É falar de uma verdade fundamental da fé. É falar de uma questão dogmática no sentido mais autêntico e forte da palavra[123].

A questão em torno dos pobres e da pobreza, concebida como nota constitutiva e fundamental da Igreja de Jesus Cristo – ao lado das clássicas notas una, santa, católica e apostólica –, não impactou as reflexões e os documentos conciliares como desejara Lercaro e os adeptos do *Grupo da Igreja dos Pobres*[124]. No entanto, na reta final do Concílio, em 16 de novembro de 1965, foi particularmente simbólica

---

120. LERCARO, Chiesa e povertà, 116 (tradução nossa).
121. Ibidem (tradução nossa).
122. Cf. ibid., 112-113, 115, 117.
123. DE AQUINO JÚNIOR, F., *Igreja dos pobres*, São Paulo, Paulinas, 2018, 59; cf. ibid., 8, 22, 37, 56-57; CODA, P., *"La Chiesa è il Vangelo"*. *Alle sorgenti della teologia di papa Francesco*, Città del Vaticano, Libreria Editrice Vaticana, 2017, 118.
124. Cf. DE AQUINO JÚNIOR, *Igreja dos pobres*, 21-23, 27-29, 33, 58; DE SOUZA, "Pobreza da Igreja", 728, 733; id., Lercaro e a Igreja dos Pobres, 18-20; LOREFICE, La Chiesa povera e dei poveri, 175, 181. Alguns textos conciliares refletem, em especial, a sobredita questão: CONCÍLIO ECUMÊNICO VATICANO II, Constituição dogmática *Lumen gentium*, 21 nov. 1964, in: AAS 57 (1965) 5-71, n. 8; id., Decreto *Ad gentes*, 7 dez. 1965, in: AAS 58 (1966) 947-990, nn. 3, 5, 12.

a celebração dum "compromisso de vida, trabalho e missão"[125] – o chamado *Pacto das Catacumbas* –, endossado por 42 bispos e, posteriormente, assumido por cerca de 500 bispos, outrossim, conciliares[126].

No encontro realizado nas catacumbas de Santa Domitila, os bispos reconheceram, *in primis*, as deficiências atinentes ao testemunho de uma vida pobre segundo o Evangelho. Em seguida, comprometeram-se com um estilo de vida mais ordinário (habitação, alimentação e locomoção, por exemplo), em sintonia com a realidade do povo. Também renunciaram à aparência de riqueza representada nos trajes, insígnias, títulos, privilégios e predileção pelos mais abastados[127]. Quanto aos rumos da ação pastoral, decidiram:

> Daremos tudo o que for necessário do nosso tempo, reflexão, coração, meios etc., ao serviço apostólico e pastoral das pessoas e grupos laboriosos e economicamente fracos e subdesenvolvidos, sem que isso prejudique as outras pessoas e grupos da diocese. Ampararemos os leigos, religiosos, diáconos ou sacerdotes que o Senhor chama a evangelizarem os pobres e os operários, compartilhando a vida operária e o trabalho (cf. Lc 4,18s; Mc 6,4; Mt 11,4s; At 18,3s; 20,33-35; 1Cor 4,12 e 9,1-27)[128].

Após o reverberar das intuições de Lercaro e do *Grupo da Igreja dos Pobres* no Magistério de Paulo VI – sobretudo na *Populorum Progressio*[129] –, coube à Conferência de Medellín, em seu Documento 14 (*Pobreza da Igreja*), aterrissá-las

---

125. BEOZZO, J. O., *Pacto das Catacumbas: por uma Igreja servidora e pobre*, São Paulo, Paulinas, 2015, 9.
126. Cf. BEOZZO, *Pacto das Catacumbas*, 25, 27-28, 53-59.
127. Cf. ibid., 29-30, 34-35.
128. Ibid., 38.
129. Cf. DE ANDRADE, Opção pelos pobres no Magistério, 33-34; DE SOUZA, Lercaro e a Igreja dos Pobres, 20.

no cenário latino-americano[130]. Refletindo o Pacto das Catacumbas, o Documento aponta os fatores determinantes para a existência de uma imagem eclesial distorcida, isto é, de uma Igreja rica e aliada dos ricos: o alto padrão de edifícios, residências e veículos utilizados por párocos e religiosos, as vestimentas anacrônicas e a falta de transparência econômica[131].

Em seguida, o Documento 14 reconhece a ausência de identificação de alguns bispos, párocos e religiosos com os pobres, bem como o parco apoio dado aos que, efetivamente, trabalham e assumem a sua causa. O antídoto para essas imperfeições advém duma conversão eclesial em direção a uma Igreja solidária, comprometida com a denúncia das carências injustas e dos pecados a elas subjacentes, aberta ao diálogo com os responsáveis pelas injustiças e, por fim, empenhada, ela mesma, na vivência da pobreza espiritual e material[132]. De modo enfático, os bispos declaram:

> Queremos que nossa Igreja latino-americana esteja livre de peias temporais, de conveniências indevidas e de prestígio ambíguo; que, livre pelo espírito dos vínculos da riqueza (Paulo VI, 24 ago. 68), seja mais transparente e forte sua missão de serviço; que esteja presente na vida e nas tarefas temporais, refletindo a luz de Cristo, presente na construção do mundo[133].

---

130. Cf. SCANNONE, J. C., La actualidad de Medellín y el papa Francisco, in: ID., et al. (orgs.), *Actualidad de Medellín*, 104-105; DE SOUZA, "Pobreza da Igreja", 732, 734; DE ANDRADE, Opção pelos pobres no Magistério, 34.
131. Cf. CELAM, II Conferência Geral, Documento Conclusivo, n. 14.2. Diz-se uma imagem distorcida porque "na realidade, muitíssimas paróquias e dioceses vivem tremendamente pobres. Há casos de muitos bispos, sacerdotes e religiosos que vivem cheios de privações e que se entregam com grande abnegação ao serviço dos pobres" (ibid., n. 14.3).
132. Cf. CELAM, II Conferência Geral, Documento Conclusivo, nn. 14.3, 14.5, 14.10.
133. Ibid., n. 14.18. No Documento de San Miguel, dedicado à adaptação das conclusões da Conferência de Medellín no contexto argentino, encontra-se

b. Um novo alvorecer

Francisco é o primeiro Papa ordenado sacerdote depois do Concílio Vaticano II, isto é, em 1969. A evolução dos trabalhos conciliares, as discussões sobre a Igreja dos pobres, a celebração da Conferência de Medellín e o Documento de São Miguel certamente influenciaram a sua visão teológico-eclesial e pastoral. Os seus discursos, textos e gestos como Papa demonstram essa influência nada improvisada, a começar pela escolha das vestimentas, insígnias, habitação e automóvel até a estruturação de serviços básicos para os mais necessitados nas adjacências vaticanas.

A centralidade da opção preferencial pelos últimos no Magistério socioeconômico do Papa Francisco é um fato marcante. Mas afinal, como ele define essa opção? Para o pontífice, a opção pelos pobres é "mais uma categoria teológica que cultural, sociológica, política ou filosófica"[134]. A sua origem está no lugar privilegiado ocupado pelos pobres no coração de Deus, o Deus feito pobre para enriquecer, com sua graça, a humanidade inteira (cf. 2Cor 8,9)[135]. Nesse sentido, o Papa reafirma a indissociável ligação entre a opção preferencial pelos pobres e a fé cristológica[136].

O fundamento último da escuta e acolhida misericordiosa dos pobres, na visão de Francisco, é bem claro: a Palavra de Deus, particularmente, o Evangelho de Jesus Cristo. Segundo o atual bispo de Roma, trata-se duma "mensagem tão clara, tão direta, tão simples e eloquente

---

a mesma determinação eclesial: "nossa Igreja na Argentina deve ser sinal de pobreza e traduzir em seus gestos, atitudes e normas o compromisso de solidariedade com os que sofrem. Será, assim, a humilde servidora de todos os homens" (CONFERENCIA EPISCOPAL ARGENTINA, *Documento de San Miguel*, III-6 – tradução nossa).

134. FRANCISCO, *Evangelii gaudium*, n. 198.
135. Cf. ibid., n. 197.
136. Cf. ibid., nn. 48, 186, 198; cf. id., *Encontro com os participantes do V Congresso da Igreja Italiana* (10 nov. 2015), 7.

que nenhuma hermenêutica eclesial tem o direito de relativizar"[137]. Em definitivo, trata-se de uma Palavra interpelante e condicionante do ser cristão e do ser comunidade cristã, ambos chamados a ser instrumentos de libertação e promoção humana[138]. Em um de seus discursos, o Papa explica sem meias palavras:

> Muitos me perguntarão: "Padre, por que falas tanto dos necessitados, das pessoas necessitadas, das pessoas excluídas, das pessoas que estão à margem do caminho"? Simplesmente porque esta realidade e a resposta a esta realidade estão no coração do Evangelho. E precisamente porque a atitude que tomamos diante desta realidade está inscrita no protocolo mediante o qual seremos julgados, segundo o capítulo 25 de Mateus[139].

A opção pelos pobres, na concepção do Papa Bergoglio, insere-se no contexto duma Igreja missionária, em saída, sem medo de acidentar-se, ferir-se e enlamear-se; uma Igreja cujas estruturas são dinamizadas pelo espírito evangélico[140]. A evangelização dos pobres – enquanto sinal visível do Reino de Deus –, para além das ações imediatas de assistência e promoção humana (muitas vezes realizadas indiretamente ou à distância), envolve, acima de tudo,

---

137. Id., *Evangelii gaudium*, n. 194.
138. Cf. FRANCISCO, *Evangelii gaudium*, nn. 187-188, 193, 195.
139. Id., *Encontro com a sociedade civil – Equador* (7 jul. 2015), 5; cf. id., *Discurso no encontro com o clero da Diocese de Roma* (2 mar. 2017), 7-8; id., *Audiência geral. Catequese – "Curar o mundo": a opção preferencial pelos pobres e a virtude da caridade* (19 ago. 2020), 1-2. A respeito da dimensão política da caridade atuada em benefício dos últimos, afirma o Papa Francisco: "esta caridade, coração do espírito da política, é sempre um amor preferencial pelos últimos, subjacente a todas as ações realizadas em seu favor. Só com um olhar cujo horizonte esteja transformado pela caridade, levando-nos a perceber a dignidade do outro, é que os pobres são reconhecidos e apreciados na sua dignidade imensa, verdadeiramente integrados na sociedade" (id., *Fratelli tutti*, n. 187). Em termos políticos, para Bergoglio o critério é claro: "se se trata de recomeçar, há de ser sempre a partir dos últimos" (ibid., n. 235; cf. ibid., nn. 169, 219).
140. Cf. id., *Evangelii gaudium*, nn. 26-27, 32-33, 49, 63, 105.

a estima, a proximidade, a amizade, a contemplação e o cuidado espiritual dos últimos[141]. De acordo com o Papa:

> A imensa maioria dos pobres possui uma especial abertura à fé; tem necessidade de Deus, e não podemos deixar de lhe oferecer a sua amizade, a sua bênção, a sua Palavra, a celebração dos Sacramentos e a proposta de um caminho de crescimento e amadurecimento na fé. A opção preferencial pelos pobres deve traduzir-se, principalmente, em uma solicitude religiosa privilegiada e prioritária[142].

Para o atual sucessor de Pedro, os pobres não são apenas destinatários da missão evangelizadora da Igreja. Eles também são Igreja, isto é, povo fiel de Deus. Nessa condição, eles "têm muito para nos ensinar. Além de participarem do *sensus fidei*, nas suas próprias dores conhecem Cristo sofredor. É necessário que todos nos deixemos evangelizar por eles"[143]. Por esse motivo, a Igreja é chamada a *ser* pobre, *para*, *com* e *dos* pobres, ou seja, uma casa aberta onde se sintam acolhidos, amparados e, ao mesmo tempo, reconhecidos como sujeitos da evangelização[144].

---

141. Cf. ibid., nn. 48, 199; id., *Visita a Assis por ocasião do evento "Economy of Francesco"* (24 set. 2022), 5; id., *Encontro com os pobres e os refugiados na Igreja de Santa Elizabeth da Hungria* (29 abr. 2023), 3; id., *Mensagem para o VII Dia Mundial dos Pobres* (13 nov. 2023), nn. 4-5, 8-9.

142. Id., *Evangelii gaudium*, n. 200.

143. Francisco, *Evangelii gaudium*, n. 198; cf. id., *Fratelli tutti*, nn. 73, 116, 234. Essa mesma ideia é expressa nos Documentos Conclusivos das Conferências Latino-Americanas e do Caribe com termos muito semelhantes: (1) "o compromisso com os pobres e oprimidos e o surgimento das Comunidades Eclesiais de Base ajudaram a Igreja a descobrir o potencial evangelizador dos pobres, enquanto estes a interpelam constantemente, chamando-a à conversão [...]" (Celam, III Conferência Geral, Documento Conclusivo, n. 1147; cf. id., IV Conferência Geral, Documento Conclusivo, n. 178); (2) "a opção pelos pobres deve conduzir-nos à amizade com os pobres. Dia a dia os pobres se fazem sujeitos da evangelização e da promoção humana integral [...]" (id., V Conferência Geral, Documento Conclusivo, n. 398).

144. Cf. Trigo, P., *Papa Francisco: expressão atualizada do Concílio Vaticano II*, São Paulo, Paulinas, 2019, 136-137; Scannone, La actualidad de Medellín y el

Não resta dúvida que, ao deixar o "fim do mundo" e tornar-se bispo de Roma, Bergoglio levou consigo a sensibilidade eclesiológica e teológico-pastoral latino-americana, comprometida, entre avanços e percalços, com o espírito e as diretrizes do Vaticano II. Decerto, o evento Francisco significou um novo alvorecer da *Igreja dos pobres* querida por João XXIII, debatida por Lercaro e seu grupo, celebrada nas catacumbas e assumida pelo Episcopado Latino-americano e do Caribe. Decisivamente, o atual Papa não apenas repropôs, mas amplificou e impulsionou o seu sentido original[145].

1.3. Jung Mo Sung: dignidade dos pobres e indignação teológica

A opção preferencial pelos últimos, à semelhança do que ocorre com Papa Francisco, ocupa um lugar privilegiado na reflexão teológica de Jung Mo Sung, especialmente quando se debruça sobre o liame *Teologia-Economia*. Certamente não existe uma coincidência direta entre os percursos formativos e os substratos intelectuais de Bergoglio e de Sung, como observado inicialmente. Todavia, para além das particularidades biográficas, em ambos os casos o acolhimento da tradição eclesial latino-americana pós-Medellín representa um traço marcante e indelével[146].

a. Pela contextualização da Teologia

No que diz respeito à opção preferencial pelos pobres na Teologia Moral de Sung, a pergunta se repete: qual é o

---

papa Francisco, 105, 107; CODA, *"La Chiesa è il Vangelo"*, 120; DE SOUZA, Lercaro e a Igreja dos Pobres, 16-17.
145. Cf. BEOZZO, *Pacto das Catacumbas*, 21; DE ANDRADE, Opção pelos pobres no Magistério, 37; CODA, *"La Chiesa è il Vangelo"*, 119; LOREFICE, La Chiesa povera e dei poveri, 184-187.
146. Cf. SUNG, *Deus numa economia sem coração*, 16-17.

seu significado preciso? Para o teólogo brasileiro, a opção pelos pobres está intimamente relacionada à defesa da dignidade de tantas pessoas injustiçadas, oprimidas e excluídas socialmente. No âmbito estritamente econômico, concerne à defesa dos direitos e oportunidades negadas pela lógica do mercado absolutizado[147]. Essa opção – e nesse aspecto Sung assemelha-se significativamente a Francisco – implica indignação, presença física, solidariedade amorosa e luta:

> Estar ao lado dos pobres, solidários nos seus sofrimentos, mesmo que não saibamos o que lhes dizer ou o que propor para mudar a situação. Sofrer com eles, ter compaixão, simplesmente. Ser capazes de rezar junto com o povo, nesta hora tão difícil de suas vidas, para que eles não repitam com Jesus: "Não fostes capazes de vigiar comigo por uma hora! (Mt, 26,40)"[148].

Para Sung, toda inclinação oposta à solidariedade e à compaixão – que em Francisco dá vida à cultura da indiferença, como visto na seção 3.1 do segundo capítulo –, corrobora a "cultura da insensibilidade"[149]. O principal atributo dessa cultura é a ausência de indignação diante do sofrimento e da miséria alheia, ou ainda, "uma total incapacidade de sentir compaixão, de sentir na pele o sofrimento do outro. Situação que se agrava quando a pessoa se diz cristã"[150]. Porque excedem a dimensão subjetiva da moral, as implicações da insensibilidade afetam a comunitário-institucional.

---

147. Cf. SUNG, *Cristianismo de libertação*, 21, 70; id., *Sementes de esperança*, 82.
148. Id., *Deus numa economia sem coração*, 139; cf. id., *Sementes de esperança*, 61; id., *Sujeito e sociedades complexas*, 173; id., *Desejo, mercado e religião*, 77.
149. Id., *Desejo, mercado e religião*, 82; cf. id., *Sementes de esperança*, 25, 36; id., Contribuições da teologia na luta contra a exclusão social, *Revista Eclesiástica Brasileira*, v. 57, n. 226 (1997) 288-313, 305-308. As origens teológico-econômicas e as consequências sociais dessa cultura da insensibilidade foram apresentadas na seção 3.3 do primeiro capítulo, intitulada *Lógica sacrifical e insensibilidade social*.
150. Id., *Se Deus existe, por que há pobreza?*, 25; cf. ibid., 80.

Em um de seus últimos livros, ao comentar sobre a Igreja pobre e para os pobres do Papa Francisco, Sung aborda um fenômeno muito perceptível: a infiltração da cultura da insensibilidade no ambiente religioso[151]. A supressão dos excluídos da "lista de prioridades 'reais', isto é, da lista que realmente norteia as ações e investimentos em tempo, dinheiro e pessoal"[152], confirma essa convicção. A situação torna-se mais grave quando as Igrejas e suas autoridades aderem à lógica do sucesso econômico, mostrando-se "valorosas por meio da exposição pública ou da ostentação de riquezas"[153].

Na visão de Sung, a reflexão teológica não pode legitimar a institucionalização da insensibilidade e do cinismo. Diversamente, ela deve deixar-se animar pela perplexidade diante dos problemas urgentes e reais vividos, acima de tudo, pelos mais vulneráveis e excluídos. Para o teólogo, a Teologia é chamada a contextualizar-se, a espelhar o "escândalo" da encarnação, ou ainda, da *kenosis* de Cristo[154]. Nesse ponto, a crítica de Sung harmoniza-se com o parecer do Papa Francisco acerca da "Teologia de gabinete" (mencionada na seção 2.3 do capítulo precedente):

> Uma teologia ou uma pastoral que não coloca o sofrimento e a morte de tantas pessoas no coração das suas preocupações, que não consegue se sensibilizar com a dor alheia, e não se preocupa em defender a vida, é teologia ou pasto-

---

151. Cf. id., *Idolatria do dinheiro e direitos humanos: uma crítica teológica do novo mito do capitalismo*, São Paulo, Paulus, 2018, 7-10.
152. Id., *Sujeito e sociedades complexas*, 157.
153. Id., *Idolatria do dinheiro e direitos humanos*, 7. Continua o teólogo: "daí a construção de grandes e vistosos templos e sedes de instituições religiosas. Também as autoridades dessas religiões ou Igrejas, mesmo que inconscientemente, tendem a reproduzir essa cultura com estilos de vida que, se não chegam a igualar o da elite econômica, estão bem acima da média da população. É a demonstração visível da autoridade, do prestígio e do valor dessas pessoas" (ibid., 8-9).
154. Cf. SUNG, *Cristianismo de libertação*, 7-8; id., *Educação teológica e a missão*, 144, 146; id., *Sementes de esperança*, 38, 50.

ral que não conseguiu superar o cinismo tão marcante na cultura contemporânea, que não conseguiu entender que a vida é o maior dom que recebemos do Deus da vida, muito menos, que Deus é Amor[155].

Com o papado de Bergoglio, Sung individua um novo momento para a Teologia Moral e, especificamente, para a Moral Social. Segundo o teólogo, em Francisco há uma rearticulação das fronteiras entre os campos da Teologia Dogmática e da Teologia Moral. Ao colocar em relevo as questões ético-sociais – centradas na pobreza, na desigualdade e na crise do meio ambiente – e não tanto as doutrinais (ortodoxia), o Papa argentino confere um *status* privilegiado à reflexão e ao ensinamento social da Igreja, assim como à experiência moral dos fiéis (ortopraxia)[156].

b. O lugar dos pobres na reflexão teológica

Como observado até o momento, a centralidade da opção preferencial pelos pobres na Moral Social de Jung Mo Sung é algo evidente e inquestionável. O nó górdio da questão encontra-se no posicionamento dessa opção em um estilo de reflexão teológica mais contextualizado e, por isso mesmo, mais sensível ao contexto político, social e econômico. No caso de Sung e de outros teólogos, o enfrentamento do problema envolve, inevitavelmente, a discussão sobre o fundamento e o ponto de partida da reflexão libertadora, temas assaz debatidos, porém pertinentes com o revigoramento do enfoque social no ambiente eclesial.

A maior parte das afirmações de Sung a esse respeito é clara. Para ele, a opção pelos pobres tem o seu "funda-

---

155. Id., Deus da vida e ídolo da morte na nova economia mundial, 841.
156. Cf. id., A crítica da idolatria do dinheiro: o fim da fronteira entre teologia moral, dogmática e estética, in: ZACHARIAS, R.; MILLEN, M. I. C., *A moral do Papa Francisco: um projeto a partir dos descartados*, Aparecida, Santuário, 2020, 199-201, 203-204.

mento último na fé em Deus, que opta pelos pobres"[157]. Do mesmo modo, é claro para ele o fato de a prática libertadora nascer "da experiência espiritual de encontrar Jesus Cristo no rosto das pessoas oprimidas"[158]. Contudo, algumas asserções demandam maior atenção para não entrarem em contradição com as anteriores. Por exemplo: a Teologia da Libertação "pretende ser uma reflexão teológica a partir e sobre as práticas de libertação dos pobres e oprimidos"[159]; ou ainda:

> A teologia da libertação assumiu explicitamente a perspectiva da libertação dos pobres. O seu objeto formal, a sua perspectiva teológica, é a libertação dos pobres à luz da fé. É a assunção da relação entre a salvação e a libertação humana histórica, na única história que temos: a história humana[160].

Mas não devemos esquecer que a perspectiva com que se estuda, o objeto formal, a "pertinência" do nosso discurso teológico da libertação, é a perspectiva dos pobres (econômico) e que a finalidade desses estudos é servir à luta pela libertação dos pobres[161].

Desde o seu início, no final da década de 1960 e início de 1970, os principais teólogos da libertação sempre insistiram que a TL é momento segundo. O momento primeiro é a prática de libertação dos pobres, que nasce da indignação ética diante da massiva pobreza na América Latina. Nesse sentido, a indignação ética é o momento "zero" que define a TL como uma teologia voltada para a transformação das relações humanas e sociais que geram essa indignação[162].

---

157. Id., *Idolatria do dinheiro e direitos humanos*, 12; cf. id., *Desejo, mercado e religião*, 140; id., *Se Deus existe, por que há pobreza?*, 40, 61.
158. SUNG, *Sujeito e sociedades complexas*, 46.
159. Id., *Teologia e economia*, 8; cf. ibid., 80; id., A crítica da idolatria do dinheiro, 207.
160. Id., *Teologia e economia*, 83-84.
161. Ibid., 117; cf. ibid., 91-92.
162. Id., O pobre depois da Teologia da Libertação, *Concilium*, n. 361 (2015) 70-80, aqui 72.

Fazer teologia não é tomar Deus como objeto de sua reflexão, mas sim olhar o mundo, a história humana, e a nossa vida a partir dessa experiência espiritual. Em outras palavras, a teologia deve ser uma reflexão crítica sobre nossa experiência de viver a fé, o seguimento a Jesus, neste mundo marcado pela injustiça, que aprisiona a verdade[163].

A noção apofática de que Deus é uma realidade cognoscível diversa e, de certo modo, incompatível com a ideia convencional de objeto material, não configura um problema epistemológico[164]. Já a eleição da história humana – com suas temáticas sociais – como "principal objeto material a ser estudado"[165] e da revelação do Deus libertador como objeto formal da Teologia – isto é, como perspectiva interpretativa da história e da luta dos pobres[166] – requer maiores esclarecimentos. O mesmo se pode dizer da indignação ética e da prática libertadora apreciadas como pontos de arranque da reflexão teológica. O necessário aclaramento dessa temática certamente ultrapassa os limites da presente abordagem. Entretanto, as ponderações apresentadas a seguir oferecem alguns parâmetros analíticos relevantes para essa complexa discussão.

Dentre os teólogos preocupados com a questão do fundamento da Teologia da Libertação encontra-se Clodovis Boff, para quem a escolha da opção pelos pobres e da sua realidade como eixo epistemológico ou princípio primeiro da reflexão teológica não pode ocorrer sem a geração

---

163. Id., *Idolatria do dinheiro e direitos humanos*, 36; cf. ibid., 192.
164. Cf. ibid., 33-35. De acordo com Catão, "Deus não é uma realidade comparável às múltiplas realidades do mundo. Não é também um conceito ou uma ideia com que podemos contar. De Deus não se pode dizer que sabemos o que é nem quem é. Só podemos dizer o que não é, negando tudo que sabemos do que afirmamos existir" (CATÃO, F., *Deus*, São Paulo, WMF Martins Fontes, 2011, 12).
165. SUNG, A crítica da idolatria do dinheiro, 214; cf. ibid., 211.
166. Cf. SUNG, A crítica da idolatria do dinheiro, 214.

de "ambiguidades, equívocos e reduções"[167]. Para o teólogo, os adeptos dessa vertente não negam explicitamente a primazia de Deus ou da fé no Deus revelado, porém não a empregam como princípio operante no fazer teológico. Sendo assim, ela permanece subentendida, como um mero pressuposto[168].

Para evitar um equívoco epistemológico, Clodovis Boff insiste: "o princípio-fé há de se manter sempre ativo, e isso não só na prática da vida, mas também na teoria teológica"[169]. Assim, os pobres, a sua realidade e a própria libertação devem ser considerados como perspectiva ou princípio segundo, ou ainda, como ponto de partida material, temático, cronológico e prático derivante, e não como ponto de partida formal, hermenêutico, epistemológico e teórico determinante[170]. Nesse caso, a Teologia da Libertação configura-se como "um 'discurso de segunda ordem', que supõe em sua base uma 'teologia primeira'"[171]. Nessa mesma direção, reitera Gutiérrez:

O primeiro momento da teologia, queremos reafirmá-lo, é a fé que se exprime na oração e na ação. Estamos diante da aplicação prática de duas dimensões fundamentais da exis-

---

167. BOFF, C., Teologia da libertação e volta ao fundamento, *Revista Eclesiástica Brasileira*, v. 67, n. 268 (2007) 1001-1022, aqui 1002.
168. Cf. ibid., 1002-1004; id., Volta ao fundamento: réplica, *Revista Eclesiástica Brasileira*, v. 68, n. 272 (2008) 892-927, aqui 895, 905, 912.
169. Id., Teologia da libertação e volta ao fundamento, 1004. Em outro trecho, o teólogo é ainda mais contundente: "pois bem, a fonte originária da teologia não é outra senão a fé em Cristo. [...] Aí está o *principium grande* de tudo no Cristianismo, tanto na vida, como no pensamento. E desta *arché*, a fé em Cristo, abre-se a perspectiva verdadeira de toda a teologia autenticamente cristã: ver tudo 'à luz da fé', por outras, à luz do Deus de Jesus Cristo" (ibid., 1013).
170. Cf. ibid., 1005-1006; id., Volta ao fundamento: réplica, 900-901, 911, 919; id., *Teoria do método teológico*, 43-44; POZZO, G., Metodo – Teologia sistemática, in: LATOURELLE, R.; FISICHELLA, R. (orgs.), *Dizionario di Teologia Fondamentale*, Assisi, Cittadella, 1990, 728.
171. BOFF, C., Teologia da libertação e volta ao fundamento, 1004; cf. id., Volta ao fundamento: réplica, 896-897, 915, 924-926.

tência cristã, a partir da exigência do Reino. O ato segundo, o da reflexão em sentido estreito, intenta ler tal prática complexa à luz da palavra de Deus. Impõe-se um discernimento frente às formas concretas que assume o empenho cristão, e isso se fará recorrendo às fontes da revelação. Os critérios últimos em teologia provêm da verdade revelada que acolhemos na fé e não da própria práxis[172].

A contextualização da Teologia pressupõe, de modo similar, a hierarquia basilar entre os princípios primeiro (Deus revelado/fé) e segundo (pobres/realidade/libertação), visto que o *texto* da fé não se confunde e não pode ser confundido com o *contexto* no qual está inserido. A fé, "estando na história, não é da história"[173], ou por outra, a sua essência ou mensagem nuclear não se limita a um determinado contexto, precedendo-o e transcendendo-o com o seu caráter universal, comunial e unitivo. A linguagem e as expressões da fé vivida são sempre contextuais; já a sua mensagem elementar é sempre "transcontextual". Em outros termos, "o aspecto contextual de uma teologia só atinge o 'corpo' do texto, não sua 'alma', ou seja, seu sentido ou sua visada intencional"[174].

Em suma, a falta de clareza no que se refere ao fundamento epistemológico e ao ponto de partida da Teologia pode influenciar negativamente tanto a reflexão teórica quanto a prática pastoral (risco que não se aplica, em definitivo, a Jung Mo Sung). Dentre as consequências negativas, podem ser elencadas: a instrumentalização, a ideologização, a politização e a imanentização da fé, da Palavra de Deus e do discurso teológico em vista do pobre[175].

---

172. GUTIÉRREZ, Guardare lontano, 32 (tradução nossa).
173. BOFF, C., Volta ao fundamento: réplica, 914.
174. Ibidem.
175. Cf. id., Teologia da libertação e volta ao fundamento, 1005, 1006, 1007, 1010; id., Volta ao fundamento: réplica, 916-917, 920. No tocante a esse risco,

Da mesma forma, a inversão do princípio fundamental pode desvirtuar o sentido primevo e fulcral da vida moral assumida como livre decisão e/ou resposta de ser com, em e por Cristo, conforme explicitado no segundo capítulo (seção 2.1).

2. DO TEOLÓGICO AO ECONÔMICO: POR UMA ECONOMIA COM ROSTO HUMANO

No âmbito teológico, a opção preferencial pelos últimos – a despeito dos desacertos, resistências e relativizações –, possui uma fundamentação epistemológica e histórico-eclesial bem definida. Nas demais áreas do saber, especialmente a econômica, a sensibilidade para com os pobres não é um tema garantido, oscilando da total indiferença ou atenção mínima à crítica propositiva de intelectuais pertencentes a diversos âmbitos científicos. Dentre esses, destaca-se a filósofa espanhola Adela Cortina, a principal responsável pela difusão do neologismo *aporofobia*.

Proveniente do grego *á-poros* (pobre) e *fobéo* (aversão), o termo quer indicar uma decidida "rejeição, aversão, temor e desprezo ao pobre, ao desamparado que, ao menos aparentemente, não pode devolver nada de bom em troca"[176]. Por não fazer parte da racionalidade e da comunidade dos *homines oeconomici*, o pobre é alvo da lógica fóbica: não importa quem seja a pessoa do pobre ou a sua história; importa a sua impessoal e objetiva condição de pobreza

---

Papa Bento XVI exprime-se do seguinte modo: "sucede não poucas vezes que os cristãos sintam maior preocupação com as consequências sociais, culturais e políticas da fé do que com a própria fé, considerando-a um pressuposto óbvio da sua vida diária. Ora, tal pressuposto não só deixou de existir, mas frequentemente acaba até negado" (BENTO XVI, Carta apostólica *Porta fidei*, 11 out. 2011, in: AAS 103 [2011] 723-734, n. 2).
176. CORTINA, A., *Aporofobia, a aversão ao pobre: um desafio para a democracia*, São Paulo, Contracorrente, 2020, 18; cf. ibid., 19, 27-28, 38, 50.

amplificada no coletivo *pobres*, uma condição incompatível com os cânones da ideologia neoliberal[177].

De acordo com Cortina, "a economia é, sem dúvida, a ciência que tenta superar a escassez, mas também e muito especialmente, a ciência que busca eliminar a pobreza"[178]. Para ela, "criar instituições que eliminem a pobreza e reduzam as desigualdades é a melhor maneira de a economia ajudar a erradicar a aporofobia"[179]. Mas como se chega a esse tipo de economia mais humana? Afinal de contas, a opção preferencial pelos últimos pode ser realmente acolhida como critério hermenêutico pelas ciências econômicas? A fim de aclarar essas questões, propõe-se, a seguir, três resoluções cruciais.

2.1. A reconciliação entre ética e economia

Na opinião de alguns teóricos, a separação entre a prática econômica contemporânea e as questões ético-morais justifica-se pelo fato de a economia ser uma ciência exata focada na alocação eficiente de recursos e na maximização de resultados. Para outros, essa separação e a justificativa a ela correlata não têm razão de ser. O enfrentamento da controvérsia requer ao menos duas considerações: uma sobre a tradição filosófico-política grega e outra sobre a origem científica da economia. Ambas permitirão saber o que era a economia, o que ela se tornou e se é possível ressignificar a sua finalidade.

a. Alguns traços da tradição filosófico-política grega

Em sua obra *Econômico*, Xenofonte (430/425 – 355/354 a.C.) define a economia (*oikonomia*: *oikos* = casa e *nomos* =

---
177. Cf. ibid., 40-41, 43, 85.
178. Ibid., 149.
179. Ibid., 169.

lei ou norma) como a ciência, o saber ou a arte – assim como o é a medicina, a metalurgia e a carpintaria – da administração doméstica ou, mais precisamente, da administração da casa[180]. Para o pensador grego, a casa possui um sentido amplo, compreendendo o conjunto de bens localizado fora da habitação[181]. Tanto a parcimônia no pouco quanto a geração de excedente ou superávit no muito contribuem para o crescimento do patrimônio doméstico[182].

A definição de economia proposta por Aristóteles (384 – 322 a.c.) em sua obra *Política* não difere, substancialmente, daquela de Xenofonte, ou seja, respeita à administração da família entendida como comunidade destinada à satisfação das necessidades cotidianas[183]. Contudo, o Estagirita avança na reflexão ao introduzir outro termo concernente à dinâmica econômica: a crematística (*chrematistike: krema* = *riqueza*), isto é, a arte de adquirir bens. A questão a ser respondida é: a *crematística* difere da administração doméstica (economia) ou lhe é subordinada[184]?

A chamada *crematística natural*[185] faz parte da economia pelo fato de prover a acumulação de bens e recursos necessários à vida familiar, ou ainda, suficientes para a manu-

---

180. Cf. XENOFONTE, *Econômico*, São Paulo, Martins Fontes, 1999, I-1; I-2; II-12; VI-4.
181. Cf. XENOFONTE, *Econômico*, I-5; I-7; VI-4; LANZA, D., Senofonte e Atene, in: SENOFONTE, *Economico*, Milano, BUR Rizzoli, ⁸2020, 9.
182. Cf. XENOFONTE, *Econômico*, I-4; II-10.
183. Cf. ARISTÓTELES, *Política*, Pontinha (Portugal), Vega, 1998, I-2, 1252b (9-16); I-3, 1253b (10-14).
184. Cf. ibid., I-8, 1256a (1-15).
185. Segundo Aristóteles, "a crematística relacionada com os frutos da terra e com os animais é, para todos os homens, uma arte natural" (ibid., I-10, 1258a [37-38]). No entanto, entre a *crematística natural* e aquela baseada na *troca* (a ser apresentada no próximo parágrafo), existe um terceiro tipo: "é a que se refere à aquisição de produtos provenientes da terra, ou de matérias-primas que, não produzindo frutos, são eles próprios úteis: por exemplo, o abate florestal e a extração mineira, seja de que tipo for. Esta última inclui muitos gêneros, já que são diversos os minérios que se podem extrair da terra" (ibid., I-11, 1258b [29-33]). Em suma, os bens oriundos da extração vegetal e mineral podem ser utilizados,

tenção de uma vida boa ou feliz. Porém não se trata duma acumulação ou de uma riqueza ilimitada com finalidade em si mesma. Ao contrário, tais bens e recursos possuem uma finalidade instrumental, pois estão a serviço duma exigência mais abrangente (causa final). Para o filósofo, a verdadeira riqueza depende dessa causalidade e é definida como a posse dos meios indispensáveis para o bom andamento familiar[186].

A noção de propriedade e riqueza ilimitada está diretamente associada à *crematística inatural*. Esse tipo de crematística tem sua origem no comércio ou nas trocas a varejo orientadas não à satisfação das necessidades e à autossuficiência das comunidades, mas à maximização do lucro, à acumulação do dinheiro e, assim, ao aumento da riqueza. Nesse caso, a riqueza reduz-se tão somente à abundância de dinheiro[187]. Esse, "visto como uma ilusão ou uma convenção, algo que não é natural"[188], deixa de ser meio, transformando-se em fim último de uma dinâmica exponencial e ilimitada[189].

A distinção nocional de Aristóteles acerca da economia (a arte da administração doméstica) e da política (a arte do governo público) não implica uma cisão entre esses domínios. O filósofo, tendo sempre em conta a satisfação das necessidades, define a riqueza como "o conjunto de instrumentos possuídos pela casa e pela cidade"[190], admitindo, assim, a existência de uma "arte natural de aquisi-

---

de modo natural, em favor da administração doméstica ou, de modo inatural, na comercialização orientada, unicamente, à obtenção e à acumulação de lucro.
186. Cf. ibid., I-8, 1256b (26-39); I-9, 1257b (17-22, 30-38), 1258a (15-18).
187. Cf. ARISTÓTELES, *Política*, I-8, 1256b (40-41); I-9, 1257a (1-5, 15-30), 1257b (38-41), 1258a (1-14); FRECHINA, *Una economía que mata*, 113, 115; MANZONE, G., *Il mercato. Teorie economiche e dottrina sociale della Chiesa*, Brescia, Queriniana, 2001, 92-93.
188. ARISTÓTELES, *Política*, I-9, 1257b (10-15).
189. Cf. ibid., I-9, 1257b (20-30); I-10, 1258a (40) – 1258b (1-8).
190. Ibid., I-8, 1256b (36-37).

ção própria dos donos de casa e dos políticos"[191]. Respeitadas as finalidades dos aludidos instrumentos, os intentos econômicos e políticos estão, de algum modo, conectados.

Se do ponto de vista cronológico, os indivíduos, as famílias e as aldeias (entendidas como "colônias de lares"[192]) antecedem à constituição da cidade, do ponto de vista ontológico-existencial, essa última precede os indivíduos, as famílias e qualquer tipo de agrupamento menor (como as aldeias). Como sintetiza o Estagirita: "a cidade é por natureza anterior à família e a cada um de nós; é que o todo é, necessariamente, anterior à parte"[193]. Por conseguinte, as artes da administração doméstica (economia) e do governo público (política) refletem esse ordenamento ontológico-cronológico[194].

A explicação da precedência ontológica está relacionada à noção de autossuficiência, uma condição impossível de ser alcançada pelas famílias e aldeias. Ao conquistar o máximo de autonomia, a cidade realiza o seu melhor estado, tornando-se uma comunidade perfeitamente capaz de preservar a vida e de garantir a vida boa. Porque em Aristóteles a natureza de uma coisa é identificada com o seu fim e a natureza da cidade está para as famílias e aldeias (fins últimos), o homem é, por excelência, um animal político, pois, sem a sua inserção na pólis, não pode existir ou realizar-se plenamente[195].

Por se tratar de uma realidade mais elevada, isto é, de uma comunidade que engloba agrupamentos menores e por objetivar um bem proporcionalmente maior, a pólis necessita duma organização à altura da sua relevância[196].

---

191. Ibid., I-8, 1256b (37-38).
192. Ibid., I-2, 1252b (17).
193. Ibid., I-2, 1253a (18-21); cf. ibid., I-2, 1253a (25-29).
194. Cf. MARIN, M., Il fondamento etico dell'economia nel trattato aristotelico ad essa dedicato, *Salesianum*, n. 76 (2014) 399-416, aqui 401.
195. Cf. ARISTÓTELES, *Política*, I-2, 1252b (27-35), 1253a (1-4).
196. Cf., ARISTÓTELES, *Política*, I-1, 1252a (1-6).

Para Aristóteles, a arte mestra ou a ciência mais prestigiosa e, portanto, mais digna desse fim é a política. Segundo o filósofo, "até as faculdades tidas em maior apreço, como a estratégia, a economia e a retórica estão sujeitas a ela"[197]. Dito de outro modo, por estarem subordinadas aos objetivos da política, as demais ciências adquirem um papel instrumental[198].

De acordo com Aristóteles, o bem almejado pela política e pelas ciências a ela ligadas respeita, imediatamente, à felicidade. Essa, por sua vez, é identificada com o "bem humano"[199], com o "bem viver"[200], com o "bem agir"[201] e, de modo geral, com a atividade virtuosa[202]. Contudo, a política opera visando a consecução de um fim (*telos*) não definido por ela mesma, mas por uma instância deliberativa superior: a ética. Desse modo, tanto a política quanto as demais ciências estão diretamente subordinadas à definição ética de bem e de bom a ser assimilada e vivida pela pólis.

Se, por um lado, na opinião do Estagirita a felicidade conquistada pela pólis é mais perfeita que a alcançada pelo indivíduo isoladamente[203] (e, por que não dizer, pela unidade familiar), por outro, o bem proporcionado pela boa administração doméstica ganha a sua máxima expressão num contexto mais amplo, isto é, no âmbito público, onde a economia se configura como economia política. Nessa,

---

197. Id., *Ética a Nicômaco*, São Paulo, Abril Cultural, 1984, I-2, 1094b (2-4).
198. Cf. ibid., I-2, 1094b (4-7).
199. Ibid., I-2, 1094b (7).
200. Ibid., I-4, 1095a (19).
201. Ibidem.
202. Cf. ibid., I-8, 1098b (31-33)-1099a (3); I-9, 1099b (9-18). Segundo Aristóteles, a felicidade é "algo absoluto e autossuficiente, sendo também a finalidade da ação" (ibid., I-7, 1097b [20-22]). Em outro trecho, ao comentar sobre os atributos aplicáveis à felicidade – a saber, *melhor, mais nobre* e *mais aprazível* –, o filosofo conclui: "com efeito, todos eles pertencem às mais excelentes atividades; e estas, ou então, uma delas – a melhor –, nós a identificamos com a felicidade" (ibid., I-8, 1099a [29-31]).
203. Cf. ibid., I-2, 1094b (7-10).

os bens econômicos – na condição de instrumentos[204] – são geridos em função da ação política incorporada a um projeto ético nuclear. Destarte, a economia, atrelada à política, desenvolve-se à sombra da ética[205].

b. A emancipação científica da economia

O distanciamento entre a prática econômica e a tradição filosófico-política grega ocorreu com a definição do estatuto científico da economia que, por seu turno, esteve associada a um projeto mais amplo: o da emancipação das ciências modernas. Esse projeto, motivado pela busca de uma racionalidade extremamente técnica e instrumental – capaz de analisar, entender, dominar e intervir nos fenômenos naturais e humanos –, pretendia eliminar as amarras e imprecisões subjetivas, máxime as de cunho ético-moral. Com a economia não foi diferente, conforme explica Oliveira:

> Desde o seu nascimento na modernidade, mas, sobretudo, a partir dos economistas neoclássicos, a ciência econômica levanta a pretensão de articular-se, como saber, dentro do paradigma do conhecimento científico da modernidade, ou seja, como um conhecimento de fenômenos isentos de valores. Daí a tese da separação radical entre economia e ética. A tarefa fundamental da ciência econômica é explicar o sistema econômico, abstraindo da questão ética de sua justiça ou injustiça[206].

A partir da metade do século XIX, com o advento da escola neoclássica, a economia passou por um processo

---

204. Cf. ibid., I-9, 1099b (26-28).
205. Cf. MARIN, Il fondamento etico dell'economia nel trattato aristotelico ad essa dedicato, 400, 415-416; VOS, H.; VERVIER, J., *Utopia cristã e lógica econômica: tensões e diálogo*, Petrópolis (RJ), Vozes, 1995, 83-84, 86, 114; SEN, A., *Sobre ética e economia*, São Paulo, Companhia das Letras, 1999, 19-20, 25.
206. DE OLIVEIRA, M. A., *Ética e economia*, São Paulo, Ática, 1995, 65; cf. ibid., 7-8, 22-23, 74.

matematístico e fisicista, segundo o qual os fenômenos econômicos deveriam ser analisados mediante a elaboração de fórmulas objetivas baseadas nas leis da matemática e das ciências naturais. Não interessava mais uma economia política ou social, mas uma economia pura, desvencilhada dos ditames normativos e qualitativos próprios da ética e da filosofia política. Com isso, a ética ganharia um papel secundário associado, basicamente, ao "problema residual da distribuição da renda"[207].

A atratividade dos resultados precisos, demonstráveis e universais, oriundos da linguagem matemática e de uma espécie de física do social, deu vida a teorias econômicas fechadas – isto é, auto-justificáveis e indiferentes às dimensões histórico-sociais – e a uma visão mecanicista da realidade, muito preocupada com a descrição dos sistemas autorreguláveis, com os aspectos logísticos da alocação de recursos e do consumo e, não menos importante, com a previsão comportamental direcionada à maximização da utilidade e do bem-estar experimentados pelos agentes econômicos[208].

Sob a batuta de William S. Jevons (1835-1882), Léon Walras (1834-1910) e Alfred Marshall (1842-1924) – principais expoentes dessa racionalidade –, os princípios da mecânica e da termodinâmica foram aplicados no universo econômico. Em relação ao funcionamento e equilíbrio do mercado, a adoção das leis físicas do movimento, aventadas por Newton, representou um marco significativo. Se a gravidade é capaz de colocar em repouso um pêndulo, a dinâmica dos preços seria, hipoteticamente, capaz de ofe-

---

207. Vos; Vervier, *Utopia cristã e lógica econômica*, 116; cf. ibid., 93, 95, 100, 115; Felber, C., *Un'altra economia per un nuovo mondo. Fondamenti di una scienza economica olistica*, Sansepolcro, Aboca, 2021, 29, 37-38, 40-42, 189; Chang, *Economia. Istruzione per l'uso*, 119.

208. Cf. Felber, *Un'altra economia per un nuovo mondo*, 39, 53, 131-132; Manzone, *Il mercato*, 47-48, 57-58, 73, 75, 80; Sen, *Sobre ética e economia*, 20-21.

recer ao mercado um ponto de repouso ou equilíbrio. Esclarece Raworth:

> Em outras palavras, cada mercado tinha de ter um único ponto de equilíbrio estável, assim como o pêndulo tem apenas um ponto de repouso. E, para que essa condição valesse, os compradores e vendedores do mercado tinham de ser "tomadores de preços" – não havendo nenhum agente isolado grande o suficiente para manipulá-los – e precisavam seguir a lei dos rendimentos decrescentes. Juntas, essas premissas caracterizam o diagrama mais conhecido de toda a teoria microeconômica e a primeira coisa que precisa ser dominada por qualquer estudante novato: o diagrama de oferta e demanda[209].

Todavia, na economia real, nem sempre o mercado, deixado à própria sorte, chega ao equilíbrio geral[210]. Da mesma forma, nem sempre o caráter mecânico, estático e linear (respeitante à visão matematístico-fisicista) de muitas teorias econômicas encontra respaldo na realidade. Longe disso, diversas equações e modelos, pretensamente objetivos, não se

---

209. RAWORTH, K., *Economia Donut: uma alternativa ao crescimento a qualquer custo*, Rio de Janeiro, Zahar, 2019, 146; cf. ibid., 24-25, 109-110, 144-145, 147-149; FELBER, *Un'altra economia per un nuovo mondo*, 52, 55. A lei dos rendimentos decrescentes (constante na citação acima) pode ser correlacionada à teoria ou ao método de análise marginalista. De acordo com Sandroni, "[...] a escola marginalista considera que a satisfação de cada necessidade requer certa quantidade de um bem ou serviço. À medida que a quantidade consumida pelo indivíduo aumenta, reduz-se a satisfação obtida. O valor de cada bem é dado pela utilidade proporcionada pela última unidade disponível desse bem, ou seja, por sua 'utilidade marginal'" (SANDRONI, P., Marginalismo, in: *Dicionário de economia do século XXI*, Rio de Janeiro, Record, ⁶2010, 513; cf. CHANG, *Economia. Istruzione per l'uso*, 120). Do lado da oferta, o aumento da utilidade marginal relacionada à produção de uma unidade adicional é determinado pelo custo dos fatores de produção e pela dinâmica dos preços. Em linhas gerais, "a oferta de uma mercadoria só pode aumentar se houver aumento de seu preço" (SANDRONI, Marginalismo; cf. GRAZIOLA, G., Marginalismo, in: *Enciclopedia dell'Economia*, 807-809).

210. Quanto aos limites e imperfeições do livre mercado sugere-se a releitura da seção *A unidade prevalece sobre o conflito* do segundo capítulo, dedicada à prevalência da unidade sobre o conflito no contexto da tensão bergogliana *plenitude-limite*.

aplicam ou não refletem o que ocorre de fato nas instituições, estruturas e subestruturas do ordenamento econômico. Porque ignora a natureza social das relações econômicas, o ideal de objetividade epistemológica torna-se ilusório[211].

A principal consequência do excessivo peso dado às variáveis quantitativas, em detrimento das qualitativas, é o progressivo empobrecimento ético-moral da economia, como acenado inicialmente. Em outras palavras, as ciências econômicas, pouco a pouco, se veem privada do saber ético, cuja função primordial é "a fundamentação última daquilo que é pressuposto em todo o saber e em toda a ação"[212]. Logo, a sua capacidade descritiva, preditiva e propositiva é restringida, restando apenas teorias e práticas unilaterais, incapazes de enxergar os próprios pontos cegos[213].

c. Uma questão epistemológica e teleológica

A separação entre ética e economia representa um contrassenso não só pelo fato de a reflexão econômica estar ancorada historicamente na filosofia, mas, acima de tudo, pelo fato de a prática econômica ser uma atividade eminentemente humana e, nessa condição, integrar a intrincada gama dos comportamentos morais. Deveras, o ato econômico, enquanto ato moral, é influenciado não só pelas circunstâncias do momento, mas por valores, princípios, motivações e aspirações, cujas implicações, positivas e negativas, incidem no tecido socioeconômico[214].

---

211. Cf. FELBER, *Un'altra economia per un nuovo mondo*, 43-48, 54, 56; MANZONE, *Il mercato*, 76-77, 285-286. Também nesse caso convém revisitar a seção 3.2.b do segundo capítulo, dedicada à tensão bergogliana *ideia-realidade*.
212. DE OLIVEIRA, *Ética e economia*, 8.
213. Cf. SEN, *Sobre ética e economia*, 23, 94-95; RAWORTH, *Economia Donut*, 20, 23; FELBER, *Un'altra economia per un nuovo mondo*, 56-57, 328.
214. Cf. GRIFFITHS, M.; LUCAS, J., *L'economia del valore. La nuova sfida del capitalismo moderno*, Milano, Mondadori, 2020, 24-25, 35-38, 42; SEN, *Sobre ética e economia*, 18.

Com base nessa premissa, é legítimo considerar as ciências econômicas e o sistema econômico como realidades necessitantes e predispostas aos valores, o que inviabiliza a pretensa neutralidade científica e o consequente alijamento da ética. Se, por um lado, as ciências econômicas – ao trazerem à palavra o funcionamento do ordenamento econômico – qualificam-se como "um saber indispensável no esforço de realização destes valores"[215], por outro, à reflexão ética compete desvelar e submeter à crítica os valores e pressupostos ideológicos subentendidos no discurso e na prática econômica[216].

Na atual conjuntura econômica, quiçá, a principal incumbência da ética seja ajudar as ciências econômicas a esclarecerem e até mesmo redefinirem a sua identidade epistemológica e a sua finalidade última. Quanto à primeira, cumpre mudar o enfoque "da maçã caindo para a maçã crescendo, da mecânica linear para a dinâmica complexa"[217]. Em outras palavras, é preciso desvincular a economia das ciências naturais e figurá-la entre as sociais, considerando o fenômeno econômico como parte dum tecido ecológico e social orgânico, dinâmico, complexo e sujeito à eticidade das decisões[218].

A visão sistêmica ou de conjunto impele as ciências econômicas ao diálogo interdisciplinar e transdisciplinar. No primeiro caso, o economista, desde os tempos de for-

---

215. DE OLIVEIRA, *Ética e economia*, 8.
216. Cf. GATTI, G., *Questioni di etica dell'economia*, Roma, LAS, 1997, 49-51; FELBER, *Un'altra economia per un nuovo mondo*, 32, 193.
217. RAWORTH, *Economia Donut*, 144. Em outro trecho, afirma a economista: "Digam adeus à economia como máquina e abracem a economia como organismo. [...] Chegou a hora de os economistas fazerem também uma mudança metafórica de carreira: jogar fora o capacete e a chave-inglesa do engenheiro e pegar luvas de jardinagem e tesouras de poda" (ibid., 171; cf. ibid., 156).
218. Cf. GRIFFITHS; LUCAS, *L'economia del valore*, 23, 26-27, 32-33, 35; RAWORTH, *Economia Donut*, 150-151, 157, 159; FELBER, *Un'altra economia per un nuovo mondo*, 27-28, 51-52, 56, 138.

mação acadêmica, é chamado a conhecer e combinar as diversas escolas teóricas, criticando e valorizando o que há de bom nelas[219]. Tal postura permite a pluralidade e evita os monismos teóricos, como o matemático-fisicista. Por sua vez, a transdisciplinaridade permite às ciências econômicas a abertura do seu núcleo disciplinar de modo a integrá-lo a outros ramos científicos, especialmente os de índole social[220].

Conexa com o repensamento epistemológico está a urgência de uma revisão finalística ou teleológica da economia[221]. Geralmente, essa última é conceituada como a ciência dedicada à administração *eficiente* de recursos escassos empregáveis na produção de bens e serviços a serem, posteriormente, distribuídos e consumidos com vistas à satisfação das necessidades e à maximização do bem-estar e dos lucros[222]. Tendo em vista a orientação neoclássica (na sua versão mais extremada) e neoliberal da economia nas últimas décadas, é oportuno repropor o questionamento: *eficiência* para que e de quê?

A satisfação das necessidades e a promoção do bem-estar não deixaram a pauta econômica, porém nunca foram as primeiras preocupações, pois ainda hoje nem todos

---

219. Cf. FELBER, *Un'altra economia per un nuovo mondo*, 22-23, 191-192, 329. Até mesmo a visão mecanicista e matematístico-fisicista tem de fazer parte desse exercício valorativo. De acordo com Sen: "foi na investigação de complexas interdependências que o raciocínio econômico, influenciado pela abordagem 'engenheira', logrou avanços muito significativos" (SEN, *Sobre ética e economia*, 26; cf. ibid., 22-24). De modo análogo, reconhecem Vos e Vervier: "a contribuição da economia ao debate sobre economia e ética consiste precisamente nessa vontade de um mínimo de racionalidade, na busca de resultados operacionais e no realismo que reconhece que existem *trade-offs*, em particular entre a eficiência e a justiça" (VOS; VERVIER, *Utopia cristã e lógica econômica*, 113-114).

220. Cf. FELBER, *Un'altra economia per un nuovo mondo*, 29, 35, 139, 140, 193, 333, 339-340, 347, 348.

221. Cf. GATTI, *Questioni di etica dell'economia*, 41-42.

222. Cf. MOCHON, F.; TROSTER, R. L., *Introdução à economia*, São Paulo, Makron Books, 1994, 5.

têm as suas necessidades básicas satisfeitas nem o bem-estar garantido. Quanto à maximização dos lucros, essa sim manteve-se firme a ponto de assentar a prática econômica na relação cíclica entre *gestão* e *acumulação de recursos financeiros*. Nesse tipo de economia crematística, *a eficiência do capital* tornou-se um fim em si mesmo, sendo traduzida, via de regra, em crescimento econômico mensurado pelo desempenho do PIB[223].

Mas a *eficiência* dos recursos financeiros deve ser uma causa final ou deve estar a serviço de uma finalidade mais nobre? A elevação do PIB é realmente uma finalidade válida para as ciências e as práticas econômicas em geral? O crescimento do PIB é um indicador seguro de progresso e desenvolvimento? Ele é "sempre necessário, desejável ou mesmo possível"[224]? Ele é uma opção ou uma necessidade política? Uma economia mais justa e próspera, verdadeiramente preocupada com o desenvolvimento integral, depende somente da evolução, involução ou estabilidade do PIB[225]?

Um pensamento sensível à reconciliação entre ética e economia não pode ser condescendente com a finalidade crematística aferrada unicamente à eficiência dos recursos financeiros e ao crescimento do PIB. O propósito da reflexão e da prática econômica precisa ser outro: o desenvolvimento holístico e equilibrado atento aos direitos humanos e aos limites ambientais. Essa finalidade requer uma projeção econômica mais redistributiva – orientada à globalidade da riqueza produzida e não só às práticas usuais de (re)distribuição de renda – que acumulativa, mais regenerativa que extrativa[226].

Esse modo de pensar a economia retoma, em grande parte, a tradição grega, sobretudo o paradigma aristotélico,

---

223. Cf. FELBER, *Un'altra economia per un nuovo mondo*, 207, 211, 213, 216.
224. RAWORTH, *Economia Donut*, 46.
225. Cf. RAWORTH, *Economia Donut*, 47-50, 64, 71, 264, 271-273.
226. Cf. ibid., 34-35, 38, 102-104, 177-179, 290, 303.

segundo o qual a economia serve às necessidades humanas. Nesse sentido, ela não deveria ser definida como a ciência da escassez, mas como a ciência da gestão de recursos disponíveis e, muitas vezes, abundantes, caso se descarte a ideia de crescimento e progresso infinito para poucos. Em cooperação com as demais ciências e práticas, a economia é capaz de recobrar o seu papel intermediário, necessário para a promoção de sociedades mais justas, humanas e felizes[227].

2.2. A reconciliação entre política e economia

No âmbito operativo, é necessário questionar qual é o caminho para se organizar uma economia propensa ao bem comum, à justiça social, ao desenvolvimento equilibrado e à sustentabilidade ambiental[228]. Inevitavelmente, esse tipo de orientação econômica passa pelo viés político e pela sua contrapartida constitucional-administrativa circunscrita, em termos institucionais, à figura do Estado. Como um maestro, compete a ele organizar e reger harmonicamente

---

227. Cf. VOS; VERVIER, *Utopia cristã e lógica econômica*, 104, 113, 116-117; FELBER, *Un'altra economia per un nuovo mondo*, 216-217, 330, 340-342, 344; FRECHINA, *Una economía que mata*, 119-120.
228. Cf. DOWBOR, L., *Pão nosso de cada dia: opções econômicas para sair da crise*, São Paulo, Autonomia Literária, 2021, 7-8, 13, 134. Nessa direção, Raworth conceituou a chamada *Economia Donut*. Para a economista, o formato desse doce açucarado permite pensar e explicar os confins sociais e ambientais de uma economia tipicamente equilibrada, próspera, distributiva, regenerativa e "agnóstica" quanto ao crescimento a qualquer custo. Explica a autora: "abaixo do alicerce social do *donut* [isto é, abaixo da circunferência interna da rosca] encontram-se *déficits* no bem-estar humano, enfrentados por aqueles que carecem de bens essenciais para a vida, como alimento, educação e moradia. Para além do teto ecológico [isto é, acima da circunferência externa da rosca] encontra-se um excesso de pressão nos sistemas geradores de vida da Terra, como mudanças climáticas, acidificação dos oceanos e poluição química. Mas entre esses dois conjuntos de limites existe um ponto ideal – com a forma inequívoca de um *donut* – que é um espaço ao mesmo tempo ecologicamente seguro e socialmente justo para a humanidade" (RAWORTH, *Economia Donut*, 54-55; cf. ibid., 18, 60-61, 304-306, 313).

– mediante a elaboração de políticas econômicas – a grande orquestra formada pelos agentes econômicos[229].

Todavia, antes de discorrer sobre a modalidade dessa regência em tempos de economia globalizada, convém entender o porquê do descrédito e da resistência à iniciativa público-estatal, difundida como verdade absoluta nas últimas décadas. Decerto, esse menosprezo, subsumido na ideia de Estado mínimo, coincide com a ideologia neoliberal e com a teoria neoclássica na sua evolução mais recente. Por outro lado, é igualmente importante refletir sobre a regência institucional no âmbito global, atualmente qualificado mais pelos conflitos de interesses que pelas iniciativas de cooperação.

a. Descrédito e resistência à iniciativa público-estatal

Com a predominância do dogma neoliberal, o Estado – na condição de aparelho organizador, regulador e empreendedor – passou a ser visto como um mal necessário, como uma entidade improdutiva e, por conseguinte, como um freio ao crescimento econômico, dada a excessiva carga tributária necessária ao custeio da sua presença ineficiente. Desse modo, quando está em discussão a eficiência econômica, é sempre desejável *mais* mercado (iniciativa privada) e *menos* Estado, a não ser que apareçam imperfeições passageiras a serem corrigidas pontualmente[230].

Mas qual é a origem dessa concepção? Segundo a economista Mazzucato, a sua gênese encontra-se numa par-

---

229. Cf. DOWBOR, *Pão nosso de cada dia*, 184; BRESSER-PEREIRA, L. C., Sociedade civil: sua democratização para a reforma do Estado, in: ID., et al. (orgs.), *Sociedade e Estado em transformação*, Brasília, ENAP; São Paulo, UNESP, 1999, 69-70.
230. Cf. MAZZUCATO, M., *Il valore di tutto. Chi lo produce e chi lo sottrae nell'economia globale*, Bari, GLF Editori Laterza, 2018, XVI, 13, 21, 247; id., *Non sprechiamo questa crisi*, Bari, GLF Editori Laterza, 2020, 6, 56, 81, 108-110; BRESSER-PEREIRA, *Globalização e competição*, 82, 96; GRIFFITHS; LUCAS, *L'economia del valore*, 266-268.

ticular passagem ocorrida na teoria do valor: a do preço determinado pelo valor ao valor determinado pelo preço. Para os economistas clássicos da primeira metade do século XIX, a definição do valor baseava-se, objetivamente, em fatores diretamente ligados às condições de produção dos bens e serviços, como a quantidade de tempo e a qualidade da mão de obra. Consequentemente, a noção de valor-trabalho balizava a determinação do preço[231].

Na segunda metade do século XIX – coincidentemente com os esforços para emancipar a economia do ponto de vista científico, como visto na seção 2.1.b, capítulo 3 –, a noção clássica de valor foi efetivamente abandonada pelos neoclássicos. A partir de então, a dinâmica de mercado, baseada na intersecção entre as curvas de oferta e demanda, passou a determinar o valor: se um bem ou serviço possui utilidade marginal e preço estipulado pelo mercado, tem, inexoravelmente, valor. Assim, toda atividade "produtora" de preço é reputada como produtiva e geradora de valor[232].

Baseadas em uma lógica orientada pela teoria do preço – e não mais pela teoria do valor –, as atividades de intermediação financeira (inclusive as especulativas), comercial, jurídica e informacional, por exemplo, são equiparadas às atividades dos setores produtivos, haja vista "criarem" valor e riqueza, quando, na realidade, podem apenas extrair valor ao deixarem de funcionar como atividades-meio. Em outros termos, ao invés de dinamizar os setores realmente produtivos, tais atividades podem transformar-se em fontes de lucro exorbitante e "pedágios" geradores de custos adicionais e danosos[233].

Levando em conta a teoria do preço que determina o valor, como fica a situação do Estado? A dificuldade impõe-

---

231. Cf. MAZZUCATO, Il valore di tutto, 10, 63, CHANG, Economia. Istruzione per l'uso, 119-120.
232. Cf. MAZZUCATO, Il valore di tutto, 10-11, 19, 25-26, 66, 68-69, 71-72.
233. Cf. ibid., 154, 290-293; DOWBOR, Pão nosso de cada dia, 95-96, 130-132.

se de forma simples: muitas atividades do setor estatal (em especial a oferta de serviços públicos) não são mensuradas a preço de mercado nem são empreendidas com a intenção de gerar lucro, como ocorre no setor privado. Se os preços não seguem o mercado e são hipoteticamente inferiores, o valor final da "produção" pública (*output*) será menor que os custos de produção. Logo, o valor adicionado (*outputs* menos *inputs* ou suprimentos intermediários) também resultará subestimado e, até mesmo, negativo[234].

A conclusão imediata é: as atividades do setor público-estatal não agregam valor; são, portanto, ineficientes e improdutivas. Todavia, se (1) o valor adicionado é definido "pelos custos pagos aos fatores de produção, sob a forma de salários, aluguéis, arrendamentos, juros, depreciações e lucros"[235] – o que equivale à diferença entre o valor das saídas (*outputs*) e os custos dos suprimentos (*inputs*) – e se (2) os valores dos bens e serviços públicos correspondem, em um cenário mais pessimista, aos valores dos suprimentos intermediários, então o valor agregado desse setor só pode ser idêntico às remunerações (maiormente os salários dos servidores) pagas por ele[236].

Agora, como é possível aceitar a ideia de "extração" estatal de valor quando se pondera os efeitos multiplicadores e agregativos das sobreditas rendas na economia? Mais ainda: por que, no âmbito contábil, o Estado é considerado um mero consumidor final e as suas despesas não são classificadas como intermediárias? Por que apenas os produtores dos suprimentos intermediários adquiridos pelo setor público geram valor agregado? Por que os investimentos públicos em infraestrutura, máquinas e equipamentos

---

234. Cf. ROSSETTI, *Introdução à economia*, 541-542; MAZZUCATO, *Il valore di tutto*, 84, 94-95.
235. ROSSETTI, *Introdução à economia*, 544.
236. Cf. MAZZUCATO, *Il valore di tutto*, 95-96.

são tipificados somente como custos ou dispêndios "em formação bruta de capital fixo"[237]?

Para além da complexidade das questões contábeis, brevemente mencionadas, importa entender onde estão radicadas as visões distorcidas a respeito da ação estatal no ambiente econômico. A afirmação da *improdutividade* e a defesa de uma atuação meramente *corretiva* e *facilitadora* na criação de valor representam pretextos suficientes para expulsar o Estado dos confins da produção, junto com outras atividades – como a dedicação aos filhos, aos doentes e anciãos levada a cabo por donas de casa, cuidadores e amigos –, cujos valores não são definidos pelo mercado[238].

O remédio para evitar o mal da ineficiência e a falência do setor estatal, de acordo com o receituário ortodoxo – implementado exemplarmente pelos governos de Margaret Thatcher e de Ronald Reagan nos anos de 1980 –, é simples: austeridade orçamentária (contenção das despesas e do *déficit* público), privatização e terceirização, independentemente dos custos sociais[239]. Após décadas de "tratamento", constata-se uma perda de *know-how* no campo das decisões

---

237. ROSSETTI, *Introdução à economia*, 554; cf. MAZZUCATO, *Il valore di tutto*, 96, 98, 263-266. No caso das empresas estatais produtivas – como as pertencentes ao setor ferroviário, postal e de energia –, a economista Mazzucato faz uma observação interessante: "mas, por uma convenção contábil, as empresas estatais que vendem produtos a preços de mercado são computadas como empresas privadas, [compondo o] valor adicionado do relativo setor: as ferrovias fazem parte do setor dos transportes, não do setor estatal" (MAZZUCATO, *Il valore di tutto*, 265 – tradução nossa; cf. ibid., 280).

238. Cf. RAWORTH, *Economia Donut*, 89-92; MAZZUCATO, *Il valore di tutto*, 14, 248-249, 259, 282-285; id., *Non sprechiamo questa crisi*, 25-26, 117.

239. Cf. MAZZUCATO, *Il valore di tutto*, 251-252, 269-270, 276-277; FELIU, G.; SUDRIÀ, C., *Introduzione alla storia economica mondiale*, Padova, CEDAM, 2013, 461-462; GAUTHIER, *L'economia mondiale dal 1945 ad oggi*, 256-257, 259-260; PITA; SIRLIN, El capitalismo neoliberal, 307-308; FRIEDEN, J. A., *Capitalismo global: história econômica e política do século XX*, Rio de Janeiro, Jorge Zahar, 2008, 398, 403, 410, 423-425; DE SAES, F. A. M.; SAES, A. M., *História econômica geral*, São Paulo, Saraiva, 2013, 541-543, 561; PARSI, *Titanic. Naufragio o cambio di rotta per l'ordine liberale*, 59-61.

políticas, dos investimentos e da gestão de estruturas e recursos necessários ao atendimento das demandas públicas, máxime nos momentos de crise, como o da COVID-19[240].

Na verdade, a política apequenou-se diante da economia ao ser cooptada pelos interesses das grandes corporações, pujantes o suficiente para financiar pleitos eleitorais, influenciar decisões políticas (*lobby*), seduzir o ambiente jurídico e, assim, ditar os rumos da ação estatal. Em troca, esses gigantes corporativos – sejam eles nacionais ou não – beneficiam-se com contratos públicos lucrativos e disposições legais favoráveis, como as fiscais e ambientais. O resultado imediato é a substituição, nua e crua, da democracia e dos interesses públicos pelos interesses econômicos privados[241].

b. A articulação política da prática econômica

No seu livro intitulado *Pão nosso de cada dia*, o economista Dowbor chega à seguinte conclusão: "não temos falta de recursos nem de tecnologias, nem de conhecimento dos problemas: o que falta é a capacidade de organização política e social"[242]. Para a obtenção dessa competência, segundo Luzio dos Santos, é necessário interromper a atual e danosa supremacia da economia sobre a política com uma decidida inversão de rota, isto é, mediante uma democrática "ampliação da esfera política para o espaço econômico e social, ainda dominado por formas despóticas de poder"[243].

---

240. Cf. MAZZUCATO, *Non sprechiamo questa crisi*, 80, 91-92, 96-97, 102, 111-112, 120, 123.
241. Cf. LUZIO DOS SANTOS, L. M., *Ética e democracia econômica: caminhos para a socialização da economia*, São Paulo, Ideias & Letras, 2021, 153, 157-158, 160-161, 163, 179-180, 182; DOWBOR, *Pão nosso de cada dia*, 35, 37, 49, 70-71, 93, 107, 110, 182.
242. DOWBOR, *Pão nosso de cada dia*, 194; cf. ibid., 8, 183-184; LUZIO DOS SANTOS, *Ética e democracia econômica*, 155.
243. LUZIO DOS SANTOS, *Ética e democracia econômica*, 153; cf. ibid., 214.

Se, por um lado, o processo de globalização[244] dificultou a autonomia dos Estados-nação nos últimos tempos – mormente por conta da concorrência entre transnacionais, capital financeiro e governos ávidos por crescimento –, por outro, não é verdade que o Estado perdeu a sua importância estratégica, como prega o neoliberalismo-globalista. Porquanto nem tudo é global ou globalizado, a coordenação sistêmica do desenvolvimento sustentável em longo prazo e as intervenções inovadoras no campo socioeconômico ainda fazem parte da agenda público-estatal[245], como sugere o sociólogo Castells:

> Na realidade, a imensa maioria do emprego, da atividade econômica, da experiência humana e da comunicação simbólica é local e regional. E as instituições nacionais continuam sendo as instituições políticas dominantes, e o serão no futuro previsível[246].

No entanto, quais seriam as características de um Estado estratégico? Dentre os atributos principais, podem ser citados: a vitalidade e a tenacidade necessárias à defesa e à promoção do interesse público; a leveza e a agilidade institucional resultantes de um processo de desburocratização e reestruturação político-administrativa; a capacidade de diálogo participativo e de ação em rede, com vistas

---

244. Para esse termo, assumo a definição de Castells: "é um processo segundo o qual as atividades decisivas num âmbito de ação determinado (a economia, os meios de comunicação, a tecnologia, a gestão do ambiente e o crime organizado) funcionam como unidade em tempo real no conjunto do planeta" (CASTELLS, M., Para o Estado-rede: globalização econômica e instituições políticas na era da informação, in: BRESSER-PEREIRA, L. C. et al. [edd.], *Sociedade e Estado em transformação*, 149).
245. Cf. TURNER, A., *Just capital. Critica del capitalismo globale*, Bari, GLF Editori Laterza, 2004, 258-261; BRESSER-PEREIRA, *Globalização e competição*, 1, 10, 23, 32-33, 65; SUNKEL, O., Globalização, neoliberalismo e reforma do Estado, in: BRESSER-PEREIRA, L. C. et al. (orgs.), *Sociedade e Estado em transformação*, 178, 187, 190, 192; DOWBOR, *Pão nosso de cada dia*, 25, 90, 183.
246. CASTELLS, Para o Estado-rede, 149; cf. ibid., 155.

à integração simbiótica do governo, do empresariado e da sociedade civil e, por fim, a descentralização governativa atenta às autonomias, reinvindicações e potencialidades regionais e locais[247].

A visão articulada dessas características transcende a discussão sobre a plausibilidade do Estado mínimo ou máximo, pois no fundo, o que interessa não é tanto a sua dimensão, mas a sua presença estratégica, moderada e plasmada por um projeto nacional de desenvolvimento inclusivo e sustentável. Por isso, o Estado – na qualidade de "principal instrumento institucional de ação coletiva"[248] –, quando conveniente, é chamado a atuar: na estabilidade macroeconômica, na promoção social, na regulamentação de certas atividades e na inovação e otimização da capacidade produtiva[249].

No caso das políticas sociais, o Estado não gasta com educação, saúde, habitação, cultura e segurança, mas investe em pessoas, potencializando o capital humano e social. Além da qualidade de vida, do empoderamento democrático e do fortalecimento da coesão social, tais políticas impactam a *performance* econômica. Os investimentos sociais, ao fomentarem oportunidades e reduzirem desigualdades com a transferência direta e indireta de renda, dina-

---

247. Cf. HENDERSON, R., *Nel mondo che brucia. Ripensare il capitalismo per la sopravvivenza del pianeta*, Roma, Sustain, 2020, 39-41, 52-53, 149, 177, 183-184, 189-190, 194, 213, 217, 224; SACHS, I., O Estado e os parceiros sociais: negociando um pacto de desenvolvimento, in: BRESSER-PEREIRA, L. C. et al. (orgs.), *Sociedade e Estado em transformação*, 203, 205-206, 209-210; DOWBOR, *Pão nosso de cada dia*, 23, 177, 198; CASTELLS, Para o Estado-rede, 161, 164-165, 169; LUZIO DOS SANTOS, *Ética e democracia econômica*, 174, 182, 214-215.
248. BRESSER-PEREIRA, *Globalização e competição*, 55; cf. ibid., 47, 54, 56-67, 86.
249. Cf. STIGLITZ, J. E., *Invertire la rotta. Disuguaglianza e crescita economica*, Bari, GLF Editori Laterza, 2018, 56-57; TURNER, *Just capital*, 308-310; BRESSER-PEREIRA, A democracia não está morrendo: foi o neoliberalismo que fracassou, *Lua Nova*, n. 111 (2020) 51-79, aqui 53-55.

mizam o consumo, a produção, a produtividade, o nível de emprego e a geração de receitas públicas via tributação[250].

A função reguladora do Estado justifica-se quando a dinâmica autorregulatória do mercado não funciona em alguns setores econômicos, como os tendencialmente oligopolistas (por exemplo, os gigantes corporativos da agricultura, da pecuária, da construção civil e das intermediações financeira, comercial e informacional) e aqueles organizados em torno de recursos ambientais cuja oferta é limitada (como a água, a terra e as florestas) ou cujas fontes não são renováveis, como no caso das reservas minerais[251]. Em uma visão sintética, esclarece Dowbor:

> O que estamos aqui sugerindo é que essas três grandes áreas, de produção material, de infraestrutura e de serviços de intermediação, precisam, nesta era de economias complexas, de instrumentos diferenciados de regulação que poderíamos resumir como de dominância privada na produção material, de dominância estatal na área das infraestruturas e de sistemas mistos na área dos serviços de intermediação, os mais propensos a cartelização[252].

A pertinência dos investimentos públicos em pesquisa, tecnologia e infraestrutura é um ponto pacífico entre os defensores de uma intervenção estatal estratégica. Todavia, a participação do Estado no âmbito produtivo é motivo de cautela. Para o ex-ministro brasileiro da Fazenda Bresser-Pereira, por exemplo, os modelos agressivos e protecionistas de intervenção pública nesse setor – seme-

---

250. Cf. STIGLITZ, *Invertire la rotta*, 61-63; TURNER, *Just capital*, 265-266, 268-269, 271, 273; HENDERSON, *Nel mondo che brucia*, 184-186, 225; DOWBOR, *Pão nosso de cada dia*, 138, 176-177, 181, 190-191, 193.
251. Cf. HENDERSON, *Nel mondo che brucia*, 168, 170, 199; LUZIO DOS SANTOS, *Ética e democracia econômica*, 156, 165, 167; DOWBOR, *Pão nosso de cada dia*, 34, 38, 45-48, 54, 61-62, 76, 87, 130-131, 133, 179-181; STIGLITZ, *Invertire la rotta*, 53-54, 63.
252. DOWBOR, *Pão nosso de cada dia*, 134; cf. ibid., 182-183.

lhantes ao desenvolvimentismo da metade do século XX – são injustificáveis ante as atuais estruturas de mercado e as vigentes capacidades financeira, técnica e gerencial do setor privado[253].

Segundo o economista, o Estado deve "investir em certos setores estratégicos"[254] sem se tornar um investidor ou produtor direto onde a concorrência tem bom êxito; antes, deve assegurá-la. Já a economista Mazzucato possui uma abordagem que, não discrepando da anterior, a corrobora e amplia. Para ela, numa perspectiva keynesiana – pró-cíclica e não apenas anticíclica –, a intervenção estatal deve ocorrer de acordo com a lógica da cooperação, ou ainda, da criação coletiva de valor e da comparticipação de riscos e ganhos entre os setores público e privado[255].

Na opinião de Mazzucato, o investimento público difere-se da intervenção socorrista de último momento. Dito de outro modo, o Estado, guiado por objetivos claros e condizentes com o interesse público, pode e deve investir ativamente em atividades (como a inovação tecnológica) cujo financiamento e riscos iniciais não seriam assumidos, espontaneamente, pelo setor privado. Dessa maneira, a intervenção estatal, além de expandir e inovar a capacidade produtiva, estimula os investimentos privados, gerando um efeito multiplicador intersetorial, a exemplo dos investimentos sociais[256].

A noção de Estado investidor não diz respeito à seleção protecionista e clientelista de setores e empresas a serem favorecidos às expensas do erário, mas ao intento político de estruturar o setor produtivo com vistas ao en-

---

253. Cf. BRESSER-PEREIRA, *Globalização e competição*, 58-59, 64, 94, 98, 108.
254. Ibid., 94.
255. Cf. MAZZUCATO, M., *Missione economia. Una guida per cambiare il capitalismo*, Bari, GLF Editori Laterza, 2021, XII, 7-8, 11, 52, 118-119, 153-154, 183-184, 189.
256. Cf. ibid., 34, 58, 116, 171.

frentamento de antigos e novos desafios. Também não se trata de eleger perdedores e vencedores, mas de catalisar a colaboração de empresários e investidores dispostos a compartilhar propósitos e a observar certos pré-requisitos, tais como: responsabilidade social, qualificação dos empregados, redução da emissão de carbono e reinvestimento produtivo dos lucros[257].

Essa modalidade de participação do Estado no âmbito produtivo – seja ela direta ou indireta – opõe-se à ideia corriqueira de uma tímida intervenção voltada ao saneamento das falências e imperfeições do mercado. Deveras, a ação estatal, num contexto de política econômica projetual e sinérgica, tem um significativo potencial para fomentar, direcionar e remodelar mercados sem redundar em intervencionismo[258]. Segundo Mazzucato, "o papel do Estado é garantir que os mercados mantenham as finalidades públicas, envolvendo também os seus usuários na elaboração conjunta de políticas"[259].

c. Uma governance *global?*

Como visto, um dos requisitos para o repensamento da prática econômica é a reconciliação entre política e economia orientada, por um lado, à promoção do bem comum, da equidade e da sustentabilidade socioambiental e, por outro, ao aumento da produtividade, da competitividade e da eficiência na utilização dos recursos disponíveis[260]. O desafio amplia-se quando se trata de pensar e arquitetar a política econômica no âmbito global, onde inexiste um

---

257. Cf. MAZZUCATO, M., *Missione economia*, 50-51, 145, 151-152, 174-175, 177, 187.
258. Cf. ibid., 21, 30, 49, 58, 100, 130, 137, 151, 158-159, 186; FELBER, *Un'altra economia per un nuovo mondo*, 136-137, 301, 310.
259. MAZZUCATO, *Missione economia*, 165 (tradução nossa).
260. Cf. HENDERSON, *Nel mondo che brucia*, 47, 52.

sistema centralizado de governança empenhado na regulação das variegadas interações. De acordo com Felisini:

> Do ambiente à saúde pública, da segurança aos mercados financeiros, as questões que requerem ações coletivas globais multiplicaram-se; isso aumentou o peso das instituições internacionais e sugeriu a necessidade de regras capazes de impor-se aos Estados, assim como aos sujeitos privados no interior dos seus respectivos limites territoriais[261].

Um ponto de partida oportuno para abordar a complexa questão da *governance* global é o trilema político sugerido pelo economista Dani Rodrik, o qual traz à luz a irreconciliável harmonia entre *hiperglobalização econômica, democracia* e *Estado-nação*.

Se a opção é pela primeira e pela última variável, a democracia deve ser sacrificada, pois a política interna do Estado-nação será direcionada à satisfação dos mercados e investidores internacionais e não às urgências e anseios dos grupos sociais. Desse modo, hiperglobalização *mais* Estado-nação resulta em *menor* democracia[262].

Se a opção é pela hiperglobalização e pela democracia, a soberania do Estado-nação deixará de ocupar, necessariamente, a ribalta. Porém, com esse ostracismo estatal, a democracia ganha novos contornos, visto que não se trata mais da democracia construída e vivida no interior do território nacional, mas daquela endossada pela política e governança global, ambas pensadas e arquitetadas por instituições e forças internacionais. O poder dos governos

---
261. FELISINI, D., Stato e istituzioni nell'economia globale nei secoli XX e XXI, in: FUMIAN, C.; GIUNTINI, A. (orgs.), *Storia economica globale del mondo contemporaneo*, Roma, Carocci editore, 2019, 162-163 (tradução nossa); cf. LUZIO DOS SANTOS, *Ética e democracia econômica*, 176-177; DOWBOR, *Pão nosso de cada dia*, 40, 42, 60, 74, 189.
262. Cf. RODRIK, D., *La globalizzazione intelligente*, Bari, GLF Editori Laterza, 2015, XI, 15, 258, 270, 284-286.

nacionais, embora não desapareça como num passe de mágica, é limitado por um sistema jurídico acordado, democraticamente, pelos Estados coligados[263].

Na opinião de Rodrik, esse modelo de *governance* figura um ideal ambicioso, fascinante e utópico, mas pouco provável em um mundo marcado por acentuadas diferenças (culturais, econômicas e sociais), exigências e preferências, assim como pela disparidade de poder e pelo parco empenho político de algumas nações no cumprimento de acordos e regulamentos globais, mesmo que derivantes de processos democráticos. De acordo com essa visão cética, o resultado melhor giraria em torno de um mínimo denominador comum, ou ainda, de um sistema de regras débeis e ineficazes[264].

A última alternativa relativa ao trilema preconiza o Estado-nação e a democracia. Ao desacreditar a hiperglobalização, essa opção preza uma globalização moderada que, estruturando-se a partir das autonomias nacionais, respeita e consolida as políticas democráticas, as estratégias de desenvolvimento e o marco regulatório-institucional de cada país, em um clima de integração e cooperação política, comercial e financeira. Em vista disso, o Acordo de *Bretton Woods* (celebrado em julho de 1944, no contexto de reconstrução pós-guerra) mantém-se como um expressivo modelo de multilateralismo a ser repensado e reinventado[265].

A inviabilidade da hiperglobalização e da *governance* mundial não dispensa, num quadro de globalização "domesticada", o compartilhamento de objetivos e princípios, a celebração de acordos colaborativos, a definição de regras e a mediação propositiva de organismos multilaterais, não

---
263. Cf. ibid., XIII, 286-287.
264. Cf. ibid., 15-16, 42, 287-288, 299, 320, 324-325, 331.
265. Cf. ibid., 12, 16, 288-292, 329, 332-333, 338.

obstante o necessário redesenho estrutural de alguns deles aflorados no contexto de cooperação pós-bélica e nas décadas sucessivas, como o FMI, o Banco Mundial, a ONU e os grupos constituídos por chefes de Estado e responsáveis pelas finanças nacionais (G7, G10 e G20, por exemplo)[266].

A Agenda 2030 da ONU – na qual constam os objetivos de desenvolvimento sustentável acordados por 193 países, em setembro de 2015 – reflete uma *forma mentis* projetual e operativa guiada pelos princípios da dialogicidade, confiabilidade, cooperação e multilateralismo, todos eles afinados com um tipo de política *smart power* oposta à usual *hard power*[267]. No conjunto, os objetivos são "um apelo global à ação para acabar com a pobreza, proteger o meio ambiente e o clima e garantir que as pessoas, em todos os lugares, possam desfrutar de paz e de prosperidade"[268].

Os objetivos da Agenda 2030 são transversalmente interligados, assim como as áreas em que incidem. No total, são 17: a erradicação da pobreza; fome zero e agricultura sustentável; saúde e bem-estar; educação de qualidade; igualdade de gênero; água potável e saneamento; energia limpa e acessível; trabalho decente e crescimento econômico; indústria, inovação e infraestrutura; redução das desigualdades; cidades e comunidades sustentáveis; consumo e produção responsáveis; ação contra a mudança global do

---

266. Cf. BADRÉ, B., *E se la finanza salvasse il mondo? Governare il capitale è possibile*, Milano, Solferino, 2019, 27, 34, 38, 44, 71, 115, 146, 149, 154, 156-157, 214; FELISINI, *Stato e istituzioni nell'economia globale nei secoli XX e XXI*, 163-164; LUZIO DOS SANTOS, *Ética e democracia econômica*, 177-179; ROSSI, *La geopolitica di Francesco*, 20-22, 24, 51, 148, 272.
267. Cf. STIGLITZ, J. E., Atormentados pelo trumpismo, in: TOSTES, A.; MELO FILHO, H. (orgs.), *Quarentena: reflexões sobre a pandemia e depois*, Bauru, Projeto Editorial Praxis, 2020, 105-106; ROSSI, *La geopolitica di Francesco*, 40-41, 43, 45-46, 48, 53, 58-59, 66-67; MAZZUCATO, *Non sprechiamo questa crisi*, 96, 122.
268. NAÇÕES UNIDAS BRASIL, *Os objetivos de desenvolvimento sustentável no Brasil*, disponível em: <https://brasil.un.org/pt-br/sdgs>, acesso em: 27 jun. 2023; cf. BADRÉ, *E se la finanza salvasse il mondo?*, 105-106, 108, 118; MAZZUCATO, *Missione economia*, XI, 97-101, 120-121.

clima; vida na água; vida terrestre; paz, justiça e instituições eficazes e, por fim, parcerias e meios de implementação[269].

Todavia, a celebração de propósitos arrojados em âmbito global não assegura o efetivo compromisso das partes envolvidas. No Brasil, por exemplo, em 2021, segundo o V Relatório do Grupo de Trabalho da Sociedade Civil – um consórcio dedicado à difusão, à promoção e ao monitoramento executivo dos objetivos de desenvolvimento sustentável[270] –, das 169 metas relativas aos 17 objetivos, 27 (16%) encontravam-se estagnadas, 21 (12,4%) ameaçadas, 92 (54,4%) em retrocesso, 13 (7,7%) com progresso insuficiente e 15 (8,9%) sem informações disponíveis para averiguação[271].

Situações como essa não anulam a importância dos acordos globais, mas indicam a premência duma contrapartida local fundada em consistentes bases políticas, administrativas, econômicas e jurídicas, todas elas atuantes numa perspectiva em longo prazo, contrária ao imediatismo eleitoreiro e aos interesses particularistas. Objetivos e metas de grande abrangência requerem vontade política, adequada visão de soberania, efetiva participação democrática, novas formas de parceria público-privado e, sobre-

---

269. Cf. Nações Unidas Brasil, Os objetivos de desenvolvimento sustentável no Brasil.

270. Trata-se de uma "uma coalizão que atualmente reúne 57 organizações não governamentais, movimentos sociais, fóruns, redes, universidades, fundações e federações brasileiras" (Grupo de Trabalho da Sociedade Civil para a Agenda 2030, V Relatório Luz da Sociedade Civil, Agenda 2030 de desenvolvimento sustentável Brasil, disponível em: <https://brasilnaagenda2030.files.wordpress.com/2021/07/por_rl_2021_completo_vs_03_lowres.pdf>, acesso em: 27 jun. 2023, 6).

271. Cf. Grupo de Trabalho da Sociedade Civil para a Agenda 2030, V Relatório Luz da Sociedade Civil, 4. No caso brasileiro, as metas perfazem um total de 168, visto que a meta 8.a não se aplica à realidade nacional. De acordo com o sobredito relatório de 2021, "o Brasil, ao invés de aumentar investimentos nas áreas sociais, como fez a maioria dos países durante a pandemia, desregulamentou instâncias fiscalizadoras e fomentou políticas de austeridade contraproducentes, resultando em menos recursos para saúde, educação, proteção social, ciência e tecnologia, igualdade de gênero e racial e meio ambiente" (ibidem).

modo, mudança de mentalidade corroborada por um processo formativo à altura[272].

2.3. Uma educação à sensibilidade socioeconômica atenta às virtudes

A abordagem do tema sugerido na presente seção tem dois escopos: (1) estabelecer o diálogo entre educação moral às virtudes e educação à sensibilidade socioeconômica e (2) qualificar essa correlação como elemento-chave no processo de repensamento da prática econômica. Contudo, tendo em conta a complexidade sociopolítica e econômica contemporânea[273], não se pretende, com a persecução desses objetivos, atribuir ao sujeito moral toda a reponsabilidade por processos que, muitas vezes, não dependem diretamente das suas intenções e sim das circunstâncias institucionais, estruturais e sistêmicas subjacentes à organização social[274].

---

272. Cf. MANZONE, G., Il ruolo della Chiesa nella *governance* globale, *Rivista di Teologia Morale*, n. 184 (2014) 565-573, aqui 568-569; DOWBOR, Além do coronavírus, in: TOSTES, A.; MELO FILHO, H. (orgs.), *Quarentena*, 117-118; RODRIK, *La globalizzazione intelligente*, 294, 324.

273. A respeito dessa complexidade, explica Sung: "a sociedade, como um sistema complexo, não pode ser reduzida aos elementos que a constituem. As propriedades de um sistema são inerentes ao próprio sistema como um todo e nenhuma das partes as possui. Essas propriedades emergem das interações e das relações entre as partes e por isso elas não podem ser explicadas em termos de elementos que constituem o sistema no nível mais básico. O todo é sempre diferente da soma das partes" (SUNG, *Sujeito e sociedades complexas*, 133; cf. ibid., 153-154, 176-177; HENDERSON, *Nel mondo che brucia*, 75, 82-83; MAZZUCATO, *Missione economia*, 66, 71, 113, 165, 183; RAWORTH, *Economia Donut*, 151-155).

274. Sobre os processos intencionais e não intencionais, afirma Sung: "nesta perspectiva, a estrutura social é vista como um resultado emergente não de processos estritamente intencionais e dos seus efeitos intencionais, mas sim justamente do processo de dissipação das intenções – processos de degradação das intenções dos agentes que interagem no meio social – e das interações dos efeitos não-intencionais. Esse processo, ao invés de ter somente uma função desorganizadora da vida social, pode, em determinadas condições, gerar estruturas relativamente autônomas, estáveis, de longo alcance e de certo modo independentes da vontade de qualquer indivíduo" (SUNG, *Sujeito e sociedades complexas*,

a. Sobre as virtudes

No século XX, observa-se um renovado interesse pelo tema das virtudes, sobretudo com a *Virtue Ethics*, uma corrente ética contemporânea constituída por várias vertentes, cujo enfoque recai sobre a formação do caráter orientada à realização do bem moral em um projeto de vida virtuoso e feliz. Porque atenta ao processo de elaboração interior (isto é, às intenções, aos desejos e sentimentos) do ato moral – analisado na complexidade da conduta e não em si mesmo –, trata-se de uma ética aderente à condição situacional do sujeito moral, ou ainda, de uma ética de primeira pessoa[275].

E afinal, o que são as virtudes e qual é o seu papel? Máxime para os pensadores ligados à tradição aristotélico-tomista[276], as virtudes, enquanto disposições tendentes ao cumprimento de ações e emoções moralmente boas, aperfeiçoam a atuação das capacidades racionais e sensíveis do ser humano, possibilitando o exercício excelente da sua atividade, função ou obra peculiar (*ergon*): a racionalidade (*logos*). Ao viver e agir conforme essa excelência – isto é, segundo a razão –, o ser humano conduz a sua existência em direção à realização ou ao florescimento pleno, isto é, rumo à felicidade (*eudaimonia*)[277].

133-134; cf. ibid., 144, 146, 148; BARUCCI, E., *Chi salverà la finanza. A dieci anni dalla crisi l'etica non basta*, Milano, Egea, 2018, X, 161-162, 170).
  275. Cf. CAMPODONICO, A. et. al., *Etica delle virtù. Un'introduzione*, Roma, Carocci editore, 2018, 9-14, 179, 181; LODOVICI, G. S., *Il ritorno delle virtù. Temi salienti della Virtue Ethics*, Bologna, Edizioni Studio Domenicano, 2009, 9-12, 32-37. Para um aprofundamento sobre a diferença entre ética de primeira pessoa e ética de terceira pessoa, conferir: ABBÀ, G., *Felicità, vita buona e virtù. Saggio di filosofia morale*, Roma, LAS, ²1995, 102, 105-107.
  276. Entre os estudiosos dedicados à filosofia clássica, aristotélica ou tomista encontram-se: Julia Annas, Martha Nussbaum, Philippa Foot, Rosalind Hursthouse, Alasdair MacIntyre e Candace Vogler (cf. CAMPODONICO et. al., *Etica delle virtù*, 12; MACINTYRE, A., *Dopo la virtù. Saggio di teoria morale*, Roma, Armando Editore, 2007, 187-206).
  277. Cf. VACCAREZZA, M. S., *Le radici delle virtù: un inquadramento*, in: PISCITELLI, D.; TREVISI, G. (orgs.), *Le virtù in azione. Prospettive per il lavoro socia-*

Uma vez que estão associadas à integralidade da pessoa, interagindo com as suas variadas e interdependentes dimensões e capacidades, as virtudes requerem-se e articulam-se reciprocamente em um ordenamento unitário, apesar da especificidade de cada uma[278]. De maneira específica, às capacidades próprias da dimensão sensível, passional e afetiva correspondem as *virtudes éticas* ou *morais*: justiça, fortaleza, temperança e prudência. Às capacidades próprias da dimensão racional correspondem as *virtudes intelectuais* ou *dianoéticas*: prudência, arte, ciência, intelecto/entendimento e sapiência[279].

Como se nota, a prudência ou sabedoria prática (*phronesis*) é, ao mesmo tempo, uma virtude moral e intelectual. Ao sintetizar as esferas racional e sensitiva, ela interliga os dois grupos de virtudes. Esse tipo de sabedoria, diversamente da sapiência – fadada à contemplação teorética, especulativa e metafísica da realidade –, aperfeiçoa a capacidade prática de estimar a realidade contingente, isto é, as situações concretas da vida, oferecendo às escolhas e ações humanas uma "orientação fundamental ao bem"[280]. O filósofo Abbà explica essa virtude moral nos seguintes termos:

> A prudência é virtude moral enquanto depende das intenções virtuosas e enquanto tem como objeto as escolhas e

---

le ed educativo, Venezia, Marcianum Press, 2021, 34-35; LODOVICI, *Il ritorno delle virtù*, 41, 44, 46, 90. Aludindo à razão prática, à livre vontade e às paixões como princípios ativos, explica Abbà: "Sendo assim, o indivíduo agente não produzirá boas escolhas se os seus princípios ativos não forem potencializados, aperfeiçoados, preparados pelas virtudes [...]". Nesse sentido, as virtudes são potencializações desses "princípios ativos que elevam a sua capacidade natural de atuação ao nível de ação boa, em relação à qual o indivíduo não está naturalmente preparado" (ABBÀ, *Felicità, vita buona e virtù*, 109 – tradução nossa; cf. ibid., 108).
278. Cf. CARLOTTI, P., *La virtù e la sua etica. Per l'educazione alla vita buona*, Torino, Elledici, 2013, 43, 47; VACCAREZZA, Le radici delle virtù, 47-48.
279. Cf. CAMPODONICO et. al., *Etica delle virtù*, 100-101; VACCAREZZA, Le radici delle virtù, 35, 37; CARLOTTI, *La virtù e la sua etica*, 47-52.
280. VACCAREZZA, Le radici delle virtù, 39 (tradução nossa); cf. ibid., 37-38; cf. CARLOTTI, *La virtù e la sua etica*, 47.

ações virtuosas, mas em si mesma é virtude intelectual que julga a verdade do bem a ser cumprido, concluindo um processo lógico que tem por princípios o conhecimento dos bens humanos, as máximas virtuosas e os preceitos da lei natural[281].

As virtudes requerem a experiência ou o exercício prático para se consolidarem como disposições morais e favorecerem a adequada compreensão intelectual do bem-intencionado e atuado. Dito de outro modo, "a virtude é alcançada mediante uma repetição de atos, mediante uma longa e complexa autocultivação, mediante um caminho gradual"[282]. Porém, não se trata de repetição mecânica, mas de aquisição e integração de formas estáveis de respostas emotivas e operativas, ou ainda, de *habitus* vinculados à dimensão racional, volitiva e sensitivo-passional[283].

Se o processo de aquisição das virtudes implica disciplina e esforço, uma vez adquiridas, elas tornam-se uma "difícil facilidade", isto é, as emoções e os atos virtuosos realizam-se de modo conatural e agradável, delineando uma segunda natureza humana, mais aprimorada e virtuosa do que a primeira, onde se encontram inclinações naturais ao bem (germes de virtude) a serem, potencialmente, elevadas ao estado de excelência. Contudo, as virtudes adquiridas não são meios mirados na felicidade; elas, por

---

281. ABBÀ, G., *Le virtù per la felicità*, Roma, LAS, 2018, 581 (tradução nossa); cf. ibid., 585. Ainda sobre a sabedoria prática, explica sinteticamente Vaccarezza: "essa, como já recordado, requer uma sinergia de racionalidade e emoção, implica o juízo prático e incorpora a capacidade de colher as exceções das normas, a memória das experiências passadas e uma sensível atenção com os particulares das situações" (VACCAREZZA, Le radici delle virtù, 42 – tradução nossa).
282. LODOVICI, *Il ritorno delle virtù*, 44 (tradução nossa); cf. ibid., 42-43; MORTARI, L.; UBBIALI, M., Educare alle virtù. Linee per un'etica della cura, in: PISCITELLI, D.; TREVISI, G. (orgs.), *Le virtù in azione*, 91-92.
283. Cf. ABBÀ, *Felicità, vita buona e virtù*, 233-234; id., *Le virtù per la felicità*, 385-386; CAMPODONICO et. al., *Etica delle virtù*, 89-90; VACCAREZZA, Le radici delle virtù, 39; LODOVICI, *Il ritorno delle virtù*, 52-53.

serem fim em si mesmas e possuírem um valor intrínseco, realizam a vida feliz[284].

b. Sobre virtudes e educação moral

O termo educação deriva dos verbos latinos *educare* e *educere*. O primeiro diz respeito à noção de nutrir, alimentar e criar. No segundo, a preposição *ex* (movimento para fora) mais o radical *ducere* (conduzir) significa, literalmente, "tirar de dentro para fora, fazer sair"[285]. Assim, esses verbos sugerem dois movimentos não necessariamente excludentes: um de fora para dentro – respeitante a todo tipo de ajuda, desde alimentar até orientar – e outro de dentro para fora, no sentido de desenvolvimento[286]. Entretanto, qual é a incidência dessas significações na vida moral ou, mais especificamente, no comportamento virtuoso?

Dado o aspecto experiencial das virtudes, vivenciado em primeira pessoa, não seria apropriado tratá-las como objeto material do ato educativo, pois o conhecimento a elas relacionado não resulta apenas do esforço cognitivo, mas da atividade exercitante e aquiritiva. Por isso, a educação, vinculada às virtudes, caracteriza-se como forma-

---

284. Cf. LODOVICI, *Il ritorno delle virtù*, 38-39, 42-44, 49, 51, 96, 98; VACCAREZZA, Le radici delle virtù, 36, 38-39, 46-48; MACINTYRE, *Dopo la virtù*, 86, 190-191; CARLOTTI, *La virtù e la sua etica*, 44. A respeito das duas naturezas, elucida Lodovici: "o homem não nasce virtuoso, mas possui, graças à sua natureza inicial, uma idoneidade para adquirir a virtude, a qual lhe permite conduzir a própria natureza inicial, as próprias inclinações iniciais, à excelência, ao florescimento. De um lado, a virtude não se desenvolve automaticamente, graças somente a nossa natureza inicial; de outro, não se desenvolve contra a nossa natureza inicial. Por natureza inicial possuímos seja a virtude em potência, isto é, germes de virtude ou inclinações ao bem, sejam pulsões para o mal" (LODOVICI, *Il ritorno delle virtù*, 97 – tradução nossa).
285. VEIGA, A. M., *A educação hoje. A realização integral e feliz da pessoa humana*, Porto, Editorial Perpétuo Socorro, ⁵1997, 13.
286. Cf. NANNI, C., Educazione, in: PRELLEZO, J. M. et al. (orgs.), *Dizionario di scienze dell'educazione*, Roma, LAS, ²2008, 369-370; SAVAGNONE, G., *Educare oggi alle virtù*, Torino, Elledici, 2011, 95-96.

ção gradual dos *habitus* intelectivos, volitivos e sensitivo-passionais que habilitam a exercitação da conduta virtuosa. Em outras palavras, a educação moral, tendo presente a fragilidade humana, ocupa-se diretamente da formação caracterial orientada à prática virtuosa[287].

A bem da verdade, a formação moral, apesar de ser comumente "exaltada na fase juvenil, não se limita somente a alguns momentos da existência humana, mas assume um caráter permanente"[288]. A educação ao modo de ser virtuoso, máxime nas fases iniciais do desenvolvimento humano, reclama a figura impreterível do educador. A esse não cabe propor uma receita procedimental a ser seguida, mas suscitar e motivar a conquista das virtudes e da própria felicidade, apresentando – na acepção do verbo *educare* – referências estáveis para o início e a retomada, quando preciso, da trajetória empreendida[289].

No entanto, o educador não pode quedar-se somente no plano retórico; antes, é chamado a conjugar argumentação e instrução com persuasão e motivação prática, movendo-se do *logos* ao *ethos*, ao *pathos* e às figurações exemplares. Em resumo, ele precisa estimular tanto a inteligência especulativa quanto a inteligência prática, artístico-inventiva e técnica do educando, a ponto de estabelecer uma circularidade entre os princípios universais e as particularidades da realidade concreta, onde as intenções, as escolhas e as decisões virtuosas são efetivadas e reafirmadas[290].

---

287. Cf. ABBÀ, *Le virtù per la felicità*, 562-563, 565, 574, 581, 584; MACARIO, L., *Educare. Guidare a vivere nella verità e nell'amore*, Roma, Logos Press, 2003, 26-28; CAMPODONICO et. al., *Etica delle virtù*, 132, 135, 141.
288. CAMPODONICO et. al., *Etica delle virtù*, 14 (tradução nossa).
289. Cf. CAMPODONICO et. al., *Etica delle virtù*, 137; SAVAGNONE, *Educare oggi alle virtù*, 103, 113.
290. Cf. ABBÀ, *Le virtù per la felicità*, 573, 575, 579, 584; SAVAGNONE, *Educare oggi alle virtù*, 96, 118.

A educação moral concebida nesses termos possui duas consequências imediatas. A primeira diz respeito ao fato de o educador qualificar-se como um guia que, no sentido do verbo *educere*, é chamado a "cuidar e acompanhar [sobretudo] as novas gerações no seu crescimento"[291], a "extrair recursos e potencialidades, às vezes [soterrados] debaixo de cinzas" e a "regenerar-se para regenerar"[292]. A segunda consequência concerne ao fato de a formação ao caráter virtuoso concentrar-se, particularmente, no amadurecimento da sabedoria prática, isto é, da prudência (*phronesis*)[293].

c. Sobre virtudes e dimensão socioeducativa

Embora as virtudes, em geral, possuam uma valência relacional – haja vista elevarem a totalidade da natureza humana à condição de excelência, inclusive a sua inclinação para a sociabilidade –, algumas delas estão mais ligadas ao andamento da vida em sociedade. Nessa perspectiva – sem a pretensão de uma análise exaustiva e rigorosamente atenta à categorização clássica[294] –, as virtudes da justiça, compaixão, solidariedade e esperança, por exemplo, adquirem um significado particular para a requalificação das relações sociais e das práticas econômicas[295].

---

291. Ruta, G., *Una pedagogia nuova per una "economia di comunione". È possibile educare oggi all'economia "di comunione"? Come e a quali condizioni?*, *Itinerarium*, v. 20, n. 50/51 (2012) 217-230, 229 (tradução nossa).
292. Ibidem.
293. Cf. Abbà, *Le virtù per la felicità*, 568, 581; Campodonico et. al., *Etica delle virtù*, 133-134; MacIntyre, *Dopo la virtù*, 195-196, 204, 270; Savagnone, *Educare oggi alle virtù*, 94, 105.
294. A saber, *virtudes teologais* (fé, esperança e caridade), *virtudes cardinais* (temperança, justiça, fortaleza e prudência) e *virtudes intelectuais* (ciência, prudência, inteligência, sapiência e arte). Segundo Campodonico et al., essa subdivisão corresponde à tradição ocidental clássica, sobretudo no que diz respeito aos períodos patrístico e escolástico (cf. Campodonico et. al., *Etica delle virtù*, 100-101).
295. Cf. Thomasset, A., *Un'etica teologica delle virtù sociali. Giustizia, solidarietà, compassione, ospitalità, speranza*, Brescia, Queriniana, 2021, 6-7, 18; Lodovici, *Il ritorno delle virtù*, 30, 81-82, 98; Savagnone, *Educare oggi alle virtù*, 63, 68.

Se inicialmente a *justiça* é entendida como o *habitus* de dar a cada um o que lhe pertence, com vontade perene e constante[296], em uma sociedade caracterizada por desigualdades e negação de direitos, o primeiro elemento a ser reconhecido e restituído – antes de qualquer ponderação normativo-legal – é a dignidade humana. Maiormente no âmbito econômico, a ausência desse reconhecimento fomenta a existência de relações e estruturas anonimamente injustas. Como consequência, a rejeição, a suspeição coletiva, a atrofia democrática e a erosão do tecido social são cada vez mais reforçadas[297].

Próxima da justiça está a virtude da *compaixão* com a sua faculdade de reparar as injustiças cometidas, os vínculos comunitários, a participação democrática e a dignidade ferida. Uma vez que "convoca a adotar o ponto de vista das vítimas e dos rejeitados para escutar a sua história e criar um laço afetivo e cognitivo com eles"[298], a *compaixão* (de *cum-patior*: sofrer com o outro) possui um alcance nitidamente público ou social. O reconhecimento dos sofrimentos alheios e o empenho para eliminá-los desnudam, no rosto dos pobres, a abstrata noção de dignidade humana[299].

A virtude da *solidariedade* (de *solidum*: inteiro, comum, todo) respeita à busca do bem comum, isto é, à atitude de

---

296. Cf. Tommaso d'Aquino, *Somma Teologica*, Bologna, Edizioni Studio Domenicano, 1984, II-II, q. 58, a. 1, rispondo; Porter, J., Justiça, in: Lacoste, J.-Y. (org.), *Dicionário crítico de teologia*, São Paulo, Paulinas; Loyola, 2004, 968-970; Pontificio Consiglio della Giustizia e della Pace, Giustizia, in: *Dizionario di Dottrina Sociale della Chiesa*, Roma, LAS, 2005, 375-376, 378, 380-381.

297. Cf. Botturi, F., Fiducia sociale e relazione di cura, in: Piscitelli, D.; Trevisi, G. (orgs.), *Le virtù in azione*, 79-81; Thomasset, *Un'etica teologica delle virtù sociali*, 26-27, 65; Campodonico et. al., *Etica delle virtù*, 106-107.

298. Thomasset, *Un'etica teologica delle virtù sociali*, 178 (tradução nossa).

299. Cf. Gius, E., *Compassione*, Bologna, EDB, 2019, 203-204; Thomasset, *Un'etica teologica delle virtù sociali*, 173-177, 179; Botturi, Fiducia sociale e relazione di cura, 82; Cortina, *Aporofobia, a aversão ao pobre*, 18-19, 31, 68, 95, 148, 175.

corresponsabilidade experienciada por indivíduos implicados, *lato sensu*, nos rumos da vida social. Como alternativa à indiferença e ao privatismo egoísta, a prática da *solidariedade* é um elemento fulcral no esforço cooperativo de "reconstruir o tecido comunitário, de aprender novamente a confiar no outro, de partilhar a alegria do estar junto e de criar um ambiente acolhedor e inclusivo"[300], independentemente de qualquer coerção jurídica ou contratual[301].

Por último, a virtude da *esperança* pode ser definida como a força movente da conduta virtuosa vivida socialmente. Ela pode ser concebida, ainda, como a mescla de desejo, crença e expectativa de um porvir entrevisto *hic et nunc*. A *esperança*, ligada a uma salutar noção de utopia, é um antídoto contra a incerteza, a falta de sentido e o desespero individual e coletivo. Não se trata, porém, de uma virtude passiva ou de vã expectação, mas de um dinamismo que impulsiona e acompanha uma determinada luta: com esperança se luta e, lutando-se com esperança, espera-se com confiança[302].

Uma pertinente educação moral à sensibilidade socioeconômica tem de levar em conta as virtudes sociais – as quatro abordadas e outras mais, como a hospitalidade e a

---

300. Pasqualetti, F., Il Cristiano del futuro. Interprete critico del presente e custode dell'umano, *Salesianum*, n. 80 (2018) 213-238, aqui 234 (tradução nossa).
301. Cf. De Virgilio, G., Solidarietà, *Rivista di Teologia Morale*, n. 123 (1999) 439-447, aqui 439, 441-442, 446; Pontificio Consiglio della Giustizia e della Pace, Solidarietà, in: *Dizionario di Dottrina Sociale della Chiesa*, 722-725, 727-728; Thomasset, *Un'etica teologica delle virtù sociali*, 74, 112-114; Cortina, *Aporofobia, a aversão ao pobre*, 62-63, 174-175; Campodonico et. al., *Etica delle virtù*, 163; Botturi, Fiducia sociale e relazione di cura, 78-79.
302. Cf. Trevisi, G., Virtù della speranza. Guida per l'azione, in: Piscitelli, D.; Trevisi, G. (orgs.), *Le virtù in azione*, 96, 98; Lacoste, J.; Esperança, in: Id. (org.), *Dicionário crítico de teologia*, 646, 649; Thomasset, *Un'etica teologica delle virtù sociali*, 230-231, 262-263, 270; Freire, *Pedagogia do oprimido*, 84, 94-95; id., *Pedagogia da autonomia: saberes necessários à prática educativa*, São Paulo, Paz e Terra, 2011, 70-71.

coragem – na sua interdependência e complementaridade. Destarte, embora a justiça figure a virtude arquitetônica por excelência, essa "nunca age sozinha, mas em relação com outras virtudes"[303]. Portanto, o reconhecimento da dignidade humana, o empenho pelo bem comum e o exercício de relações equilibradas, além da justiça, requerem, mutuamente, a compaixão, a solidariedade e a esperança[304].

A luta por uma realidade social, política e econômica mais humana, justa, participativa e feliz caminha *pari passu* com a luta educativo-cultural, quesito *sine qua non* para a conversão da *forma mentis*[305]. No ambiente eclesial, a educação à dimensão política e socioeconômica da fé nem sempre é tratada com a devida atenção, isso desde a formação dos futuros presbíteros e religiosos (formadores por vocação[306]) até a formação dos leigos, crianças, adolescentes e jovens[307]. A inclusão da Doutrina Social na catequese, por exemplo, merece maior atenção, visto que, quando existe, ocorre de modo ametódico e fragmentado[308].

Conquanto a Doutrina Social da Igreja seja definida como um *corpus* constituído por *princípios de reflexão, critérios*

---

303. THOMASSET, *Un'etica teologica delle virtù sociali*, 70 (tradução nossa); cf. ibid., 19, 71.
304. Cf. ibid., 269, 271.
305. Cf. SAVAGNONE, *Educare oggi alle virtù*, 100, 102; CORTINA, *Aporofobia, a aversão ao pobre*, 117; THOMASSET, *Un'etica teologica delle virtù sociali*, 6, 13, 267.
306. De acordo com o Compêndio da Doutrina Social da Igreja, "com a programação de itinerários formativos oportunos, o presbítero deve dar a conhecer a doutrina social e promover nos membros da sua comunidade a consciência do direito e dever de serem sujeitos ativos de tais doutrinas" (PONTIFÍCIO CONSELHO JUSTIÇA E PAZ, *Compêndio da Doutrina Social da Igreja*, n. 539; cf. ibid., nn. 533, 540).
307. Cf. COMBI, E.; MONTI, E., *Fede e società. Introduzione all'etica sociale*, Milano, Centro Ambrosiano, 2005, 336, 351-352. Sobre a aludida inadequação formativa, confirma o Compêndio da Doutrina Social da Igreja: "tal patrimônio doutrinal não é adequadamente ensinado e conhecido: também por esta razão não se traduz oportunamente nos comportamentos concretos" (PONTIFÍCIO CONSELHO JUSTIÇA E PAZ, *Compêndio da Doutrina Social da Igreja*, n. 528; cf. ibid., nn. 191, 198). Sobre a valorização da Doutrina Social nas instituições educativas católicas, conferir o n. 532 do mesmo compêndio.
308. Cf. PONTIFÍCIO CONSELHO JUSTIÇA E PAZ, *Compêndio da Doutrina Social da Igreja*, nn. 529-530.

de julgamento e diretrizes de ação[309], ela demanda, além da aprendizagem, um complemento operativo que as virtudes, mormente as sociais, podem oferecer, dada a sua predisposição à ação e a sua estreita afinidade com os aludidos princípios, critérios e diretrizes. Nesse sentido prático, a experiência da compaixão, solidariedade, esperança e justiça – vivida sobretudo no interior da comunidade cristã e dela emanada como força centrífuga –, "ainda é a melhor escola"[310] para cultivar, desenvolver e promover a sensibilidade socioeconômica.

3. A Economia Suspensa: um estudo de caso

O Estado, mediante a sua atuação política e econômica, não é o único responsável pelo fomento de uma economia com rosto humano. Deveras, diversas práticas econômicas – baseadas nos princípios de solidariedade, cooperação e participação democrática – coparticipam desse intento[311]. Várias iniciativas de economia alternativa coexistem com a ação público-estatal e com a lógica do mercado, sem, contudo, absolutizar o papel dessas instituições. Isso, em um cenário econômico complexo como o atual, demonstra a necessária mesclagem de princípios organizativos, como salienta Sung:

> Devemos definitivamente abandonar a ideia de um único princípio organizador da sociedade e assumir a necessidade de articulação de vários princípios, como o mercado, políticas públicas por parte do Estado visando metas sociais

---

309. Cf. ibid., n. 7.
310. A. CORTINA, *Aporofobia, a aversão ao pobre*, 145; cf. THOMASSET, *Un'etica teologica delle virtù sociali*, 266, 268.
311. Cf. LUZIO DOS SANTOS, *Ética e democracia econômica*, 198-199, 202-203; CUCCULELLI, F., *Economia civile, sociale, solidale*, disponível em: <https://www.benecomune.net/rivista/rubriche/parole/economia-civile-sociale-solidale/#:~:text=Il%20sistema%20su%20cui%20si,assunto%20forme%20e%20connotazioni%20differenti>, acesso em: 29 jun. 2023.

solidárias, sensibilidades solidárias encarnadas em redes de organizações solidárias e outras mais[312].

A experiência do jovem economista Giandonato Salvia, ao inserir-se nesse modo alternativo de conceber a economia, ratifica a possibilidade de uma racionalidade econômica inspirada na solidariedade e na esperança. As suas motivações e realizações corroboram a ideia segundo a qual todo grande movimento político e social prospera graças ao empenho de quem sabe construir e trabalhar em rede[313]. A economista Raworth, referindo-se ao processo de refazimento da economia, oferece um enquadramento sintético e fundamental para o estudo de caso proposto na presente seção:

> Nós a refazemos [a economia] de várias maneiras: transferindo nossas poupanças para bancos éticos; usando moedas complementares *peer-to-peer*; acalentando um propósito de vida nas empresas que criamos; [...] contribuindo para os bens comuns de conhecimento e fazendo campanha com movimentos políticos que compartilhem nossa visão econômica. É claro que essas inovações enfrentam o desafio de tentar crescer e prosperar dentro de economias ainda fortemente dominadas pelo pensamento e a atitude econômica do século passado[314].

3.1. Breve biografia do idealizador

A sensibilidade social de Giandonato Salvia, nascido em 26 de novembro de 1989, na cidade de Fasano (pertencente à província de Brindisi, localizada na região da Puglia, sul da Itália), tem sua origem na própria família, onde

---

312. ASSMANN, H.; SUNG, J. M., *Competência e sensibilidade solidária: educar para a esperança*, Petrópolis (RJ), Vozes, ³2003, 160. Em outro trecho, afirma o teólogo: "Solidariedade é e deve ser um componente importante nas relações econômicas e sociais, mas não pode ser transformada no único princípio organizador" (ibid., 152; cf. ibid., 148, 153, 164).

313. Cf. HENDERSON, *Nel mondo che brucia*, 229-230, 233; MAZZUCATO, *Il valore di tutto*, 300.

314. RAWORTH, *Economia Donut*, 311.

recebeu uma sólida formação cristã. Sobretudo com o pai (membro da Solidariedade Missionária Onlus), adquiriu o gosto pelas missões, fazendo a sua primeira experiência missionária em Guiné-Bissau, com 17 anos. Em seguida, esteve em outras terras: Congo Democrático, Libéria, Moçambique, Brasil, Tanzânia, Bulgária, Equador e Quênia[315].

Em 2017, Salvia graduou-se em Economia dos Intermediários e dos Mercados Financeiros na *Università degli Studi di Bari Aldo Moro*. Durante as aulas de matemática financeira, teve uma intuição: correlacionar o conceito de *arbitragem*[316] com o tradicional *café suspenso* napolitano, isto é, com o hábito de deixar pago um café para quem não pode comprá-lo. A despeito da complexidade do setor financeiro, observou que, tanto para o "investidor" quanto para o consumidor do café pago – o sujeito principal da arbitragem, nesse caso –, o benefício é praticamente garantido[317].

---

315. Cf. BADARACCHI, L., *Giandonato Salvia: l'inventore della carità elettronica*, disponível em: <https://www.famigliacristiana.it/articolo/giandonato-salvia-linventore-della-carita-elettronica.aspx>, acesso em: 29 jun. 2023; SALVIA, G.; SALVIA, P., *Presentazione*, disponível em: <http://appacutis.it/PresentazioneNoi.html>, acesso em: 29 jun. 2023; CINTI, C., "Tucum", la rivoluzione dell'economia sospesa: così nessuno resta solo, neanche nella povertà, disponível em: <https://www.ternitoday.it/attualita/premio-san-valentino-2022-app-acutis-tucum.html>, acesso: 29 jun. 2023.

316. De acordo com Sandroni, a arbitragem é uma "atividade do mercado financeiro e de *commodities* que consiste em comprar mercadorias – mais especialmente moeda estrangeira – em uma praça e vendê-la em outra por preço maior. Tal atividade tende a igualar o preço nas duas praças em questão, exercendo assim uma função reguladora e estabilizadora nos mercados [...]. A prática de arbitragem é comum no mercado de títulos, ações, metais preciosos e *commodities* como trigo, café, soja e outras" (SANDRONI, Arbitragem, in: *Dicionário de economia do século XXI*, 44; cf., Arbitraggio, in: BARILE, G. et al. (orgs.) *Enciclopedia dell'Economia*, 60). Segundo Attalienti, professor de matemática financeira de Salvia, "a arbitragem é uma estratégia financeira que, embora não requeira um investimento inicial e não exponha a qualquer risco, tem a possibilidade de garantir, a prazo, um rendimento positivo, ou seja, um benefício" (ATTALIENTI, A., *Opzioni finanziarie*, apud SALVIA, G., *L'economia sospesa. Il Vangelo (è) ingegnoso*, Milano, San Paolo, 2018, 12 – tradução nossa).

317. Cf. SALVIA, *L'economia sospesa*, 22-24; AGOSTINO, M., Microdonazioni. Un'app per aiutare con la Caritas. Nella tradizione del caffè sospeso, disponível em:

Em seu trabalho de conclusão de curso, Salvia – excedendo o domínio financeiro –, dedicou-se à noção de arbitragem social, transformada depois em conceito estruturante da por ele denominada *Economia Suspensa*. Para dar vida a ela, no início de 2018, com seu irmão Pierluca, criou uma *startup* tecnológica que, em 2021, se tornou a *A.P.P. Acutis S.r.l. Impresa Sociale*. A sigla *A.P.P.* significa: *Acuti pro pauperibus*, isto é, engenhosos em favor dos pobres. O termo *Acutis* remete ao jovem beato Carlo Acutis, um modelo de dedicação aos pobres e ao uso benéfico da informática[318].

Autor de dois livros – *L'economia sospesa: il Vangelo (è) ingegnoso* e *Luce in abbondanza: 14 stazioni di via Lucis in 14 stazioni d'Italia, con poveri e santi*, esse último com prefácio de Papa Francisco –, Salvia, além de dedicar-se à *Economia Suspensa*, frequenta o curso de Ciências Religiosas no Instituto Superior de Ciências Religiosas de Turim. Em novembro de 2021, ele recebeu do presidente da Itália, Sergio Mattarella, a condecoração de *Cavaliere dell'Ordine al Merito della Repubblica Italiana*, por ter contribuído para o uso social das novas tecnologias[319].

<https://www.avvenire.it/economia/pagine/lapp-per-donare-insieme-a-caritas>, acesso em: 29 jun. 2023.
318. Cf. SALVIA; SALVIA, *Presentazione*; SALVIA, *L'economia sospesa*, 13, 48, 120-122; id., *Tucum. L'app che unisce tecnologia e Vangelo. Un'economia sospesa che parla il linguaggio della fraternità*, disponível em: <https://www.sanfrancescopatronoditalia.it/notizie/attualita/tucum-l%E2%80%99app-che-unisce-tecnologia-e-vangelo-52788>, acesso em: 29 jun. 2023; COROS, C., *Con l'economia "sospesa" ora il pane si può donare con un'app*, disponível em: <http://appacutis.it/doc/Avvenire_2019-10-16.pdf>, acesso em: 29 jun. 2023; PELLICCI, C., *Tucum e il miracolo*, *Popoli e Missione*, n. 4 (2019) 26-28, aqui 27-28; MARRAZZO, D., *Dal caffè ai biglietti del cinema, l'economia sospesa tra marketing e solidarietà*, disponível em: <https://www.ilsole24ore.com/art/dal-caffe-biglietti-cinema-l-economia-sospesa-marketing-e-solidarieta-AChxsrBB>, acesso em: 29 jun. 2023.
319. Cf. SALVIA, *Tucum. L'app che unisce tecnologia e Vangelo*; SCHWARZ, G., *Mattarella premia il creatore dell'app per l'economia sospesa*, disponível em: <https://www.fortuneita.com/2021/11/22/mattarella-premia-il-creatore-dellapp-per-leconomia-sospesa/#>, acesso em: 29 jun. 2023.

3.2. Definição e funcionamento

A *Economia Suspensa*, em resumo, é a ampliação prático-conceitual do reputado café suspenso. Em outras palavras, além do café, todos os produtos e serviços podem entrar na lógica da "suspensão", engendrando um circuito econômico "suspenso", cujos beneficiários não são apenas os mais necessitados, mas também as entidades *non profit*, os produtores, os comerciantes e os prestadores de serviços locais, todos participantes de uma rede constituída em torno da arbitragem social. Sobre essa racionalidade apoiada na gratuidade, partilha e participação, esclarece Salvia:

> Justamente nessa ótica nasce a economia suspensa, que se inspira na tradição partenopeia e amplia o seu horizonte, transferindo os princípios do dom e da partilha para todos os bens e serviços presentes no mercado. Perante as muitas situações de pobreza que habitam as nossas cidades, essa nova visão econômica procura ser uma resposta para atender, de modo continuado, quem vive em dificuldade[320].

Para colocar a *Economia Suspensa* em movimento, os irmãos Salvia criaram, além da *A.P.P. Acutis S.r.l. Impresa Sociale*, um Projeto chamado *Tucum*, em referência ao anel feito com o fruto negro extraído duma espécie de palmeira amazônica que leva o mesmo nome. Apesar dos variados e recentes significados, esse anel foi e é geralmente utilizado no ambiente cristão latino-americano como sinal visível da opção e comprometimento com os últimos ou mais po-

---
320. SALVIA, *Tucum. L'app che unisce tecnologia e Vangelo* (tradução nossa); cf. id., *L'economia sospesa*, 16, 21, 25-26, 56; DI ZANNI, C., *Caritas, la solidarietà viaggia sullo smartphone: l'esperimento per donare un pasto ai bisognosi con un'app*, disponível em: <https://bari.repubblica.it/cronaca/2019/01/22/news/caritas_solidarieta_4_0-217172886/>, acesso em: 29 jun. 2023.

bres. Na sua estadia em terras brasileiras, Salvia assimilou essa genuína simbologia, conservando-a consigo[321].

O Projeto *Tucum*, servindo-se de uma Organização de Voluntariado (OdV) do Terceiro Setor, de um aplicativo de doações (*App*) para dispositivos móveis e de uma plataforma digital, coloca em relação diversos atores: as pessoas necessitadas; os doadores; os comerciantes e profissionais liberais; as entidades *non profit* responsáveis pela individuação dos beneficiários (como *Caritas*, associações e paróquias); a *Tucum*-OdV (destinatária das doações); o Banco Intesa Sanpaolo (onde se encontram os fundos, ou seja, as contas correntes do Projeto) e a *A.P.P. Acutis* (gestora do circuito suspenso)[322].

O objetivo do *App Tucum* e da plataforma digital *Tucum Together*[323], na condição de instrumentos tecnológicos a serviço da *Economia Suspensa*, é integrar e potenciar o bem realizado em favor dos últimos. Como explica Salvia, "ali onde eu, sozinho, não posso chegar, a economia suspensa pode encarregar-se da fragilidade do pobre, mediante um processo que encontra o seu fundamento no desejo de amar o próximo assim como nós fomos amados por primeiro"[324]. Por intermédio desses instrumentos, as doações podem ser direcionadas ao Projeto *Tucum*, aos "fundos suspensos" das entidades associadas ou às denominadas entidades credenciadas[325].

---

321. Cf. SALVIA, *L'economia sospesa*, 58-60; DI ZANNI, *Caritas, la solidarietà viaggia sullo smartphone*; AIUTI mirati con card della carità, *Famiglia Cristiana*, n. 29 (2020) 41.
322. Cf. SALVIA, *Tucum. L'app che unisce tecnologia e Vangelo*; id., *L'economia sospesa*, 81-82, 117-118.
323. Cf. TUCUM TOGETHER, disponível em: <https://tucum.net>, acesso em: 30 jun. 2023. Juntamente com o *App Tucum*, contendo a mesma lógica e condições, a plataforma, desenvolvida pela *A.P.P. Acutis S.r.l. Impresa Sociale*, configura-se como uma alternativa para a realização das doações.
324. SALVIA, *Tucum. L'app che unisce tecnologia e Vangelo* (tradução nossa); cf. SCHWARZ, *Mattarella premia il creatore dell'app per l'economia sospesa*.
325. Cf. MARRAZZO, *Dal caffè ai biglietti del cinema, l'economia sospesa tra marketing e solidarietà*; AIUTI mirati con card della carità. As diversas opções de

As doações, após a dedução dos custos de manutenção do Projeto[326], alimentam quatro fundos: o *Fundo de Sustentamento* (destinado ao reembolso de valores aos parceiros diretamente conveniados com a *Tucum*-OdV e àqueles conveniados com outras entidades), o *Fundo de Solidariedade* (direcionado a projetos de promoção humana na Itália e nos países em desenvolvimento), o *Fundo de Confiança* (destinado à oferta de microcrédito a iniciativas ligadas à geração de trabalho) e o *Fundo Suspenso Tucum* (destinado ao financiamento dos projetos da *Tucum*-OdV e daqueles desenvolvidos por entidades beneficentes sem *status* jurídico)[327].

Após serem incluídos num percurso de promoção humana proposto pelas entidades titulares dos "fundos suspensos", os beneficiários – isto é, as pessoas e famílias necessitadas – recebem um cartão com tecnologia NFC (*Near Field Communication*). Com os créditos contidos nessa espécie de cartão de crédito pré-pago é possível adquirir produtos e serviços acordados com os comerciantes e profissionais liberais participantes do circuito suspenso. O

"fundos suspensos" expostas no *App* dizem respeito às entidades associadas que oferecem aos beneficiários um cartão denominado *Tucum Card*, como será explicado mais adiante. Já as chamadas entidades credenciadas, embora desenvolvam variados projetos no âmbito social, não operam com o aludido cartão.

326. Para as doações até €10 ao *Projeto Tucum*, €0,12 são destinados ao pagamento de comissões em favor da *A.P.P. Acutis S.r.l. Impresa Sociale* e da empresa *Nexi*, operadora dos pagamentos digitais. Para as doações acima de €10, são deduzidos €0,04 (valor sempre fixo) a título de comissão a ser paga à *A.P.P. Acutis S.r.l. Impresa Sociale* e 0,8% do valor doado a título de comissão a ser paga à *Nexi*. No caso das doações até €10 aos *"fundos suspensos"* e às *entidades credenciadas*, €0,12 são destinados às sobreditas comissões e €0,20 (valor sempre fixo) aos *Fundos de Sustentamento, de Solidariedade* e *de Confiança* do Projeto *Tucum* (a serem apresentados na sequência). O valor restante (líquido) vai para o *"fundo suspenso"* ou para a *entidade credenciada* escolhida. Para as doações acima de €10, segue a regra de €0,04 + 0,8% do valor doado (a título de comissões), além dos €0,20 destinados aos fundos do Projeto *Tucum*.

327. Cf. SALVIA, G., *Luce in abbondanza. 14 stazioni di via Lucis in 14 stazioni d'Italia, con poveri e santi*, Milano, San Paolo, 2020, 45, 73-74; id., *L'economia sospesa*, 83, 85, 89.

cartão é personalizado, ou seja, os créditos são limitados e condizentes com a real situação dos beneficiários[328].

Além de conferir aos beneficiários maior discrição e dignidade no momento da escolha e da compra, o uso do cartão evita o consumo de serviços e produtos inapropriados, como cigarros, bebidas alcoólicas, drogas e jogos de azar. Como medida de segurança, os parceiros conveniados podem verificar se o portador do cartão corresponde à fotografia digitalizada no *chip* durante a fase de avaliação e cadastro realizado pelas entidades associadas ao projeto. A utilização da moeda eletrônica elimina, ou ao menos refreia, os abusos da falsa pobreza e das organizações dedicadas a atividades extorsivas[329].

O valor econômico colocado em circulação com a concessão e a utilização do cartão não se limita às doações angariadas pelo *App Tucum* e pela plataforma *Tucum Together*. Isso quer dizer que as entidades associadas podem colocar em circulação recursos financeiros próprios – mediante os seus "fundos suspensos" –, fazendo uso da rede de negócios e serviços conveniados, bem como do circuito de pagamento *Tucum*. Essa experiência é testemunhada pelo sacerdote Giuseppe Venneri, diretor da *Caritas* Diocesana de Nardò-Gallipoli (província de Lecce, na região da Puglia), nos seguintes termos:

> Mediante os centros de escuta paroquiais, individuamos as pessoas que se encontram em dificuldade e carregamos o cartão eletrônico até 150 pontos, correspondentes a €150, a serem gastos nos estabelecimentos conveniados. [...] é me-

---

328. Cf. GIANNANDREA, A., *Progetto Tucum: tecnologia e economia sospesa insieme per combattere la povertà*, disponível em: <https://www.italiachecambia.org/2022/12/progetto-tucum-poverta/>, acesso em: 30 jun. 2023.
329. Cf. SALVIA, Tucum. *L'app che unisce tecnologia e Vangelo*; id., *Luce in abbondanza*, 38, 44-45; id., *L'economia sospesa*, 26, 48-49, 71, 73, 91, 93, 105-106; PELLICCI, Tucum e il miracolo, 26, 28; BADARACCHI, *Giandonato Salvia: l'inventore della carità elettronica*; cf. AGOSTINO, Microdonazioni.

lhor que as pessoas escolham porque nem sempre a cesta básica de alimentos responde verdadeiramente às necessidades do momento. Talvez entreguemos o molho de tomate quando, na realidade, seria necessário um tablet para a didática a distância das crianças[330].

Com o intuito de evitar o assistencialismo, danoso ao percurso de promoção humana, os beneficiários são convidados, no ato de renovação do cartão, a realizarem uma contribuição mensal de €2. No mesmo sentido, os comerciantes e prestadores de serviços, no momento do reembolso, têm a possibilidade de aplicar descontos sobre o preço dos produtos e serviços ofertados aos beneficiários. A contribuição dos beneficiários e os descontos concedidos contribuem, em um sentido de pertença e corresponsabilidade, para a manutenção do Projeto *Tucum* e o atendimento de outras pessoas[331].

3.3. Desdobramentos e perspectivas

Os projetos que dão vida à *Economia Suspensa* não são desenvolvidos com o suporte de grandes estruturas nem dum amplo *staff* operacional, mas com pequenos, concretos e decididos passos. Importa, acima de tudo, a vivência da fraternidade concebida como fio condutor de uma nova linguagem econômica dirigida àqueles de boa vontade[332]. Tendo

---

330. VENNERI, G., apud AIUTI mirati con card della carità (tradução nossa).
331. Cf. SALVIA, *Tucum*. *L'app che unisce tecnologia e Vangelo*; PELLICCI, Tucum e il miracolo, 28; DI ZANNI, *Caritas, la solidarietà viaggia sullo smartphone*; GIANNANDREA, *Progetto Tucum*. A soma dos valores ofertados pelos beneficiários (€2), dos descontos concedidos pelos parceiros e das comissões fixas (€0,04 para cada doação) representa o fluxo principal de entradas destinadas à manutenção da *A.P.P. Acutis S.r.l. Impresa Sociale* e, por conseguinte, do Projeto *Tucum* por ela coordenado. Dentre os custos gerais estão as despesas com a manutenção das contas bancárias, VPOS (*Virtual Point of Sale*), seguro, servidor e manutenção do *App*, o que perfaz um valor anual de mais de €550.
332. Cf. SCHWARZ, Mattarella premia il creatore dell'app per l'economia sospesa.

em vista essas duas premissas, a seguir, serão apresentados brevemente: alguns dados numéricos, algumas perspectivas em curto e médio prazo para o Projeto *Tucum* e a descrição das principais dificuldades enfrentadas até o momento.

De janeiro de 2020 a junho de 2023, o *App Tucum* e a plataforma *Tucum Together* arrecadaram €38.163,94, dos quais €28.350,00 foram doados a entidades *non profit* credenciadas ao Projeto. Com essas doações, 13 projetos foram beneficiados. O montante colocado em circulação, com o uso do cartão eletrônico *Tucum*, foi de €74.300,00, dos quais €65.600,00 foram disponibilizados pelas entidades associadas (recursos próprios) e €8.700,00 pelo Projeto *Tucum*. A diferença entre o valor angariado e aquele posto em circulação configura um autêntico efeito multiplicador. Esse último é ainda mais significativo se se estima o poder de compra (impulsionado, sobretudo, pelo desconto médio de 15% para as aquisições realizadas com o cartão eletrônico) do valor colocado em circulação (€74.300,00) que é de, aproximadamente, €87.400,00.

Nesse período, entre famílias e indivíduos isolados, foram atendidos 115 beneficiários. Atualmente, 35 beneficiários têm acesso ao cartão de crédito; aproximadamente 12 fundos suspensos (pertencentes, predominantemente, a associações, *Caritas* Diocesanas, cooperativas e centros de atendimento social, sem contar os fundos próprios da *Tucum*-OdV) estão associados ao Projeto *Tucum* e mais de 16 entidades estão credenciadas ao mesmo projeto (dentre elas associações, projetos de cunho missionário e paróquias). No tocante aos comércios e serviços conveniados, o total chega a 60.

Quanto às perspectivas em curto e médio prazo, Salvia indica como prioridade a ampliação da rede criada pelo Projeto *Tucum*. O aumento do número de doadores, de parceiros conveniados (comerciantes e prestadores de serviços) e de entidades associadas e credenciadas depende diretamente do maior contato com as realidades locais e da melhor divulgação dos objetivos, resultados e potencialidades do projeto. Nessa direção, alguns passos importantes estão sendo dados, como o desenvolvimento e o aperfeiçoamento do *App* em língua inglesa e da plataforma digital *Tucum Together*.

Segundo Salvia, dentre as principais dificuldades para dar andamento ao Projeto *Tucum* está o preconceito formulado nas perguntas: as doações chegam realmente ao seu destino? Os pobres são efetivamente ajudados? Outro entrave é a resistência – em especial das pessoas com mais de 50 anos – às novas tecnologias e, assim, ao uso de aplicativos e sistemas de pagamento digital. Por fim, a relutância de algumas organizações em mudar o modo de promover o bem faz com que o Projeto seja visto como um concorrente e não como um parceiro integrador e facilitador[333].

Independentemente dos resultados, dos passos necessários e das dificuldades a serem superadas, a proposta econômica e social colocada em movimento pelo economista Giandonato Salvia é, nas palavras do Papa Francisco, um *canteiro de esperança* "para construir outras maneiras de entender a economia e o progresso, para combater a cultura do descarte, para dar voz a quantos não a têm, para propor novos estilos de vida"[334]. Em sintonia com o Papa e ciente dessa responsabilidade, Salvia sumaria a *Economia Suspensa* do seguinte modo:

> À luz do exposto, seria realmente redutivo conceber a economia suspensa como um novo modelo econômico. Pelo contrário, ela deve ser identificada como uma nova linguagem econômica, nascida para redescobrir o diálogo entre

---

333. Cf. GIANNANDREA, *Progetto Tucum*.
334. FRANCISCO, *Carta para o evento "Economy of Francesco"* (1 maio 2019), 2.

quem perdeu a palavra e quem a tirou, entre quem sempre se empobreceu ao longo do tempo e quem, ao contrário, sempre se enriqueceu[335].

Por fim, cumpre relevar que na inventividade operosa do jovem *pugliese* é possível identificar uma efetiva harmonia entre formação ético-moral (recebida sobretudo no contexto familiar), universo acadêmico (no seu caso, resistente não aos valores cristãos, mas à ideia de uma economia alternativa) e realidade concreta. A conjunção de fé, ciência e prática econômica fraterna ratifica a importância de uma educação moral e socioeconômica atenta às virtudes e, por conseguinte, à dignidade dos últimos, descartados e marginalizados.

---

335. SALVIA, *L'economia sospesa*, 79 (tradução nossa).

Conclusão

Quando se trata de analisar teologicamente a necessária passagem *da idolatria do mercado a uma economia com rosto humano* (preferencialmente orientada aos últimos), a interlocução entre Jung Mo Sung e Papa Francisco revela-se significativamente oportuna. Isso se deve, em grande parte, ao modo como o teólogo coreano-brasileiro critica a idolatria do mercado e aborda as temáticas a ela correlacionadas. Ao adentrar nos mecanismos internos do livre mercado e individuar as suas raízes teológico-espirituais, Sung propõe uma peculiar aproximação entre Teologia e Economia, superando a mera identificação da idolatria do mercado com a elevação do dinheiro e do homem à posição de deuses. Com esse enfoque explicativo, evita a junção forçada de conteúdos teológicos e econômicos, assim como uma moral de princípios desarraigada da realidade.

Em termos específicos, no tocante à crítica à ilusão transcendental cogitada por Sung (seção 2.3, capítulo 1), é interessante notar que a relação opositiva entre a relatividade e a parcialidade dos projetos humanos (como os políticos, econômicos e técnico-institucionais), por um lado, e a absolutez e a plenitude de algumas realidades almejadas (como o Reino de Deus e a sociedade sem injustiças), por outro, dialoga perfeitamente com o teor utópico do primeiro princípio bergogliano (seção 3.2.a, *O tempo é superior ao espaço*, capítulo 2) – derivante da tensão *plenitude-limite* (seção 3.2.a, capítulo 2) –, isto é, *o tempo é superior ao espaço*. Além disso, a reserva de Sung quanto à ruptura políticoeconômica de tipo revolucionário-socialista – ainda no contexto da crítica à ilusão transcendental – concilia-se com o segundo princípio (seção 3.2.a, *A unidade prevalece sobre o conflito*, capítulo 2) da tensão *plenitude-limite*: *a unidade prevalece sobre o conflito*. Todavia, o hiato entre o possível de ser realizado e o teorizado ou idealizado em bases conjecturais reclama o terceiro princípio de Papa Bergoglio, ou seja, *a realidade é mais importante do que a ideia* (seção 3.2.b, capítulo 2).

A essa ordem de importância também está relacionada a crítica à ilusão transcendental do neoliberalismo (seção 3.1, capítulo 1). Nela o teólogo associa o avanço tecnológico – fator potenciador da produtividade, da eficiência e da acumulação de capital – à ideia ilusória de progresso infinito endereçado não ao desenvolvimento integral, mas ao mero crescimento econômico e à satisfação ilimitada dos desejos. Como visto, o Papa Francisco, ao discorrer sobre os paradigmas tecnocrático e tecnoeconômico (tensão *ideia-realidade*), denuncia essa racionalidade tecnicista, instrumentalista e utilitarista.

As considerações de Sung a respeito da inversão éticomoral, resultante da sacralização do mercado e dos pressupostos neoliberais, coadunam-se com a crítica de Francisco à "teoria" da *recaída favorável* (*trickle-down effect*). Conforme essa última, a naturalização do jogo ou egoísmo concorrencial favorece o dinamismo e a eficiência do livre mercado, garantindo o progresso econômico elevado ao *status* de bem comum. Hipoteticamente, até mesmo os mais pobres seriam, de um modo ou de outro, beneficiados, a reboque, com aquilo que "goteja" do alto. Como se sabe, essa "teoria" nunca foi confirmada na realidade vivida.

Ao refletir sobre o processo sacrifical e a insensibilidade social concernentes aos inaptos (*homines superflui*) para participar da lógica do mercado neoliberal (seção 3.3, capítulo 1) – seja como produtores ou como consumidores –, Sung avizinha-se dos conceitos bergoglianos de cultura do descarte e globalização da indiferença (seção 3.1, capítulo 2). Se para o teólogo a insensibilidade funciona como um mecanismo de defesa contra os próprios medos e inseguranças, para Francisco a indiferença impõe-se como estratégia de autopreservação na elidente corrida concorrencial. Já a concepção teológica do atual Bispo de Roma, qualificada por uma índole radical, querigmática, contextual – em consonância com a dinâmica da encarnação do Verbo – e avessa à especulação academicista, nominalista e abstrata, corresponde à forma como Sung entende a Teologia, ou ainda, como ciência igualmente contextualizada, *kenótica*, perplexa e excêntrica. Indubitavelmente, em ambos sobressai uma reflexão teológico-moral em movimento, de fronteira, encarnada e, por isso mesmo, samaritana.

Na Teologia Moral do Papa Francisco, o desvelo para com a centralidade do sujeito moral – perceptível na atenção conferida à sua situação concreta e à sua capacidade de discernimento – é compatível com a ênfase colocada pela Ética das Virtudes na formação progressiva do caráter. A valorização teológica da consciência, aberta ao amadurecimento gradual, é condizente com o destaque dado, pela aludida corrente ética, à elaboração interior do ato moral considerado na complexidade da conduta humana e não em si mesmo.

Nesse quadro formativo propenso às virtudes, o primado da *misericórdia* – segundo a hierarquização tomista retomada por Francisco – e o seu caráter operativo alinham-se, por exemplo, à dimensão sociopolítica da *compaixão*, pois ao propiciar a proximidade com os que sofrem, essa virtude implica o empenho para eliminar a causa dos sofrimentos, promover a justiça, sanar a dignidade ferida e, não menos importante, restabelecer os vínculos comunitários e democráticos. A constatação desse paralelo modelar ajuda a perceber que a formação e o amadurecimento da consciência moral requerem e caminham *pari passu* com a educação à sensibilidade socioeconômica.

A maneira como o Papa Francisco contempla a realidade econômica à luz da fé, valendo-se, sobremodo, dos princípios do bem comum e da destinação universal dos bens, condiz com o sentido substancial da *solidariedade*. Porque suscita a noção de inteireza, totalidade e consistência, essa virtude configura-se como requisito indispensável para a promoção do bem comum em um clima de corresponsabilidade democrática experienciado pelos protagonistas da vida social. Com certeza, os aspectos pactual e cooperativo da solidariedade funcionam como pertinentes e potentes antídotos contra a cultura da indiferença e do descarte.

De acordo com o Papa, um dos fatores determinantes para a existência de uma economia adoecida e homicida é a especulação financeira ávida pela realização de altos lucros em curto prazo, independentemente das exigências da economia real e do bem comum. A crítica à extração de valor ocasionada pela "financeirização" da economia encontra respaldo nas apreciações apresentadas no quarto capítulo, mormente quando é desvelada uma particular transição teórico-prática: a do preço determinado pelo valor ao valor determinado pelo preço (seção 2.2.a, capítulo 3).

No discernimento voltado à edificação de uma economia alternativa, com rosto humano, os dois primeiros princípios bergoglianos – *o tempo é superior ao espaço* e *a unidade prevalece sobre o conflito* –, por pressuporem um planejamento político e econômico em longo prazo e uma mirada regulação do mercado, acordam-se com a visão de Estado estratégico caracterizada como critério primordial no esforço de rearticulação política da prática econômica (seção 2.2.b, capítulo 3).

O Papa Francisco, ao preconizar e propor uma nova interação entre política e economia, tem em vista a hodierna submissão do domínio político aos interesses e imediatismos do universo econômico. Tal entendimento revalida a prevalência da política sobre a economia, ou ainda, uma política econômica ativa e, portanto, coordenada, como apenas mencionado, pela ação estratégica do Estado nas esferas da macroeconomia, da promoção social, da regulamentação e da inovação e capacitação produtiva.

O terceiro princípio bergogliano – *a realidade é mais importante do que a ideia* – e a proposição de uma ecologia integral põem em xeque o encerramento das ciências econômicas nos seus próprios pressupostos, conclamando-as à superação da miopia matemático-fisicista, instrumentalista e pragmatista. Dessa forma, a tensão *realidade-ideia* e a noção de ecologia integral estão estreitamente conectadas com o tema da reconciliação entre ética e economia (seção 2.1, capítulo 3) ou, mais especificamente, com a redefinição epistemológica e teleológica das ciências econômicas (seção 2.1.c, capítulo 3).

Por fim, o apelo do Papa Francisco em prol de uma economia global reordenada – mediante (1) a adoção de novos parâmetros políticos, jurídicos e regulativos e (2) a remodelação das instituições internacionais – interage com o parecer favorável a um tipo de globalização moderada e respeitosa em relação às autonomias nacionais assentadas, preferivelmente, em bases democráticas. De modo conciso, trata-se de uma integração global fundamentada na devida proporção entre o todo e a parte (seção 3.2.c, capítulo 2) e, por consequência, predisposta à cooperação política, comercial e financeira entre países e regiões (seção 2.2.c, capítulo 3).

Um elemento significativo para a consolidação de uma *forma mentis* cooperativa e multilateral, tanto no ambiente nacional quanto no internacional, é o apreço pela cultura do encontro. Como parte constituinte da Moral Socioeconômica de Francisco, a arte do encontro (seção 3.3.c, capítulo 2) pressupõe a abertura à diversidade e a inclinação ao consenso, duas exigências indispensáveis para o fomento de uma política *smart power* contraposta à usual e danosa *hard power*. O que motiva essa transformação paradigmática é, antes de mais nada, a universalização do bem comum.

Sem dúvida, as intuições do Papa Francisco e de Jung Mo Sung convalidam a possibilidade de uma economia de mercado com rosto humano, ou seja, uma economia humanamente digna, eficiente, próspera e competitiva, na qual o valor econômico desempenha um papel relativo, intermediário e inclusivo, irredutível à absolutização do preço, do lucro e da acumulação. Pontualmente, trata-se de uma economia social de mercado, como enfatizado pelos Papas João Paulo II e Francisco e abonado por acadêmicos dedicados ao mundo da economia, como Mariana Mazzucato, Luiz Carlos Bresser-Pereira, Kate Raworth, Rebecca Henderson, Ladislau Dowbor, Dani Rodrik, Bertrand Badré, Michael Griffiths, John Lucas, Christian Felber e Joseph E. Stiglitz.

Decerto, não se chega a esse tipo de economia alternativa à idolatria do mercado por vias improvisadas, como em um passe de mágica. Basta recordar os anos de incubação estratégica do receituário neoliberal antes da sua efetiva aplicação na década de 1970. Nesse sentido, a consecução de uma economia com rosto humano é alcançada com passos aproximativos e resolutos, segundo a lógica da transformação entendida como processo e não como momento ou, para fazer jus à oposição "sociopolar" do Papa Bergoglio, com a consciência de que *o tempo é* sempre *superior ao espaço*.

Essa persistência contínua demanda uma verdadeira *metanoia*, isto é, uma profunda mudança – chamada por Sung de *revolução espiritual* e pelo Papa Francisco de *conversão ecológica integral* – no modo de aperceber, sentir e julgar as situações concretas. Além de uma apropriada orientação ético-política, a transformação no campo econômico requer a indispensável educação à sensibilidade socioeconômica, a começar do ambiente eclesial. Sinal de alento e esperança são as práticas econômicas alicerçadas na solidariedade, a exemplo da *Economia Suspensa*, de Giandonato Salvia.

Como acenado na introdução, a proposição dos três capítulos não teve por objetivo a apresentação de respostas fechadas e exaustivas às variadas problemáticas derivantes do tema principal. Dentre as perspectivas abertas, suscetíveis a um futuro esquadrinhamento, convém ressaltar: a significatividade teológico-antropológica da reconciliação do ser humano com a sua condição limitada segundo Jung Mo Sung; a vinculação direta e indireta do pensamento socioeconômico do Papa Francisco com o precedente Magistério Social da Igreja; o influxo da espiritualidade inaciana, após o Concílio Vaticano II, na opção preferencial de Bergoglio pelos últimos; o conceito de decréscimo do consumo – indicado na *Laudato Si'* – enquanto quesito para o desenvolvimento sustentável; a questão dos bens comuns universais (*commons*) no quadro da ecologia integral; os novos modelos de economia solidária, social, cíclica e ecológica; a reforma do Estado e as novas tendências interpretativas do *welfare state* e do *welfare society*; a pertinência das teorias econômicas de tipo neokeynesiano e, finalmente, a explicação sistemática do nexo entre educação à sensibilidade socioeconômica e formação da consciência moral.

Em conclusão, a despeito dos limites e do necessário aprofundamento temático, o presente ensaio pode ser recebido e tipificado como uma modesta contribuição para a releitura crítica da inter-relação entre Teologia e Economia, duas áreas do conhecimento e da experiência humana aparentemente inconciliáveis. Justamente por isso, as ponderações de Sung e de Francisco, do ponto de vista teológico-moral e socioeconômico, confirmam, iluminam e estimulam a impreterível passagem *"da idolatria do mercado a uma economia com rosto humano"*, precipuamente quando se tem em vista a dignidade dos últimos e excluídos, em conformidade com a protocolar advertência de Jesus: "Cada vez que o fizestes a um desses meus irmãos mais pequeninos, a mim o fizeste (Mt 25,40)".

Bibliografia

Abbà, Giuseppe, *Felicità, vita buona e virtù. Saggio di filosofia morale*, Roma, LAS, ²1995.

—, *Le virtù per la felicità*, Roma, LAS, 2018.

Abbagnano, Nicola, Materialismo dialético, in: *Dicionário de Filosofia*, São Paulo, Martins Fontes, 1999.

Agostino, Mario, Microdonazioni. Un'app per aiutare con la Caritas. Nella tradizione del caffè sospeso, disponível em: <https://www.avvenire.it/economia/pagine/lapp-per-donare-insieme-a-caritas>, acesso em: 29 jun. 2023.

Alonso-Lasheras, Diego, Evangelizzazione ed economia: denuncia e proposta, in: Yáñez, Humberto M. (org.), *Evangelii gaudium: il testo ci interroga. Chiavi di lettura, testimonianze e prospettive*, Roma, Gregorian & Biblical Press, 2014.

Amarante, Alfonso V., Pastoralità come criterio morale, *Studia Moralia*, n. 53/1 (2015) 37-59.

—, Alfonso M. de Liguori e la pastorale della misericordia, in: Wodka, Andrzej S.; Sacco, Filomena (edd.), *"Va' e anche tu fa' lo stesso" (Lc 19,37). Misericordia e vita morale*, Città del Vaticano, Lateran University Press; Roma, Editiones Academiae Alfonsianae, 2017.

— (org.), La vita morale è un'educazione all'umano e non una retorica degli schemi. Intervista al Santo Padre Francesco per la Rivista *Studia Moralia* dell'Accademia Alfonsiana, *Studia Moralia*, n. 58/2 (2020) 219-232.

Anelli, Francesco, *Teologia del popolo. Radici, interpreti, profilo*, Bologna, EDB, 2019.

Aristóteles, *Ética a Nicômaco*, São Paulo, Abril Cultural, 1984.

—, *Política*, Pontinha (Portugal), Vega, 1998.

Arroyo, Francisco M., A IV Conferência de Santo Domingo: entre a suspeita e a esperança, in: Brighenti, Agenor; Passos, João D. (edd.), *Compêndio das conferências dos bispos da América Latina e Caribe*, São Paulo, Paulinas; Paulus, 2018.

Assmann, Hugo, *Teología desde la praxis de la liberación. Ensayo teológico desde la América dependiente*, Salamanca, Sígueme, 1973.

—; Hinkelammert, Franz J., *A idolatria do mercado. Ensaio sobre economia e teologia*, São Paulo, Vozes, 1989.

—; SUNG, JUNG MO, *Competência e sensibilidade solidária: educar para a esperança*, Petrópolis (RJ), Vozes, ³2003.

—; SUNG, JUNG MO, *Deus em nós: o reinado que acontece no amor solidário aos pobres*, São Paulo, Paulus, 2010.

AUTIERO, ANTONIO, Amoris laetitia e la coscienza etica. Una questione di prospettiva, in: GOERTZ, STEPHAN; WITTING, CAROLINE (edd.), *Amoris Laetitia. Un punto di svolta per la teologia morale?*, Milano, San Paolo, 2017.

AIUTI mirati con card della carità, *Famiglia Cristiana*, n. 29 (2020).

AZPITARTE, EDUARDO L., *Fundamentação da ética cristã*, São Paulo, Paulus, 1995.

BADARACCHI, LAURA., *Giandonato Salvia: l'inventore della carità elettronica*, disponível em: <https:// www.famigliacristiana.it/articolo/giandonato-salvia-linventore-della-carita-elettronica.aspx>, acesso em: 29 jun. 2023.

BADRÉ, BERTRAND, *E se la finanza salvasse il mondo? Governare il capitale è possibile*, Milano, Solferino, 2019.

BARILE, GIUSEPPE et al. (edd.), *Enciclopedia dell'Economia*, Milano, Garzanti, ³2011.

BARUCCI, EMILIO, *Chi salverà la finanza. A dieci anni dalla crisi l'etica non basta*, Milano, Egea, 2018.

BECCHETTI, LEONARDO, *Bergoglionomics. La rivoluzione sobria di Papa Francesco*, Roma, Minium fax, 2020.

BENTO XVI, Discurso inaugural (13 maio 2007), in: *Documento de Aparecida: texto conclusivo da V Conferência Geral do Episcopado Latino-Americano e do Caribe*, São Paulo, Paulus, Paulinas; Brasília, Edições CNBB, 2007.

—, Carta encíclica *Caritas in veritate*, 29 jun. 2009, in: AAS 101 (2009) 641-709.

—, Carta apostólica *Porta fidei*, 11 out. 2011, in: AAS 103 (2011) 723-734.

BEOZZO, JOSÉ O., *Pacto das Catacumbas: por uma Igreja servidora e pobre*, São Paulo, Paulinas, 2015.

BERGOGLIO, JORGE M., Prólogo, in: CARRIQUIRY, Guzmán, *Una apuesta por América Latina*, Buenos Aires, Sudamericana, 2005.

—, Prólogo, in: CARRIQUIRY, GUZMÁN, *El bicentenario de la independencia de los países latinoamericanos*, Madrid, Encuentro, 2012.

—; SKORKA, ABRAHAM, *Il cielo e la terra. Il pensiero di Papa Francesco sulla famiglia, la fede e la missione della Chiesa nel XXI secolo*, Milano, Oscar Mondadori, 2014.

—; PAPA FRANCESCO, *Nel cuore di ogni padre. Alle radici della mia spiritualità*, Milano, Rizzoli, 2016.

—, *Dialogos entre Juan Pablo II y Fidel Castro*, Buenos Aires, Ciudad Argentina; Hispania Libros, 2015.

BOFF, CLODOVIS, *Teologia e prática. Teologia do político e suas mediações*, Petrópolis (RJ), Vozes, ²1982.

—, O "Evangelho" de Santo Domingo. Os 10 temas-eixo do Documento da IV CELAM, *Revista Eclesiástica Brasileira*, v. 53, n. 212 (1993) 791-800.

—, *Teoria do método teológico*, Petrópolis (RJ), Vozes, 1998.

—, Teologia da libertação e volta ao fundamento, *Revista Eclesiástica Brasileira*, v. 67, n. 268 (2007) 1001-1022.

—, Volta ao fundamento: réplica, *Revista Eclesiástica Brasileira*, v. 68, n. 272 (2008) 892-927.

BOFF, LEONARDO; BOFF, CLODOVIS, *Como fazer teologia da libertação*, Petrópolis (RJ), Vozes, ⁸2001.

BOGNER, DANIEL, Un cenno di cambiamento. L'ambivalenza della "gradualità" in Amoris laetitia, in: GOERTZ, STEPHAN; WITTING, CAROLINE (edd.), *Amoris Laetitia. Un punto di svolta per la teologia morale?*, Milano, San Paolo, 2017.
BORGHESI, MASSIMO, *Jorge Mario Bergoglio. Una biografia intellettuale*, Milano, Jaca Book, 2017.
——, *Romano Guardini. Antinomia della vita e conoscenza affettiva*, Milano, Jaca Book, 2018.
——, *Francesco. La Chiesa tra ideologia teocon e "ospedale da campo"*, Milano, Jaca Book, 2021.
BOTTURI, FRANCESCO, Fiducia sociale e relazione di cura, in: PISCITELLI, DANIELA; TREVISI, GIUSEPPE (edd.), *Le virtù in azione. Prospettive per il lavoro sociale ed educativo*, Venezia, Marcianum Press, 2021.
BRESSER-PEREIRA, LUIZ C., Sociedade civil: sua democratização para a reforma do Estado, in: ID., et al. (edd.), *Sociedade e Estado em transformação*, Brasília, ENAP; São Paulo, UNESP, 1999.
——, *Globalização e competição. Por que alguns países emergentes têm sucesso e outros não*, Rio de Janeiro, Elsevier, 2009.
——, A democracia não está morrendo: foi o neoliberalismo que fracassou, *Lua Nova*, n. 111 (2020) 51-79.
BRIGHENTI, AGENOR, Documento de Aparecida. O contexto do texto, *Revista Eclesiástica Brasileira*, v. 67, n. 268 (2007) 772-800.
——, A justiça em Medellín e as categorias da tradição eclesial libertadora, in: DE SOUZA, NEY; SBARDELOTTI, EMERSON (edd.), *Medellín: memória, profetismo e esperança na América Latina*, Petrópolis (RJ), Vozes, 2018.
CABRERA, AGUSTÍN O., *La moral social para conocer a Francisco. Misión, espiritualidad y ecología integral*, Perú, Universidad Católica los Ángeles Chimbote; Madrid, Editorial Sindéresis, 2022.
CALIMAN, CLETO, A Conferência de Aparecida: do contexto à recepção, in: BRIGHENTI, AGENOR; PASSOS, JOÃO D. (edd.), *Compêndio das conferências dos bispos da América Latina e Caribe*, São Paulo, Paulinas; Paulus, 2018.
CÁMARA, JAVIER; PFAFFEN, SEBASTIÁN, *Gli anni oscuri di Bergoglio. Una storia sorprendente*, Milano, Àncora, 2016.
CAMPODONICO, ANGELO et. al., *Etica delle virtù. Un'introduzione*, Roma, Carocci editore, 2018.
CAPPELLETTO, NARCISO, I "principi-guida" di Papa Francesco, in: DEL MISSIER, GIOVANNI; FIDALGO, ANTONIO G. (edd.), *Amoris Laetitia. Il Vangelo dell'amore: un cammino da intraprendere…*, Padova, Messaggero di Sant'Antonio, 2018.
CARFORA, ANNA; TANZARELLA, SERGIO, Il metodo di Bergoglio: conseguenze per la teologia, in: MANDREOLI, FABRIZIO (org.), *La Teologia di Papa Francesco. Fonti, metodo, orizzonte e conseguenze*, Bologna, EDB, 2019.
CARLOTTI, PAOLO, "Un chiarimento decisivo". DSC e teologia morale, in: ID.; TOSO, MARIO (edd.), *Per un umanesimo degno dell'amore. Il "Compendio della dottrina sociale della Chiesa"*, Roma, LAS, 2005.
——, *La virtù e la sua etica. Per l'educazione alla vita buona*, Torino, Elledici, 2013.
——, Il Concilio Vaticano II e la teologia morale: le indicazioni sintetiche di Optatam totius, *Gregorianum*, n. 97/3 (2016) 449-470.

———, *La morale di papa Francesco*, Bologna, EDB, 2017.
CASTELLS, MANUEL, Para o Estado-rede: globalização econômica e instituições políticas na era da informação, in: BRESSER-PEREIRA, LUIZ C. et al. (edd.), *Sociedade e Estado em transformação*, Brasília, ENAP; São Paulo, UNESP, 1999.
CATÃO, FRANCISCO, *Santo Domingo: significação e silêncios. A IV Conferência do Episcopado Latino-Americano, 1992: leitura de um ponto de vista leigo*, São Paulo, Paulinas, 1993.
———, *Deus*, São Paulo, WMF Martins Fontes, 2011.
CELAM, *Documentos do CELAM: conclusões das Conferências do Rio de Janeiro, Medellín, Puebla e Santo Domingo*, São Paulo, Paulus, 2004.
———, *Documento de Aparecida: texto conclusivo da V Conferência Geral do Episcopado Latino-Americano e do Caribe*, São Paulo, Paulus, Paulinas; Brasília, Edições CNBB, 2007.
CHANG, HA-JOON, *Economia. Istruzione per l'uso*, Milano, il Saggiatore, 2015.
CIMINELLO, ROMEO, *Come annunciare Dio al mondo dell'economia. L'ordinamento dell'economia secondo i principi cristiani*, Varazze (SV), PM edizioni, 2018.
CINTI, CHRISTIAN, "Tucum", la rivoluzione dell'economia sospesa: così nessuno resta solo, neanche nella povertà, disponível em: <https://www.ternitoday.it/attualita/premio-san-valentino-2022-app-acutis-tucum.html>, acesso: 29 jun. 2023.
CODA, PIERO, *"La Chiesa è il Vangelo". Alle sorgenti della teologia di papa Francesco*, Città del Vaticano, Libreria Editrice Vaticana, 2017.
COMBI, ERNESTO; MONTI, EROS, *Fede e società. Introduzione all'etica sociale*, Milano, Centro Ambrosiano, 2005.
COMISSÃO TEOLÓGICA INTERNACIONAL, *O sensus fidei na vida da Igreja (2011-2014)*, disponível em: <http://www.vatican.va/roman_curia/congregations/cfaith/cti_documents/rc_cti_20140610_sensus-fidei_po.html>, acesso em: 19 jul. 2023.
CONCÍLIO ECUMÊNICO VATICANO II, Constituição dogmática *Lumen gentium*, 21 nov. 1964, in: AAS 57 (1965) 5-71.
———, Decreto *Optatam totius*, 28 out. 1965, in: AAS 58 (1966) 713-727.
———, Constituição *Gaudium et spes*, 7 dez. 1965, in: AAS 58 (1966) 1025-1120.
———, Decreto *Ad gentes*, 7 dez. 1965, in: AAS 58 (1966) 947-990.
CONFERENCIA EPISCOPAL ARGENTINA, *Documento de San Miguel: declaración del episcopado argentino sobre la adaptación a la realidade actual del país, de las conclusiones de la II Conferencia General del Episcopado Latinoamericano (Medellín)*, disponível em: <https://episcopado.org/documentos>, acesso em: 19 jul. 2023.
CONGREGAÇÃO PARA A DOUTRINA DA FÉ, Instrução *Libertatis Nuntius*, 6 ago. 1984, in: AAS 76 (1984) 876-909.
———, Instrução *Libertatis Conscientia*, 22 mar. 1986, in: AAS 79 (1987) 554-599.
———; DICASTÉRIO PARA O SERVIÇO DO DESENVOLVIMENTO HUMANO INTEGRAL, *Oeconomicae et pecuniariae quaestiones*, in: AAS 110 (2018) 769-795.
COROS, COSTANTINO, *Con l'economia "sospesa" ora il pane si può donare con un'app*, disponível em: <http://appacutis.it/doc/Avvenire_2019-10-16.pdf>, acesso em: 29 jun. 2023.
CORTINA, ADELA, *Aporofobia, a aversão ao pobre: um desafio para a democracia*, São Paulo, Contracorrente, 2020.

COTTARELLI, CARLO, *Chimere. Sogni e fallimenti dell'economia*, Milano, Feltrinelli, 2023.
COUTINHO, SÉRGIO R., "Uma igreja em estado de perseguição". Uma década de opressão e resistência, entre Medellín e Puebla (1968-1979), in: DE SOUZA, NEY; SBARDELOTTI, EMERSON (edd.), *Puebla: Igreja na América Latina e no Caribe. Opção pelos pobres, libertação e resistência*, Petrópolis (RJ), Vozes, 2019.
COZZI, ALBERTO, A verdade de Deus e do homem em Cristo. O aspeto teológico e antropológico na cristologia de J. Bergoglio, in: ID. et al. (edd.), *Papa Francisco, que teologia?*, Prior Velho (Portugal), Paulinas, 2017.
CUCCULELLI, FABIO, *Economia civile, sociale, solidale*, disponível em: <https://www.benecomune.net/rivista/rubriche/parole/economia-civile-sociale-solidale/#:~:text=Il%20sistema%20su%20cui%20si,assunto%20forme%20e%20connotazioni%20differenti>, acesso em: 29 jun. 2023.
DE ALMEIDA, ANTÔNIO J., A primeira conferência geral dos bispos da América Latina: Rio de Janeiro, 1955, in: BRIGHENTI, AGENOR; PASSOS, JOÃO D. (edd.), *Compêndio das conferências dos bispos da América Latina e Caribe*, São Paulo, Paulinas; Paulus, 2018.
DE ANDRADE, PAULO FERNANDO C., Opção pelos pobres no Magistério. Pensamento social católico do Vaticano II à Conferência de Aparecida, *Concilium*, n. 361 (2015) 27-37.
DE AQUINO JÚNIOR, FRANCISCO, *Igreja dos pobres*, São Paulo, Paulinas, 2018.
DE MELO, ANTÔNIO A., Opção preferencial pelos pobres e excluídos: do Concílio Vaticano II ao Documento de Aparecida, *Revista Eclesiástica Brasileira*, v. 68, n. 269 (2008) 21-39.
DE OLIVEIRA, MANFREDO A., *Ética e economia*, São Paulo, Ática, 1995.
——, O novo humanismo segundo o papa Francisco, in: GUIMARÃES, JOAQUIM GIOVANI M. et al. (edd.), *O novo humanismo: paradigmas civilizatórios para o século XXI a partir do papa Francisco*, São Paulo, Paulus, 2022.
DE PIERO, SERGIO, Medellín en el contexto político de los años 60, in: SCANNONE, JUAN C. et al. (edd.), *Actualidad de Medellín: una relectura para el presente y el futuro de los pueblos latinoamericanos*, Buenos Aires, Ediciones CICCUS, 2020.
DE SAES, FLÁVIO AZEVEDO M.; SAES, ALEXANDRE M., *História econômica geral*, São Paulo, Saraiva, 2013.
DE SOUZA, NEY, Notas sobre os antecedentes históricos da Conferência de Medellín, in: ID.; SBARDELOTTI, EMERSON (edd.), *Medellín: memória, profetismo e esperança na América Latina*, Petrópolis (RJ), Vozes, 2018.
——, "Pobreza da Igreja": história e teologia do Documento 14 da Conferência de Medellín, *Caminhos*, v. 17, n. 2, (2019) 727-740.
——, Puebla, antecedentes e evento, in: ID.; SBARDELOTTI, EMERSON (edd.), *Puebla: Igreja na América Latina e no Caribe. Opção pelos pobres, libertação e resistência*, Petrópolis (RJ), Vozes, 2019.
——, Lercaro e a Igreja dos Pobres, *Revista de Cultura Teológica*, n. 99 (2021) 11-23.
DE VIRGILIO, GIUSEPPE, Solidarietà, *Rivista di Teologia Morale*, n. 123 (1999) 439-447.
DI ZANNI, CENZIO, *Caritas, la solidarietà viaggia sullo smartphone: l'esperimento per donare un pasto ai bisognosi con un'app*, disponível em: <https://bari.repubblica.it/cronaca/2019/01/22/news/caritas_solidarieta_4_0-217172886/>, acesso em: 29 jun. 2023.

Dowbor, Ladislau, Além do coronavírus, in: Tostes, Anjuli; Melo Filho, Hugo (edd.), *Quarentena: reflexões sobre a pandemia e depois*, Bauru, Projeto Editorial Praxis, 2020.

———, *Pão nosso de cada dia: opções econômicas para sair da crise*, São Paulo, Autonomia Literária, 2021.

Downing, Andrew, La storia e l'orizzonte aperto del futuro, in: Tenace, Michelina (org.), *Dal chiodo alla chiave. La Teologia fondamentalde di Papa Francesco*, Città del Vaticano, Libreria Editrice Vaticana, 2017.

Encyclopaedia Britannica, *Paul Samuelson*, disponível em: <https://www.britannica.com/biography/Paul-Samuelson>, acesso em: 17 maio 2023.

Faggioli, Massimo, Cattolici negli USA di Donald Trump, in: Spadaro, Antonio, *Il nuovo mondo di Francesco. Come il Vaticano sta cambiando la politica globale*, Venezia, Marsilio Nodi, 2018.

Felber, Christian, *Un'altra economia per un nuovo mondo. Fondamenti di una scienza economica olistica*, Sansepolcro, Aboca, 2021.

Felice, Flavio, La sfida inclusiva di Papa Francesco, in: I Laterani, Evangelii gaudium: *una lettura teologico-pastorale*, Città del Vaticano, Lateran University Press, 2015.

Felisini, Daniela, Stato e istituzioni nell'economia globale nei secoli XX e XXI, in: Fumian, Carlo; Giuntini, Andrea (edd.), *Storia economica globale del mondo contemporaneo*, Roma, Carocci editore, 2019.

Feliu, Gaspar; Sudrià, Carles, *Introduzione alla storia economica mondiale*, Padova, CEDAM, 2013.

Ferreira, Reuberson, Puebla: uma visão sociocultural da realidade latino-americana, ontem e hoje!, in: De Souza, Ney; Sbardelotti, Emerson (edd.), *Puebla: Igreja na América Latina e no Caribe. Opção pelos pobres, libertação e resistência*, Petrópolis (RJ), Vozes, 2019.

Franco, Massimo, Il caso nordamericano, in: Riccardi, Andrea (org.), *Il cristianesimo al tempo di papa Francesco*, Bari, GLF Editori Laterza, 2018.

Frechina, Enrique L., *Una economía que mata. El Papa Francisco y el dinero*, Madrid, PPC, 2015.

Freire, Paulo, *Pedagogia do oprimido*, São Paulo, Paz e Terra, 2005.

———, *Pedagogia da autonomia: saberes necessários à prática educativa*, São Paulo, Paz e Terra, 2011.

Frieden, Jeffry A., *Capitalismo global: história econômica e política do século XX*, Rio de Janeiro, Zahar, 2008.

Fumagalli, Aristide, *Camminare nell'amore. La teologia morale di papa Francesco*, Città del Vaticano, Libreria Editrice Vaticana, 2017.

Gallo, Luis A., *Il cammino del Vangelo nel continente della speranza*, Roma, LAS, 2016.

Gasda, Élio E., Essa economia mata (EG, 53): crítica teológica do capitalismo inviável, *Perspectiva Teológica*, v. 49, n. 3 (2017) 573-587.

Gatti, Guido, *Questioni di etica dell'economia*, Roma, LAS, 1997.

Gauthier, André, *L'economia mondiale dal 1945 ad oggi*, Bologna, il Mulino, 1998.

Gebara, Ivone; Sung, Jung Mo, *Direitos humanos e amor ao próximo: textos teológicos em diálogo com a vida real*, São Paulo, Recriar, 2020.

GERA, LUCIO, *La religione del popolo. Chiesa, teologia e liberazione in America Latina*, Bologna, EDB, 2015.
GERL, HANNA-BARBARA, Vita che regge alla tensione. La dottrina di Romano Guardini sull'opposizione polare, in: GUARDINI, ROMANO, *L'opposizione polare: saggio per una filosofia del concreto vivente*, Brescia, Morcelliana, 1997.
———, *Romano Guardini. La vita e l'opera*, Brescia, Morcelliana, 2018.
GIANNANDREA, ANGELA, *Progetto Tucum: tecnologia ed economia sospesa insieme per combattere la povertà*, disponível em: <https://www.italiachecambia.org/2022/12/progetto-tucum-poverta/>, acesso em: 30 jun. 2023.
GIOVANNONI, MARCO, Il método di Bergoglio: conseguenze per la pastorale e la vita della chiesa in Italia, in: MANDREOLI, FABRIZIO (org.), *La Teologia di Papa Francesco. Fonti, metodo, orizzonte e conseguenze*, Bologna, EDB, 2019.
GIUS, ERMINIO, *Compassione*, Bologna, EDB, 2019.
GONÇALVES, ALEXANDRE, Irmão de Leonardo Boff defende Bento 16 e critica Teologia da Libertação, *Folha de São Paulo*, São Paulo, 11 mar. 2013.
GRAZIOLA, GIANCARLO, Marginalismo, in: BARILE, GIUSEPPE et al. (edd.), *Enciclopedia dell'Economia*, Milano, Garzanti, ³2011.
GRIFFITHS, MICHAEL; LUCAS, JOHN, *L'economia del valore. La nuova sfida del capitalismo moderno*, Milano, Mondadori, 2020.
GRISALES, GUILLERMO C., Medellín: un camino de fe eclesial concreta, *Theologica Xaveriana*, n. 89 (1988) 327-340.
GRUPO DE TRABALHO DA SOCIEDADE CIVIL PARA A AGENDA 2030, V Relatório Luz da Sociedade Civil, Agenda 2030 de desenvolvimento sustentável Brasil, disponível em: <https://brasilnaagenda2030.files.wordpress.com/2021/07/por_rl_2021_completo_vs_03_lowres.pdf>, acesso em: 27 jun. 2023.
GUARDINI, ROMANO, *L'opposizione polare: saggio per una filosofia del concreto vivente*, Brescia Morcelliana, 1997.
GUTIÉRREZ, GUSTAVO, Teología y ciencias sociales, *Páginas*, n. 63/64 (1984) 4-15.
———, Bento XVI e a opção pelo pobre, *Revista Eclesiástica Brasileira*, v. 67, n. 268 (2007) 1032-1038.
———, Guardare lontano, in: ID., *Teologia della Liberazione. Prospettive*, Brescia, Queriniana, 2012.
HENDERSON, REBECCA, *Nel mondo che brucia. Ripensare il capitalismo per la sopravvivenza del pianeta*, Roma, Sustain, 2020.
HERRÁN, GUILHERMO LEÓN E., Necesidad de impregnar con el Evangelio los ámbitos político, económico y cultural, in: PONTIFICIA COMMISSIO PRO AMERICA LATINA, *Aparecida 2007. Luces para América Latina*, Città del Vaticano, Libreria Editrice Vaticana, 2008.
HUGON, PAUL, *História das doutrinas econômicas*, São Paulo, Atlas, 1989.
HUNT, EMERY K.; SHERMAN, HOWARD J., *História do pensamento econômico*, Petrópolis (RJ), Vozes, 1995.
INSERO, WALTER, *Il popolo secondo Francesco. Una rilettura ecclesiologica*, Città del Vaticano, Libreria Editrice Vaticana, 2018.
ISNARD, CLEMENTE JOSÉ C.; Santo Domingo, in *Revista Eclesiástica Brasileira*, v. 53, n. 209 (1993) 150-153.
IVEREIGH, AUSTEN, *Francisco, o grande reformador: os caminhos de um Papa radical*, Amadora, Vogais, 2015.

João XXIII, Mensagem radiofônica a todos os fiéis católicos, a um mês da abertura do Concílio (11 set. 1962), in: Vaticano II, Mensagens, discursos e documentos, São Paulo, Paulinas, ²2007.
——, Discurso na abertura solene do SS. Concílio (11 out. 1962), disponível em: <https://www.vatican.va/content/john-xxiii/pt/speeches/1962/documents/hf_j-xxiii_spe_19621011_opening-council.html>, acesso em: 19 jul. 2023.
João Paulo II, Discurso inaugural (28 jan. 1979), in: Celam, Documentos do CELAM: conclusões das Conferências do Rio de Janeiro, Medellín, Puebla e Santo Domingo, São Paulo, Paulus, 2004.
——, Discurso al embajador de la República Federal de Alemania (8 nov. 1990), disponível em: <https://www.vatican.va/content/john-paul-ii/es/speeches/1990/november/documents/hf_jp-ii_spe_19901108_amb-germania.html>, acesso em: 20 jul. 2023.
——, Carta encíclica *Centesimus annus*, 1 maio 1991, in: AAS 83 (1991) 793-867, disponível em: <https://www.vatican.va/content/john-paul-ii/pt/encyclicals/documents/hf_jp-ii_enc_01051991_centesimus-annus.html>, acesso em: 19 fev. 2024.
Jorquera, Erick O., La cultura del encuentro y de la reciprocidad como camino de conversión económica y pastoral del papa Francisco, *Razón, Amor y Trascendencia*, n. 5 (2017) 7-14.
Kasper, Walter, *Papa Francisco. A revolução da misericórdia e do amor. Raízes teológicas e perspectivas pastorais*, Prior Velho, Paulinas, 2015.
Keller, Miguel Á., A Conferência de Puebla: contexto, preparação, realização, conclusões, recepção, in: Brighenti, Agenor; Passos, João D. (edd.), *Compêndio das conferências dos bispos da América Latina e Caribe*, São Paulo, Paulinas; Paulus, 2018.
Kenton, Will, *Who was Friedrick Hayek?*, disponível em: <https://www.investopedia.com/terms/f/friedrich-hayek.asp>, acesso em: 17 maio 2023.
Klein, Naomi, *La Doctrina del Shock. El auge del capitalismo del desastre*, Barcelona, Paidós, 2007.
Kuhn, Thomas S., *A estrutura das revoluções científicas*, São Paulo, Perspectiva, 1998.
Lacoste, Jean-Yves, Esperança, in: Id. (org.), *Dicionário crítico de teologia*, São Paulo, Paulinas; Loyola, 2004.
Ladaria, Luis F., *O Deus vivo e verdadeiro: mistério da Trindade*, São Paulo, Loyola, 2005.
Lercaro, Giacomo, Chiesa e povertà (6 dez. 1962), in: Marotta, S. (org.), *Per la forza dello Spirito. Discorsi conciliari*, Bologna, EDB, 2014.
Libanio, João B., *Conferências Gerais do Episcopado Latino-Americano: do Rio de Janeiro a Aparecida*, São Paulo, Paulus, 2007.
Lodovici, Giacomo S., *Il ritorno delle virtù. Temi salienti della Virtue Ethics*, Bologna, Edizioni Studio Domenicano, 2009.
Lorefice, Corrado, La Chiesa povera e dei poveri. L'eredità del Concilio Vaticano II e la morale terapeutica per l'umanità di oggi, *Studia Moralia*, n. 54/2 (2016) 173-197.
Luciani, Rafael, *El Papa Francisco y la teología del pueblo*, Madrid, PPC, 2016.
Luzio dos Santos, Luís M., *Ética e democracia econômica: caminhos para a socialização da economia*, São Paulo, Ideias & Letras, 2021.

MACARIO, LORENZO, *Educare. Guidare a vivere nella verità e nell'amore*, Roma, Logos Press, 2003.
MACINTYRE, ALASDAIR, *Dopo la virtù. Saggio di teoria morale*, Roma, Armando Editore, 2007.
MAJORANO, SABATINO, Aiutare tutti a camminare con gioia nella via del bene. Papa Francesco all'Accademia Alfonsiana, *Studia Moralia*, n. 57/1 (2019) 17-32.
MANDREOLI, FABRIZIO, Un approfondimento sull'orizzonte e su alcune radici "europee" della teologia di Papa Francesco, in: ID. (org.), *La Teologia di Papa Francesco. Fonti, metodo, orizzonte e conseguenze*, Bologna, EDB, 2019.
MANZATTO, ANTONIO, Opção preferencial pelos pobres, in: BRIGHENTI, AGENOR; PASSOS, JOÃO D. (edd.), *Compêndio das conferências dos bispos da América Latina e Caribe*, São Paulo, Paulinas; Paulus, 2018.
—, Opção preferencial pelos pobres, in: DE SOUZA, NEY; SBARDELOTTI, EMERSON (edd.), *Puebla: Igreja na América Latina e no Caribe. Opção pelos pobres, libertação e resistência*, Petrópolis (RJ), Vozes, 2019.
MANZONE, GIANNI, *Il mercato. Teorie economiche e dottrina sociale della Chiesa*, Brescia, Queriniana, 2001.
—, Il ruolo della Chiesa nella *governance* globale, *Rivista di Teologia Morale*, n. 184 (2014) 565-573.
MARIN, MAURIZIO, Il fondamento etico dell'economia nel trattato aristotelico ad essa dedicato, *Salesianum*, n. 76 (2014) 399-416.
MARRAZZO, DONATA, *Dal caffè ai biglietti del cinema, l'economia sospesa tra marketing e solidarietà*, disponível em: <https://www.ilsole24ore.com/art/dal-caffe-biglietti-cinema-l-economia-sospesa-marketing-e-solidarieta-AChxsrBB>, acesso em: 29 jun. 2023.
MAZZUCATO, MARIANA, *Il valore di tutto. Chi lo produce e chi lo sottrae nell'economia globale*, Bari, GLF Editori Laterza, 2018.
—, *Non sprechiamo questa crisi*, Bari, GLF Editori Laterza, 2020.
—, *Missione economia. Una guida per cambiare il capitalismo*, Bari, GLF Editori Laterza, 2021.
MCKEEVER, MARTIN, La fenomenologia e la misericordia, in: WODKA, ANDRZEJ S.; SACCO, FILOMENA (edd.), *"Va' e anche tu fa' lo stesso" (Lc 19,37). Misericordia e vita morale*, Città del Vaticano, Lateran University Press; Roma, Editiones Academiae Alfonsianae, 2017.
MEALLA, ELOY, Medellín: contexto y proyección, in: SCANNONE, JUAN C. et al. (edd.), *Actualidad de Medellín: una relectura para el presente y el futuro de los pueblos latinoamericanos*, Buenos Aires, Ediciones CICCUS, 2020.
MERKS, KARL-WILHELM, Steccati pieni di buchi? Sulla validità generale delle norme morali, in: Amoris laetitia, in: GOERTZ, STEPHAN; WITTING, CAROLINE (edd.), *Amoris Laetitia. Un punto di svolta per la teologia morale?*, Milano, San Paolo, 2017.
MOCHON, FRANCISCO; TROSTER, ROBERTO L., *Introdução à economia*, São Paulo, Makron Books, 1994.
MORRA, STELLA, Un popolo fedele tra i popoli: elementi di ecclesiologia fondamentale, in: TENACE, MICHELINA (org.), *Dal chiodo alla chiave. La Teologia fondamentale di Papa Francesco*, Città del Vaticano, Libreria Editrice Vaticana, 2017.

Mortari, Luigina; Ubbiali, Marco, Educare alle virtù. Linee per un'etica della cura, in: Piscitelli, Daniela; Trevisi, Giuseppe (edd.), *Le virtù in azione*. Prospettive per il lavoro sociale ed educativo, Venezia, Marcianum Press, 2021.

Murad, Afonso, Documento de Santo Domingo: princípios hermenêuticos de leitura, *Perspectiva Teológica*, n. 65 (1993) 11-29.

Nações Unidas Brasil, Os objetivos de desenvolvimento sustentável no Brasil, disponível em: <https://brasil.un.org/pt-br/sdgs>, acesso em: 27 jun. 2023.

Nanni, Carlo, Educazione, in: Prellezo, José M. et al. (edd.), *Dizionario di scienze dell'educazione*, Roma, LAS, ²2008.

Narvaja, José L., Un avvicinamento alla comprensione dell'immagine "mítica" di popolo: Bergoglio, Guardini e Dostoevskij, in: Mandreoli, Fabrizio (org.), *La Teologia di Papa Francesco. Fonti, metodo, orizzonte e conseguenze*, Bologna, EDB, 2019.

Neirotti, Nerio, Derivaciones sociales y políticas de Medellín. El sinuoso camino hacia una sociedade más justa, in: Scannone, Juan C. et al. (edd.), *Actualidad de Medellín: una relectura para el presente y el futuro de los pueblos latinoamericanos*, Buenos Aires, Ediciones CICCUS, 2020.

Palladino, Emilia, Laici e società contemporanea. Metodo e bilancio a cinquant'anni dal concilio, Assisi, Citadella Editrice, 2013.

Papa Francesco, La fede non è casistica. Meditazione mattutina nella cappella della Domus Sanctae Marthae (21 fev. 2014), disponível em: <https://www.vatican.va/content/francesco/it/cotidie/2014/documents/papa-francesco-cotidie_20140221_fede-non-casistica.html>, acesso em: 19 jul. 2023.

—, Dio non è un'equazione. Meditazione mattutina nella cappella della Domus Sanctae Marthae (20 maio 2016), disponível em: <https://www.vatican.va/content/francesco/it/cotidie/2016/documents/papa-francesco-cotidie_20160520_dio-non-equazione.html>, acesso em: 19 jul. 2023.

—, "Avere coraggio e audacia profetica". Dialogo di papa Francesco con i gesuiti riuniti nella 36ª Congregazione Generale, *La Civiltà Cattolica*, v. 4, n. 3.995 (2016) 417-431.

—, Prefazione, in: Zanzucchi, Michele (org.), *Potere e denaro. La giustizia sociale secondo Bergoglio*, Roma, Città Nuova, 2018.

—, Discorso a un gruppo di imprenditori dalla Spagna (17 out. 2022), disponível em: <https://www.vatican.va/content/francesco/it/speeches/2022/october/documents/20221017-imprenditori-spagna.html>, acesso em: 20 jul. 2023.

—, Discorso ai membri del "Consejo Empresarial de América Latina" (1 jun. 2023), disponível em: <https://www.vatican.va/content/francesco/it/speeches/2023/june/documents/20230601-consejo-empresarial.html>, acesso em: 20 jul. 2023.

—, Noi come cittadini, noi come popolo. Verso un bicentenario in giustizia e solidarietà 2010-2016, Città del Vaticano, Libreria Editrice Vaticana; Milano, Jaca Book, 2013.

—, Condurre nelle grandi e nelle piccole circostanze, in: Gallo, M. (org.), *Papa Francesco – Jorge Mario Bergoglio. Pastorale sociale*, Milano, Jaca Book, 2015.

—, Una istituzione che vive il suo carisma. Discorso di apertura della congregazione provinciale (18 fev. 1974), in: Gallo, M. (org.), *Papa Francesco – Jorge Mario Bergoglio. Pastorale sociale*, Milano, Jaca Book, 2015.

—; IVEREIGH, AUSTEN, *Ritorniamo a sognare. La strada verso un futuro migliore*, Milano, Piemme, 2020.

PAPA FRANCISCO, *Encontro com os representantes dos meios de comunicação social* (16 mar. 2013), disponível em: <https://www.vatican.va/content/francesco/pt/speeches/2013/march/documents/papa-francesco_20130316_rappresentanti-media.html>, acesso em: 21 jul. 2023.

—, Carta encíclica *Lumen Fidei*, 29 jun. 2013, in: AAS 105 (2013) 555-596.

—, *Discurso aos bispos responsáveis do Conselho Episcopal Latino-Americano (CELAM) por ocasião da reunião geral de coordenação* (28 jul. 2013), disponível em: <https://www.vatican.va/content/francesco/pt/speeches/2013/july/documents/papa-francesco_20130728_gmg-celam-rio.html>, acesso em: 19 jul. 2023.

—, Exortação apostólica *Evangelii gaudium*, 24 nov. 2013, in AAS 105 (2013) 1019-1137.

—, *Mensagem para a celebração do XLVII dia mundial da paz. Fraternidade, fundamento e caminho para a paz* (8 dez. 2013), disponível em: <https://www.vatican.va/content/francesco/pt/messages/peace/documents/papa-francesco_20131208_messaggio-xlvii-giornata-mondiale-pace-2014.html>, acesso em: 19 jul. 2023.

—, *Discurso à comunidade da Pontifícia Universidade Gregoriana e dos Institutos Consagrados* (10 abr. 2014), disponível em: <https://www.vatican.va/content/francesco/pt/speeches/2014/april/documents/papa-francesco_20140410_universita-consortium-gregorianum.html>, acesso em: 19 jul. 2023.

—, *Diálogo com os alunos dos pontifícios colégios e internatos de Roma* (12 maio 2014), disponível em: <https://www.vatican.va/content/francesco/pt/speeches/2014/may/documents/papa-francesco_20140512_pontifici-collegi-convitti.html>, acesso em: 19 jul. 2023.

—, *Discurso ao parlamento europeu* (25 nov. 2014), disponível em: <https://www.vatican.va/content/francesco/pt/speeches/2014/november/documents/papa-francesco _20141125_strasburgo-parlamento-europeo.html>, acesso em: 19 jul. 2023.

—, *Carta por ocasião do centenário da faculdade de teologia da Pontifícia Universidade Católica Argentina* (3 mar. 2015), disponível em <http://www.vatican.va/content/francesco/pt/letters/2015/documents/papa-francesco_20150303_lettera-universita-cattolica-argentina.html>, acesso em: 19 jul. 2023.

—, *Discurso ao movimento comunhão e libertação* (7 mar. 2015), disponível em: <https://www.vatican.va/content/francesco/pt/speeches/2015/march/documents/papa-francesco_20150307_comunione-liberazione.html>, acesso em: 19 jul. 2023.

—, Bula *Misericordiae vultus*, 11 abr. 2015, in: AAS 107 (2015) 399-420.

—, Carta encíclica *Laudato si'*, 24 mai. 2015, in AAS 107 (2015), 847-945.

—, *Encontro com a sociedade civil – Equador* (7 jul. 2015), disponível em: <https://www.vatican.va/content/francesco/pt/july/documents/papa-francesco_20150 707_ecuador-societa-civile.html>, acesso em: 19 jul. 2023.

—, *Encontro com sacerdotes, religiosos, religiosas e seminaristas – Bolívia* (9 jul. 2015), disponível em: <https://www.vatican.va/content/francesco/pt/speeches/2015/july/documents/papa-francesco_20150709_bolivia-religiosi.html>, acesso em: 19 jul. 2023.

——, *Participação ao II encontro mundial dos movimentos populares – Bolívia* (9 jul. 2015), disponível em: <http://www.vatican.va/content/francesco/pt/speeches/2015/july/documents/papa-francesco_20150709_bolivia-movimenti-popolari.html>, acesso em: 19 jul. 2023.

——, *Encontro com os representantes da sociedade civil – Paraguai* (11 jul. 2015), disponível em: <https://www.vatican.va/content/francesco/pt/speeches/2015/july/documents/papa-francesco_20150711_paraguay-societa-civile.html>, acesso em: 19 jul. 2023.

——, *Mensagem ao congresso internacional de teologia – Pontifícia Universidade Católica Argentina* (1-3.9.2015), disponível em: <https://www.vatican.va/content/francesco/pt/messages/pont-messages/2015/documents/papa-francesco_20150903_videomessaggio-teologia-buenos-aires.html>, acesso em: 19 jul. 2023.

——, *Mensagem para a quaresma de 2016. "Prefiro a misericórdia ao sacrifício" (Mt 9,13). As obras de misericórdia no caminho jubilar* (4 out. 2015), disponível em: <https://www.vatican.va/content/francesco/pt/messages/lent/documents/papa-francesco_20151004_messaggio-quaresima2016.html>, acesso em: 19 jul. 2023.

——, *Encontro com os participantes do V Congresso da Igreja Italiana* (10 nov. 2015), disponível em: <https://www.vatican.va/content/francesco/pt/speeches/2015/november/documents/papa-francesco_20151110_firenze-convegno-chiesa-italiana.html>, acesso em: 20 jul. 2023.

——, Exortação apostólica *Amoris laetitia*, 19 mar. 2016, in: AAS 108 (2016) 311-446, disponível em: <https://www.vatican.va/content/francesco/pt/apost_exhortations/documents/papa-francesco_esortazione-ap_20160319_amoris-laetitia.html#_ftn346>, acesso em: 19 fev. 2024.

——, *Carta ao cardeal Marc Ouellet, presidente da pontifícia comissão para a América Latina* (19 mar. 2016), disponível em: <https://www.vatican.va/content/francesco/pt/letters/2016/documents/papa-francesco_20160319_pont-comm-america-latina.html>, acesso em: 19 jul. 2023.

——, *Entrega do prêmio Carlo Magno* (6 maio 2016), disponível em: <https://www.vatican.va/content/francesco/pt/speeches/2016/may/documents/papa-francesco_20160506_premio-carlo-magno.html>, acesso em: 19 jul. 2023.

——, Carta apostólica *Misericordia et misera*, 20 nov. 2016, in: AAS 108 (2016) 1311-1327.

——, *Discurso no encontro com o clero da Diocese de Roma* (2 mar. 2017), disponível em: <https://www.vatican.va/content/francesco/pt/speeches/2017/march/documents/papa-francesco_20170302_parroci-roma.html>, acesso em: 19 jul. 2023.

——, Constituição apostólica *Veritatis Gaudium*, 8 dez. 2017, in: AAS 110 (2018) 1-41.

——, *Discurso à Associação Teológica Italiana* (29 dez. 2017), disponível em: <https://www.vatican.va/content/francesco/pt/speeches/2017/december/documents/papa-francesco_20171229_associazione-teologica-italiana.html>, acesso em: 19 jul. 2023.

——, Exortação apostólica *Gaudete et exsultate*, 19 mar. 2018, in: AAS 110 (2018) 1111-1161, disponível em: <https://www.vatican.va/archive/hist_councils/ii_vatican_council/documents/vat-ii_const_19651207_gaudium-et-spes_po.html>, acesso em: 19 fev. 2024.

——, *Discurso aos participantes no simpósio nacional sobre "a teologia da ternura de Papa Francisco"* (13 set. 2018), disponível em: <https://www.vatican.va/content/francesco/pt/speeches/2018/september/documents/papa-francesco_20180913_convegno-tenerezza.html>, acesso em: 19 jul. 2023.

——, *Discurso aos professores e aos estudantes da Academia Afonsiana – Instituto Superior de Teologia* (9 fev. 2019), disponível em: <https://www.vatican.va/content/francesco/pt/speeches/2019/february/documents/papa-francesco_20190209_accademia-alfonsiana.html>, acesso em: 19 jul. 2023.

——, *Carta para o evento "Economy of Francesco"* (1 maio 2019), disponível em: <https:// www.vatican.va/content/francesco/pt/letters/2019/documents/papa-francesco_20190501_giovani-imprenditori.html>, acesso em: 20 jul. 2023.

——, *Discurso ao conselho por um capitalismo inclusivo* (11 nov. 2019), disponível em: <https://www.vatican.va/content/francesco/pt/speeches/2019/november/documents/papa-francesco_20191111_consiglio-capitalismo-inclusivo.html>, acesso em: 20 jul. 2023.

——, *Discurso aos participantes no congresso mundial da Associação Internacional de Direito Penal* (15 nov. 2019), disponível em: <https://www.vatican.va/content/francesco/pt/speeches/2019/november/documents/papa-francesco_20191115_diritto-penale.html>, acesso em: 20 jul. 2023.

——, *Discurso aos membros da comissão teológica internacional* (29 nov. 2019), disponível em: <http://www.vatican.va/content/francesco/pt/speeches/2019/november/documents/papa-francesco_20191129_commissione-teologica.html>, acesso em: 19 jul. 2023.

——, Exortação apostólica pós-sinodal *Querida Amazônia*, 2 fev. 2020, in: AAS 112 (2020) 231-273.

——, *Mensagem aos fiéis brasileiros por ocasião da Campanha da Fraternidade 2020* (26 fev. 2020), disponível em: <http://www.vatican.va/content/francesco/pt/messages/pont-messages/2020/documents/papa-francesco_20200226_messaggio-fraternita-brasile.html>, acesso em: 19 jul. 2023.

——, *Audiência geral. Catequese – "Curar o mundo": introdução* (5 ago. 2020), disponível em: <https://www.vatican.va/content/francesco/pt/audiences/2020/documents/papa-francesco_20200805_udienza-generale.html>, acesso em: 20 jul. 2023.

——, *Audiência geral. Catequese – "Curar o mundo": fé e dignidade humana* (12 ago. 2020), disponível em: <https://www.vatican.va/content/francesco/pt/audiences/2020/documents/papa-francesco_20200812_udienza-generale.html>, acesso em: 19 jul. 2023.

——, *Audiência geral. Catequese – "Curar o mundo": a opção preferencial pelos pobres e a virtude da caridade* (19 ago. 2020), disponível em: <https://www.vatican.va/content/francesco/pt/audiences/2020/documents/papa-francesco_20200819_udienza-generale.html>, acesso em: 20 jul. 2023.

——, *Audiência geral. Catequese – "Curar o mundo": o destino universal dos bens e a virtude da esperança* (26 ago. 2020), disponível em: <https://www.vatican.va/content/francesco/pt/audiences/2020/documents/papa-francesco_20200826_udienza-generale.html>, acesso em: 20 jul. 2023.

——, *Mensagem aos participantes no Fórum da "European House – Ambrosetti"* (27 ago. 2020), disponível em: <https://www.vatican.va/content/francesco/pt/messages/pont-messages/2020/documents/papa-francesco_20200827_messaggio-europeanhouseambrosetti.html>, acesso em: 20 jul. 2023.

―, *Audiência geral. Catequese – "Curar o mundo": a solidariedade e a virtude da fé* (2 set. 2020), disponível em: <https://www.vatican.va/content/francesco/pt/audiences/2020/documents/papa-francesco_20200902_udienza-generale.html>, acesso em: 20 jul. 2023.

―, Carta encíclica *Fratelli tutti*, 3 out. 2020, in: AAS 112 (2020) 969-1074, disponível em: <https://www.vatican.va/content/francesco/pt/encyclicals/documents/papa-francesco_20201003_enciclica-fratelli-tutti.html>, acesso em: 19 fev. 2024.

―, *Discurso à Cúria Romana para as felicitações de natal* (21 dez. 2020), disponível em: <https://www.vatican.va/content/francesco/pt/speeches/2020/december/documents/papa-francesco _20201221_curia-romana.html>, acesso em: 20 jul. 2023.

―, *Visita a Assis por ocasião do evento "Economy of Francesco"* (24 set. 2022), disponível em: <https://www.vatican.va/content/francesco/pt/speeches/2022/september/documents/20220924-visita-assisi.html>, acesso em: 20 jul. 2023.

―, *Discurso aos participantes no Congresso da Uniapac International* (21 out. 2022), disponível em: <https://www.vatican.va/content/francesco/pt/speeches/2022/october/documents/20221021-congresso-uniapac.html>, acesso em: 20 jul. 2023.

―, *Encontro com os pobres e os refugiados na Igreja de Santa Elizabeth da Hungria* (29 abr. 2023), disponível em: <https://www.vatican.va/content/francesco/pt/speeches/2023/april/documents/20230429-ungheria-poveri-rifugiati.html>, acesso em: 19 jul. 2023.

―, *Discurso aos membros da Fundação Centesimus Annus pro pontefice* (5 jun. 2023), disponível em: <https://www.vatican.va/content/francesco/pt/speeches/2023/june/documents/20230605-fondazione-centesimusannus.html>, acesso em: 20 jul. 2023.

―, *Mensagem para o VII Dia Mundial dos Pobres* (13 nov. 2023), disponível em: <https://www.vatican.va/content/francesco/pt/messages/poveri/documents/20230613-messaggio-vii-giornatamondiale-poveri-2023.html>, acesso em: 21 jul. 2023.

―, Carta apostólica *Sublimitas et miseria hominis*, 19 jun. 2023, disponível em: <https://www.vatican.va/content/francesco/pt/apost_letters/documents/20230619-sublimitas-et-miseria-hominis.html>, acesso em: 20 jul. 2023.

PARSI, VITTORIO E., *Titanic. Naufragio o cambio di rotta per l'ordine liberale*, Bologna, il Mulino, ²2022.

PASQUALETTI, FABIO, Il Cristiano del futuro. Interprete critico del presente e custode dell'umano, *Salesianum*, n. 80 (2018) 213-238.

PASSOS, JOÃO D., 50 anos de Medellín: carisma vivo na história em mudança, in: DE SOUZA, NEY; SBARDELOTTI, EMERSON (edd.), *Medellín: memória, profetismo e esperança na América Latina*, Petrópolis (RJ), Vozes, 2018.

―, O contexto histórico-eclesial de/em Puebla, in: DE SOUZA, NEY; SBARDELOTTI, EMERSON (edd.), *Puebla: Igreja na América Latina e no Caribe. Opção pelos pobres, libertação e resistência*, Petrópolis (RJ), Vozes, 2019.

PATSCH, FERENC, Rivelazione, contesto, verità. Il magistero di Papa Francesco in tempo di transizione, in: TENACE, MICHELINA (org.), *Dal chiodo alla chiave. La Teologia fondamentalde di Papa Francesco*, Città del Vaticano, Libreria Editrice Vaticana, 2017.

PAULO VI, *Discurso na última sessão pública do Concílio Vaticano II* (7 dez. 1965), disponível em: <https://www.vatican.va/content/paul-vi/pt/speeches/1965/documents/hf_p-vi_spe_19651207_ epilogo-concilio.html>, acesso em: 19 jul. 2023.

——, Carta encíclica *Populorum progressio*, 26 mar. 1967, in: AAS 59 (1967) 257-299.

PELLICCI, CHIARA, Tucum e il miracolo, *Popoli e Missione*, n. 4 (2019) 26-28.

PIANA, GIANNINO, O magistério moral do papa Francisco. Entre radicalidade e misericórdia, in: COZZI, ALBERTO et al. (edd.), *Papa Francisco, que teologia?*, Prior Velho, Paulinas, 2017.

PITA, FERNANDO; SIRLIN, EZEQUIEL, El capitalismo neoliberal, in: MARCAIDA, ELENA V., (org.), *Historia económica mundial contemporánea. De la revolución industrial a la globalización neoliberal*, Buenos Aires, Dialektik, 2007.

PONTIFÍCIO CONSELHO JUSTIÇA E PAZ, *Compêndio da Doutrina Social da Igreja*, São Paulo, Paulinas, 2008.

PONTIFICIO CONSIGLIO DELLA GIUSTIZIA E DELLA PACE, *Dizionario di Dottrina Sociale della Chiesa*, Roma, LAS, 2005.

PORTER, JEAN, Justiça, in: LACOSTE, JEAN-YVES (org.), *Dicionário crítico de teologia*, São Paulo, Paulinas; Loyola, 2004.

POZZO, GUIDO, Metodo – Teologia sistematica, in: LATOURELLE, RENÉ; FISICHELLA, RINO (edd.), *Dizionario di Teologia Fondamentale*, Assisi, Cittadella, 1990.

PRADA, ÓSCAR E., Grandes "hitos" eclesiales, *Imágenes de la fe*, n. 501 (2016) 18-25.

PRODI, MATTEO, Fonti, metodo e orizzonte di Papa Francesco a partire dai quattro principi. Applicazioni pratiche per l'oggi, in: MANDREOLI, FABRIZIO (org.), *La Teologia di Papa Francesco. Fonti, metodo, orizzonte e conseguenze*, Bologna, EDB, 2019.

PUCCI, BRUNO et al., Hugo Assmann: da teologia da libertação à educação para a sensibilidade, *Comunicações*, n. 1/2 (2008) 11-38.

RAWORTH, KATE, *Economia Donut: uma alternativa ao crescimento a qualquer custo*, Rio de Janeiro, Zahar, 2019.

RICUPERO, RUBENS, *Esperança e ação. A ONU e a busca de desenvolvimento mais justo: um depoimento pessoal*, São Paulo, Paz e Terra, 2002.

RODRIK, DANI, *La globalizzazione intelligente*, Bari, GLF Editori Laterza, 2015.

ROGGIA, GIUSEPPE M., *San Francesco di Sales. Estasi dell'azione e della vita*, Brescia, Morcelliana, 2013.

RÖMELT, JOSEF, *La coscienza. Un conflitto delle interpretazioni*, Roma, Editiones Academiae Alphonsianae, 2001.

ROSSETTI, JOSÉ P., *Introdução à economia*, São Paulo, Atlas, 2007.

ROSSI, LUIGI, *La geopolitica di Francesco. Missione per l'ecumene cristiano*, Salerno, Francesco D'Amato, 2019.

RUSCONI, GIAN ENRICO, *La teologia narrativa di papa Francesco*, Bari, GLF Editori Laterza, 2017.

RUTA, GIUSEPPE, Una pedagogia nuova per una "economia di comunione". È possibile educare oggi all'economia "di comunione"? Come e a quali condizioni?, *Itinerarium*, v. 20, n. 50/51 (2012) 217-230.

SACCO, FILOMENA, *Il dinamismo della carità. La vita cristiana nel pensiero di sant'Alfonso Maria de Liguori*, Materdomini, Editrice San Gerardo, 2015.

SACHS, IGNACY, O Estado e os parceiros sociais: negociando um pacto de desenvolvimento, in: BRESSER-PEREIRA, LUIZ C. et al. (edd.), *Sociedade e Estado em transformação*, Brasília, ENAP; São Paulo, UNESP, 1999.
SALVIA, GIANDONATO, *Tucum. L'app che unisce tecnologia e Vangelo. Un'economia sospesa che parla il linguaggio della fraternità*, disponível em: <https://www.sanfrancescopatronoditalia.it/notizie/ attualita/tucum-l%E2%80%99app-che-unisce-tecnologia-e-vangelo-52788>, acesso em: 29 jun. 2023.
—, *L'economia sospesa. Il Vangelo (è) ingegnoso*, Milano, San Paolo, 2018.
—, *Luce in abbondanza. 14 stazioni di via Lucis in 14 stazioni d'Italia, con poveri e santi*, Milano, San Paolo, 2020.
—; SALVIA, PIERLUCA, *Presentazione*, disponível em: <http://appacutis.it/PresentazioneNoi.html>, acesso em: 29 jun. 2023.
SANDRONI, PAULO, *Dicionário de economia do século XXI*, Rio de Janeiro, Record, ⁶2010.
SAVAGNONE, GIUSEPPE, *Educare oggi alle virtù*, Torino, Elledici, 2011.
SAVINO, JORGE LIBERATO U., El compromiso social de la Iglesia: expresión del rostro humano de Dios y el rostro divino del hombre, in: PONTIFICIA COMMISSIO PRO AMERICA LATINA, *Aparecida 2007. Luces para América Latina*, Città del Vaticano, Libreria Editrice Vaticana, 2008.
SCANNONE, JUAN C., La teología de la liberación. Caracterización, corrientes, etapas, *Revista Medellín*, v. 9, n. 34 (1983) 259-288.
—, El método de la teología de la liberación, *Theologica Xaveriana*, n. 73 (1984) 369-399.
—, *La teología del popolo. Radici teologiche di papa Francesco*, Brescia, Queriniana, 2019.
—, La actualidad de Medellín y el papa Francisco, in: ID., et al. (edd.), *Actualidad de Medellín: una relectura para el presente y el futuro de los pueblos latinoamericanos*, Buenos Aires, Ediciones CICCUS, 2020.
SCATENA, SILVIA, A Conferência de Medellín: contexto, preparação, realização, conclusões e recepção, in: BRIGHENTI, AGENOR; PASSOS, JOÃO D. (edd.), *Compêndio das conferências dos bispos da América Latina e Caribe*, São Paulo, Paulinas; Paulus, 2018.
SCHWARZ, GERALDINE, *Mattarella premia il creatore dell'app per l'economia sospesa*, disponível em: <https://www.fortuneita.com/2021/11/22/mattarella-premia-il-creatore-dellapp-per-leconomia-sospesa/#>, acesso em: 29 jun. 2023.
SEN, AMARTYA, *Sobre ética e economia*, São Paulo, Companhia das Letras, 1999.
SÍNODO DOS BISPOS, *XIII Assembleia Geral Ordinária. A nova evangelização para a transmissão da fé cristã. Instrumentum laboris*, São Paulo, Paulinas, 2012.
—, *Assembleia Especial para a Região Panamazônica. Documento final* (26 out. 2019), disponível em: <https://www.vatican.va/roman_curia/synod/documents/rc_synod_doc_20191026_sinodo-amazzonia_po.html>, acesso em: 20 jul. 2023.
SOUZA NETO, MEDORO O.; DE MORAES, EVA APARECIDA R., Papa Francisco: perspectivas eclesiais e eclesiológicas, in: DA SILVA, JOSÉ M. (org.), *Papa Francisco: perspectivas e expectativas de um papado*, Petrópolis (RJ), Vozes, 2014.
STIGLITZ, JOSEPH E., *Invertire la rotta. Disuguaglianza e crescita economica*, Bari, GLF Editori Laterza, 2018.

——, Atormentados pelo trumpismo, in: TOSTES, ANJULI; MELO FILHO, HUGO (edd.), *Quarentena: reflexões sobre a pandemia e depois*, Bauru, Projeto Editorial Praxis, 2020.

SUNG, JUNG MO, *A idolatria do capital e a morte dos pobres: uma reflexão teológica a partir da dívida externa*, São Paulo, Paulinas, 1989.

——, *Deus numa economia sem coração. Pobreza e neoliberalismo: um desafio à evangelização*, São Paulo, Paulus, 1992.

——, Quando nem todos são filhos de Deus. Cidadania e idolatria, *Vida Pastoral*, n. 177 (1994) 17-22.

——, *Teologia e economia: repensando a teologia da libertação e utopias*, Petrópolis (RJ), Vozes, 1994.

——, Deus da vida e ídolo da morte na nova economia mundial, *Revista Eclesiástica Brasileira*, v. 55, n. 220 (1995) 838-850.

——, A utopia do manifesto comunista e a teologia da libertação, *Cultura Vozes*, v. 91, n. 6 (1997) 3-10.

——, Contribuições da teologia na luta contra a exclusão social, *Revista Eclesiástica Brasileira*, v. 57, n. 226 (1997) 288-313.

——, O mal na mentalidade de livre mercado, *Concilium*, n. 273 (1997) 33-43.

——, Crítica teológica ao sacrificialismo do mercado, *Cadernos do Ifan*, n. 23 (1999) 37-60.

——, Idolatria: uma chave de leitura da economia contemporânea? Reflexões em torno de economia e teologia, *Fragmentos de Cultura*, v. 11, n. 6 (2001) 907-925.

——, *Sujeito e sociedades complexas: para repensar os horizontes utópicos*, Petrópolis (RJ) Vozes, 2002.

——, A vida religiosa e a nova globalização, *Convergência*, n. 387 (2005) 529-541.

——, *Sementes de esperança: a fé em um mundo em crise*, Petrópolis (RJ), Vozes, 2005.

——, Violência, desejo e a crise do sistema capitalista, *Convergência*, n. 402 (2007) 222-236.

——, *Cristianismo de libertação: espiritualidade e luta social*, São Paulo, Paulus, 2008.

——, *Se Deus existe, por que há pobreza?*, São Paulo, Reflexão, 2008.

——, *Desejo, mercado e religião*, São Paulo, Fonte Editorial, ⁴2010.

——, Economia: uma tarefa espiritual para as comunidades cristãs, *Vida Pastoral*, n. 271 (2010) 21-25.

——, É verdade que Deus morreu? Reflexões em torno do fundamento da nossa luta e esperança, *Estudos Teológicos*, v. 50, n. 1 (2010) 24-40.

——; DA SILVA, JOSUÉ CÂNDIDO, *Conversando sobre ética e sociedade*, Petrópolis (RJ), Vozes, ¹⁷2011.

——, Educação teológica e a missão, in: ID. et al. (edd.), *Missão e educação teológica*, São Paulo, Aste, 2011.

——, O Espírito e a educação teológica, in: ID. et al. (edd.), *Missão e educação teológica*, São Paulo, Aste, 2011.

——, O império e a transcendência, in: MÍGUEZ, NÉSTOR et al. (edd.), *Para além do espírito do império: novas perspectivas em política e religião*, São Paulo, Paulinas, 2012.

——, Transcendência humanizadora: condição humana e os "outros", in: MÍGUEZ, NÉSTOR et al. (edd.), *Para além do espírito do império: novas perspectivas em política e religião*, São Paulo, Paulinas, 2012.

——, Salvar-nos do cinismo: teologias e classes sociais, *Revista Eclesiástica Brasileira*, v. 73, n. 289 (2013) 102-124.

——, Teologia da Libertação e a "revolução da estrutura mítica" do capitalismo, *Revista Eclesiástica Brasileira*, v. 76, n. 304 (2016) 792-819.

——, *Idolatria do dinheiro e direitos humanos: uma crítica teológica do novo mito do capitalismo*, São Paulo, Paulus, 2018.

——, Imigração, a morte dos não-humanos e a idolatria, *Revista Interdisciplinar da Mobilidade Humana*, v. 27, n. 57 (2019) 193-210.

——, A crítica da idolatria do dinheiro: o fim da fronteira entre teologia moral, dogmática e estética, in: ZACHARIAS, RONALDO; MILLEN, MARIA INÊS C., *A moral do Papa Francisco: um projeto a partir dos descartados*, Aparecida, Santuário, 2020.

——, Desigualdade social, periferias existenciais e o clamor dos que sofrem, *Revista Novamerica*, n. 175 (2022) 16-20.

——; GONÇALVES DA SILVA, PRISCILA ALVES, Sofrimento social, religião e neoliberalismo: um testemunho de fé que afirma a sua humanidade, *Estudos de Religião*, v. 36, n. 2 (2022) 247-270.

——, Sujeito como transcendentalidade ao interior da vida real. Um diálogo com o pensamento de Franz Hinkelammert, disponível em: <http://www.pensamientocritico. info/index.php/articulos/otros-autores/aleman/317-sujeito-como-transcentalidade-ao-interior-da-vida-real-um-dialogo-com-o-pensamento-de-franz-hinkelammert>, acesso em: 16 maio 2023.

——, O pobre depois da Teologia da Libertação, *Concilium*, n. 361 (2015) 70-80.

SUNKEL, OSVALDO, Globalização, neoliberalismo e reforma do Estado, in: BRESSER-PEREIRA, LUIZ C. et al. (edd.), *Sociedade e Estado em transformação*, Brasília, ENAP; São Paulo, UNESP, 1999.

THOMASSET, ALAIN, *Un'etica teologica delle virtù sociali. Giustizia, solidarietà, compassione, ospitalità, speranza*, Brescia, Queriniana, 2021.

TOMMASO D'AQUINO, *Somma Teologica*, Bologna, Edizioni Studio Domenicano, 1984. [TOMÁS DE AQUINO, *Suma teológica*, ed. bilíngue. 9 v. São Paulo, Loyola, 2018.]

TORNIELLI, ANDREA; GALEAZZI, GIACOMO, *Papa Francesco. Questa economia uccide*, Milano, Piemme, 2015.

TOSO, MARIO, *Per una nuova democrazia*, Città del Vaticano, Libreria Editrice Vaticana, 2016.

——, *Dimensione sociale della fede. Sintesi aggiornata di Dottrina Sociale della Chiesa*, Roma, LAS, 2021.

TREVISI, GIUSEPPE, Virtù della speranza. Guida per l'azione, in: PISCITELLI, DANIELA; TREVISI, GIUSEPPE (edd.), *Le virtù in azione. Prospettive per il lavoro sociale ed educativo*, Venezia, Marcianum Press, 2021.

TRIGO, PEDRO, *Papa Francisco: expressão atualizada do Concílio Vaticano II*, São Paulo, Paulinas, 2019.

TUCUM TOGETHER, disponível em: <https://tucum.net>, acesso em: 30 jun. 2023.

TURNER, ADAIR, *Just capital. Critica del capitalismo globale*, Bari, GLF Editori Laterza, 2004.

VACCAREZZA, MARIA S., Le radici delle virtù: un inquadramento, in: PISCITELLI, DANIELA; TREVISI, GIUSEPPE (edd.), *Le virtù in azione. Prospettive per il lavoro sociale ed educativo*, Venezia, Marcianum Press, 2021.

VALENTINI, LUIZ D., A Conferência de Santo Domingo. Depoimento Pessoal, *Revista Eclesiástica Brasileira*, v. 53, n. 209 (1993) 5-18.
VALLS, MARIA CARMEN APARICIO, La parola significativa, in: TENACE, MICHELINA (org.), *Dal chiodo alla chiave. La Teologia fondamentalde di Papa Francesco*, Città del Vaticano, Libreria Editrice Vaticana, 2017.
VATICAN NEWS, *Diffusa la lettera integrale del papa emerito Benedetto XVI a mons. Viganò*, disponível em: <https://www.vaticannews.va/it/papa/news/2018-03/lettera-integrale-papa-emerito-benedetto-xvi-a-mons-vigano.html>, acesso em: 22 maio 2023.
VEIGA, AMÉRICO M., *A educação hoje. A realização integral e feliz da pessoa humana*, Porto, Editorial Perpétuo Socorro, ⁵1997.
VILLAS BOAS, ALEX, Documentos das cinco conferências gerais e gênero textual, in: BRIGHENTI, AGENOR; PASSOS, JOÃO D. (edd.), *Compêndio das conferências dos bispos da América Latina e Caribe*, São Paulo, Paulinas; Paulus, 2018.
VOS, HERMAN; VERVIER, JACQUES, *Utopia cristã e lógica econômica: tensões e diálogo*, Petrópolis (RJ), Vozes, 1995.
WHELAN, GERARD, Il metodo teologico e pastorale di Papa Francesco, in: MANDREOLI, FABRIZIO (org.), *La Teologia di Papa Francesco. Fonti, metodo, orizzonte e conseguenze*, Bologna, EDB, 2019.
WIKIPEDIA, *Franz Josef Hinkelammert*, disponível em: <https://en.wikipedia.org/wiki/Franz_Hinkelammert>, acesso em: 15 maio 2023.
WILDERINK, VITAL JOÃO G., O mosaico de Santo Domingo, *Revista Eclesiástica Brasileira*, v. 53, n. 209 (1993) 154-157.
WITASZEK, GABRIEL, Misericordia fondante dell'opera salvifica (Sal 136), in: GNADA, ARISTIDE; WITASZEK, GABRIEL (edd.), *Dono per un giusto comportamento morale. Giustizia e misericordia*, Città del Vaticano, Lateran University Press, 2016.
WOLTON, DOMINIQUE, *Papa Francesco con Dominique Wolton. Dio è un poeta*, Milano, Rizzoli, 2018.
XENOFONTE, *Econômico*, São Paulo, Martins Fontes, 1999.
YÁÑEZ, HUMBERTO M., Tracce di lettura dell'Evangelii Gaudium, in: ID. (org.), *Evangelii gaudium: il testo ci interroga. Chiavi di lettura, testimonianze e prospettive*, Roma, Gregorian & Biblical Press, 2014.
ZACHARIAS, RONALDO, Valores e normas. Do cumprimento formal à expressão da interioridade, in: TRASFERETTI, JOSÉ A. et al. (edd.), *Introdução à ética teológica*, São Paulo, Paulus, 2015.
——, Fundamentalismo ético-moral. Amoris Laetitia: um "não" radical à pretensão fundamentalista, in: MILLEN, MARIA INÊS C.; ZACHARIAS, RONALDO (edd.), *Fundamentalismo: desafios à ética teológica*, Aparecida, Santuário; São Paulo, SBTM, 2017.
ZAMAGNI, STEFANO, Un'ecologia integrale: civilizzare l'economia e custodire il creato, in: SASSI, PIERLUIGI (org.), *Cultura d'impresa ed ecologia integrale. L'enciclica Laudato si' per un dialogo tra economia e Chiesa*, Città del Vaticano, Libreria Editrice Vaticana, 2015.
ZAMBONI, STEFANO, Epistemologia della misericordia, in: WODKA, ANDRZEJ S.; SACCO, FILOMENA (edd.), *"Va' e anche tu fa' lo stesso" (Lc 19,37). Misericordia e vita morale*, Città del Vaticano, Lateran University Press; Roma, Editiones Academiae Alfonsianae, 2017.
——, L'ecologia integrale nel sinodo per l'Amazzonia, *Studia Moralia*, n. 58/1 (2020) 27-40.

Edições Loyola

editoração impressão acabamento
Rua 1822 nº 341 – Ipiranga
04216-000 São Paulo, SP
T 55 11 3385 8500/8501, 2063 4275
www.loyola.com.br